Extreme Economies

极端经济

韧性、复苏与未来

Survival. Failure. Future. Lessons from the World's Limits

［英］理查德·戴维斯　著
（Richard Davies）

冯毅　齐晓飞　译

中信出版集团｜北京

图书在版编目（CIP）数据

极端经济：韧性、复苏与未来/（英）理查德·戴
维斯著；冯毅，齐晓飞译.--北京：中信出版社，
2020.8（2021.8重印）
　书名原文：Extreme Economies：
Survival.Failure.Future.Lessons from the World's
Limits
　ISBN 978-7-5217-1939-0

Ⅰ.①极… Ⅱ.①理… ②冯… ③齐… Ⅲ.①经济学
—研究 Ⅳ.① F0

中国版本图书馆 CIP 数据核字（2020）第 096848 号

极端经济：韧性、复苏与未来

著　者：［英］理查德·戴维斯
译　者：冯　毅　齐晓飞
出版发行：中信出版集团股份有限公司
　　　　　（北京市朝阳区惠新东街甲 4 号富盛大厦 2 座　邮编　100029）
承 印 者：北京诚信伟业印刷有限公司

开　本：787mm×1092mm　1/16　　印　张：22.5　　字　数：346 千字
版　次：2020 年 8 月第 1 版　　　　印　次：2021 年 8 月第 5 次印刷
京权图字：01-2020-1823
书　号：ISBN 978-7-5217-1939-0
定　价：69.00 元

重磅推荐

我们无法预测未来的几十年，但从极端经济体中寻找我们可能在等待的线索是很有启发性的。戴维斯的书很吸引人。

——**罗伯特·希勒** 2013 年诺贝尔经济学奖得主

此书通过描述人们处于极端环境下的行为，来理解塑造未来的各种力量——城市化、老龄化、技术变革、人力和社会资本的得失。这种关于极端的研究获得了惊人的回报。这本书提醒大家，当方程与数据相互作用时，经济不会发生变化。经济是人们——真实的人，有名字的人——相互作用的结果。任何想学习经济学，正在学习经济学，或者假装了解一些经济学的人都可以读读这本书。

——**保罗·罗默** 2018 年诺贝尔经济学奖得主

我在 IMF 工作时期也考察过难民营、灾害突发地、老龄化地区、科技前沿地区等，很有感慨。我很高兴看到理查德·戴维斯从他考察的这些人类面临的极端场景中，提出了视角崭新的经济发展的韧性问题，引人深思，值得一读。当前全球突发的疫情凸显了极端环境下经济发展韧劲的重要性，作者提出的生存和重建路径的建议对于世界构建未来可持续的经济也有很好的借鉴价值。

——**朱民** 清华大学国家金融研究院院长、IMF 原副总裁这本书用了一种非常新颖的方法，来让读者理解是什么让经济体运转。既有真知灼见，又易于非经济学家理解。

——**默文·金** 英国央行前行长

在面对极端压力和挑战时，我们对自己了解最多。理查德·戴维斯对九个引人注目的经济体案例进行了研究，出色地证明了我们的经济体系也是如此。《极端经济：韧性、复苏与未来》是一种启示，也是一本值得一读的书。

——**安迪·霍尔丹** 英国央行首席经济学家

经济在面临一场突如其来而又有巨大杀伤力的冲击时会如何应对，这考验的其实是它的韧性。经历灾难的经济会以什么方式重启？政府该采用什么样的政策组合？市场又会涌现出什么新物种？理查德·戴维斯的新书《极端经济：韧性、复苏与未来》用一种特别的方式回答了这些问题，而且他回答问题的视角和他给出的答案同样重要。

——**吴晨** 《经济学人·商论》执行总编辑

抛开新古典经济学虚构的人类经济的理想状态，我们发现极端才是常态，而在极端的情况下，人类经济体现出来的韧性远超经济学家们的想象。在极端情况下生存，这是人类经济史的常态故事而不是突发事件。特别是在当下，这样的探讨更具现实意义。

——**马光远** 经济学家、央视财经评论员

我们常常能听到并真切感知中国经济表现出来的坚强韧性和巨大潜能，特别是在疫情肆虐下，世界经济承受前所未有的巨大压力之际。这本书通过寻访遭受过不同类型灾难的极端经济体，试图找出内生于社区与人性中的韧性来源，尤其是知识和人才积累以及新思想如何牵引经济运行，从而为灾后复苏与增长给出了基于有效政策工具的创新路径。该书视角独

特，既引人入胜又发人深省，对于城市和企业在黑天鹅频出的极端环境下开创未来新经济大有裨益。

——**朱克力**　国研新经济研究院执行院长

对于那些对当今世界形势感到绝望的人来说，这本书非常值得一读。此书鲜明地向我们展示了那些身处最具挑战性环境中的人是如何获得成功的。许多经济学家对生活挑战的思考都很狭隘，但这本书很好地说明了为什么世界上最有趣的地方迫使我们更开放地思考。

——**吉姆·奥尼尔勋爵**　查塔姆研究所主席

戴维斯的书清晰而敏感，涉及的范围非常广泛，难以触及。在讨论市场经济与计划经济的优缺点方面，《极端经济：韧性、复苏与未来》是我读过的最微妙、最令人惊讶的书之一。

——**蒂姆·哈福德**　《卧底经济学》作者、《金融时报》经济学专栏作家

经济学冲击了现实世界，这本书显示出创伤和混乱如何产生了关于市场、垄断和国家的原始真相。

——**西蒙·詹金斯**　《泰晤士报》前主编

理查德·戴维斯平衡了经济学与艺术之间的关系，他揭露了当今人们做出的权衡取舍，并迫使我们质疑自己的决策。

——**威尔·佩奇**　Spotify（声田）首席经济学家

理查德·戴维斯显然进行了我们许多人梦寐以求的那种公路旅行，写出了《极端经济：韧性、复苏与未来》一书。一个经济学家既能如此清楚地解释经济原理，又能写得如此之好，这永远是一种乐趣。

——**戴安·科伊尔**　剑桥大学教授

这本书不教条。它表明，市场可以在不太可能的地方创造奇迹，但在其他地方却起着反常的作用，这需要一个社会组织结构在其中发挥作用。作者借鉴了社会学、人类学以及观察和对话的简单力量，使经济学得以生机勃勃。

——**文斯·凯布尔爵士**　英国自由民主党前领袖

《极端经济：韧性、复苏与未来》中的九项研究都是引人入胜的，而且确实很有趣，作者走访当地，简明而清晰地传达了那些遥远地方的运作方式。作者对约旦难民营的介绍非常引人入胜，同时也很好地说明了亚当·斯密关于人类自然力量的观察结果。

——**马修·伊格莱西亚斯**　《纽约时报》书评人

理查德·戴维斯的《极端经济：韧性、复苏与未来》反映了人类的抵抗力，阐述了经济理论和个人生活故事，这是一本重要且令人愉快的读物。

——**罗拉·哈拉夫**　《金融时报》记者

真是令人叹为观止！这是一本有趣且引人入胜的书，让人们认识到经济可以塑造我们所有人生活的力量。

——**爱德·康威**　天空新闻经济学编辑

戴维斯曾是《经济学人》的经济编辑，他首次对九个不规则的经济体进行了精心策划的、大范围的研究，以了解现代世界的走向。在每一个地方，戴维斯都保持着他对广阔的、经常令人不安的历史趋势的观点，同时赞扬他所描述的个人和社区的足智多谋。这本雄心勃勃、发人深省的书有助于理解经济的未来。

——**《出版人周刊》**（星级评论）

向理查德·博伊德博士和安东尼·库拉基斯先生致以谢意

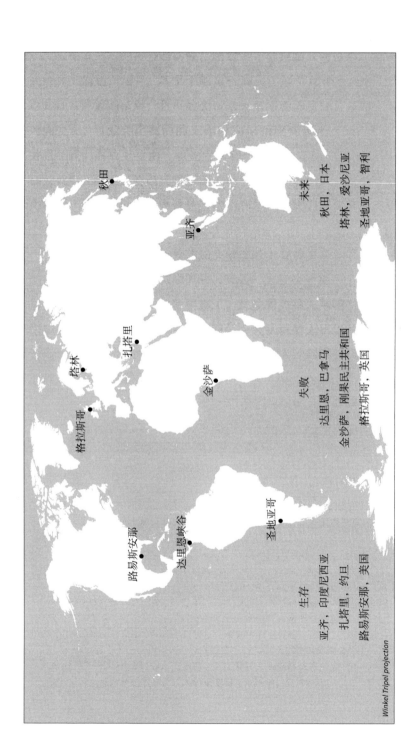

九个极端经济体

秋田

亚齐

扎塔里

塔林

金沙萨

格拉斯哥

路易斯安那

达里恩峡谷

圣地亚哥

未来
秋田，日本
塔林，爱沙尼亚
圣地亚哥，智利

失败
达里恩，巴拿马
金沙萨，刚果民主共和国
格拉斯哥，英国

生存
亚齐，印度尼西亚
扎塔里，约旦
路易斯安那，美国

Winkel Tripel projection

推荐序　危机识韧性

在经历了新冠肺炎疫情的全球冲击之后，世人对黑天鹅有了全新的认知，它的可怕，恰恰在于它彻底的不确定性，以及它带来巨大灾害的可能性，而普通人根本无法预见潜在灾害的严重性。经济在面临一场突如其来而又有巨大杀伤力的冲击时，该如何应对，这考验的其实是它的韧性。经历灾难的经济会以什么方式重启？政府该采用什么样的政策组合？市场又会涌现出什么新物种？……这些问题也是后疫情时代经济研究最核心的问题。我的前同事理查德·戴维斯曾经担任《经济学人》的经济编辑，他的新书《极端经济：韧性、复苏与未来》用一种特别的方式回答了后疫情时代的大问题，而且他回答问题的视角和他给出的答案同样重要。

著名科幻作家威廉·吉布森有一句名言：未来已经到来，只是分布不平均而已。戴维斯也像一名优秀的科幻作家那样，转换时空，深入不为人知的场景和角落，为当下所面临的经济问题找寻答案。

自然界给经济带来的巨大冲击，莫过于地震和海啸。2011 年日本以东的太平洋海底发生地震，其引发的海啸至今令人记忆犹新。而海啸所造成的损失，除了人员伤亡和财产损失之外，更严峻的其实是对全球供应链的冲击。丰田是"零库存"生产方式的鼻祖，海啸过后，它在东南亚特别是泰国的汽车厂一度停产，就是因为供应链上一家关键的零部件厂在海啸中遭受了毁灭性的打击。为了使供应链尽快恢复运转，丰田向主要供应商发出邀约，希望它们能尽快调整生产线赶制出短缺的零部件。经历冲击之后，丰田对自己发明的"零库存"管理做出重大调整，建立了强调在运营过程中增加"战略冗余"的 RESCUE（救援）体系。而这种快速反应的能力，以及从应对灾难的过程中汲取教训，不再是一味地追求效率，而是更强调平衡和应对多变复杂环境的能力，其结果就是韧性。

什么是经济的韧性？韧性就是抗打击能力，是经济能够从外部冲击中迅速恢复的能力，也是经济中的主要组成部分——企业和劳动者——能够迅速重新组织、恢复生产和生活的能力。

戴维斯在书中用了许多篇幅去描述这种韧性。他前往遭受过海啸侵袭的印度尼西亚的亚齐，由于叙利亚内战而流离失所的难民在约旦的难民营，以及美国南部路易斯安那州绰号为"安哥拉"的监狱，去寻找存在于社区和人性中的韧性，同时思考应该怎样充分利用这种韧性，甚至在哪些时候管制和规划应该为这种韧性让路，从而让经济能更充满活力且茁壮地重启。

无论是海啸过后、流离失所，还是圈禁在高墙之内，身处其中的人们无不面临巨大的外部困难，但也恰恰是这种外部困难的压力，激发了人们非凡的适应力与创新。

第一，这种适应力与创新源自社会本身的组织能力。社区需要有非正规的社交网络，甚至是非正规的财务网络，民间发展出来的人与人之间多样化、多层次、非正规的社会网络是经济拥有韧性的基础。比如亚齐当地就有一种传统，黄金是当地人储值资产的主要方式，在丰收的年份，家里的主妇会把收成换成黄金，在歉收的年份，又可以卖出黄金来补贴家用。由于黄金是全球定价，就排除了当地供求关系变动所导致的价格剧烈波动。2004 年，海啸摧毁了亚齐当地的经济，也摧毁了正规的银行网络，但是每个家庭都能依靠当地非正规的黄金交易网络快速地把自己的积蓄（黄金）换成用于灾后重建的资金，从而确保了社区后续发展的韧性。

第二，知识和新思想比财富的积累更重要。在从工业经济时代向知识经济时代大转型的当下，知识和人才的积累奠定了创新韧性的基础。日本在第二次世界大战之后面对一穷二白的摊子，却能在十几年内就实现经济腾飞，除了美国的援助之外，能够把日本在第二次世界大战之前培养的人才派上用场也是重要的推手。灾难冲击所带来的另一个好处是，为新一代的"后浪"扫除前人的束缚和负担，可以让他们更开放、更迅速地拥抱未来。这种拥抱新思想的开放，也是危机的"副产品"。

第三，需要为自下而上涌现出来的创新营造出宽松的环境，同时要牢记，很多自上而下的设计可能会与当地的现实脱节。约旦的扎塔里难民营就是一个很特别的案例。为了给难民提供生活救济，联合国难民署的设计不可谓不费心思，每个难民家庭都领有一张电子储值卡，卡里按照家里的人数每人每月发放 20 第纳尔，而且分成五个不同的种类，比如食物、衣物等，从而确保资金不会被滥用（比如用买食物的钱去买衣服），难民可以用电子储值卡从难民营里的官方超市购买商品。而问题恰恰就出在官方超市和电子储值卡的缺乏变通上。官方超市提供的物资主要依赖联合国援助官员的计算，他们用自己的数据和设想来规划物资的配给，而电子货币的公平发放也确实能够保障难民的基本生活。然而，难民的需求远不止这些，严格计划的市场供应满足不了难民多样化的需求。结果是催生了兴旺的"二轨市场"，难民会大量采购自己不需要但可以卖到难民营外换钱的商品，再用换来的钱在非正规市场上采购自己需要的东西。

难民营里"二轨市场"蓬勃发展的例子可能是对市场作用的最佳诠释。只有一个有生机的市场才能真正推动供给和需求的平衡，因为只有它才能满足人们不断提升的多样化的需求，而这样有生机的市场一定会自发涌现出来，绝不可能由谁来设计好，无论设计者的初衷多么着眼于公平和效率。

第四，黑天鹅的冲击必然带来巨大的转型，而转型需要额外的呵护，转型期的表现决定了未来的发展前景。一个刑满释放的罪犯能否适应监狱外全新的环境就是最极端的适应社会的转型实验。戴维斯在书中引述的研究发现，获释之后最初的 72 小时对于一名前罪犯融入社会至关重要。罪犯服刑久了，适应快速变化的能力会逐渐退化（因为监狱里的大环境是几十年不变的），尤其是当新科技和新模式在外部世界层出不穷的时候。但是，如果前罪犯能在 72 小时内适应新环境，他的创造力（企业家精神）就可能更高。毕竟，要在监狱里好好地生活，也需要韧性、适应力和创造力。

新冠肺炎疫情全球肆虐恰恰也是全球经济经历的一个大转型期，原先熟悉的世界发生了改变，原先稳定的增长环境也发生了巨变，在有效疫苗被研制出来之前，每个人和每家企业都需要适应与病毒共存的全新世界，这也是为什么各国应对政策的着眼点都放在为小企业和个人纾困上。黑天鹅冲击并没有剥夺个人与企业的"动物精神"，相反，外部压力可能会激发出更多的活力，关键是要让个人与企业能顺利度过转型期。

转型期提供了优胜劣汰的压力测试，为各种社会实验搭建了舞台，很多被增长掩盖的结构性问题加速暴露，曾经在大潮中"裸泳"的僵尸企业也被加速淘汰，大量新模式和新物种不断涌现出来。从这一视角去审视后危机时代经济的韧性，落脚点应该是管理变革的新陈代谢。大灾之后的复苏与增长，是因为：抗疫期间积累的知识和经验会被推广；暴露出来的组织协作和治理领域的问题会被反思；教训会被汲取；涌现出来的能够独当一面的，有担当、负责任的领导人才会被破格提拔和任用。新陈代谢，即对现有管理模式的一次考核，淘汰不合格的管理者，也为新的管理者扫除障碍，让他们能更快有所建树。这才是危机之后真正的否极泰来。

《经济学人·商论》执行总编辑　吴晨

序　言　极端地区的经济学

与其说自然界最习惯于公开展示其神秘所在，不如说它更倾向于在常规方式之外展现出自己的踪迹。

——威廉·哈维，《心血运动论》，1628 年

海滩的复苏

回忆起 2004 年 12 月 26 日那个清晨，苏尔扬迪最强烈的记忆是海啸发出的可怕声音。那是一个星期天，他正在餐馆为即将到来的生意而忙着准备，餐馆位于亚齐兰普克海滩的黄金位置。当听到一个被吓呆了的渔夫叫喊"海平面上升起了浓雾"时，苏尔扬迪朝海边走去，想看看发生了什么。平时潜藏在水下的珊瑚礁暴露了出来，在海湾的边上，两艘渔船在一个通常是深水道的地方搁浅了。他站在那里看着，直到看到海浪击中了 1 英里 ① 以北的岬角。听起来像炸弹爆炸声，苏尔扬迪知道他有麻烦了。他奔向摩托车并打开风门，沿着狭窄的乡村小路飞驰而去。他说，那个时候到处弥漫着尖叫声和祈祷声。他没有时间停下来看看他的家人和朋友，因为他正在向位置更高的地方行进。他能听到身后海浪的声音，就像有一架飞机正在追赶他。

亚齐的海啸幸存者都记得发生了三波海啸，他们说第二波是最严重的一波。苏尔扬迪在当地一家电视台的广播塔上目睹了这一幕，他是在向内

① 1 英里约等于 1.6 公里。——译者注

陆狂奔之后爬上广播塔的。他说，第一波海浪吞没了一切，但房屋、花园依然存在，商店和牛棚依然完好无损。第二波海浪和第一波一样轰鸣着，但伴随着更为尖锐的破坏声——响亮的噼啪声和嘎吱嘎吱声，与此同时，树木被连根拔起，建筑物被摧毁。第三波海浪要安静得多，随着海水开始回流大海，隆隆声很快就变成了低沉的嗖嗖声。当潮水退去的时候，当地的清真寺又浮现出来了，但其他东西都消失了。所有的房子都被毁了，所有的商业设施都被夷为平地了，所有的渔船都被撞毁了，牲畜也被冲走了。随后在兰普克海滩上发出了最后一阵声响，苏尔扬迪称这是他一生中最糟糕的经历——那是完全的寂静。

如今，苏尔扬迪在兰普克海滩开了一家新餐厅。餐厅名字叫作阿坤，和第一家餐厅一样，坐落在海湾尽头的黄金位置。他的拿手菜是鲜鱼，先把鱼在灼热的椰子壳余烬上烹制，再配以当地的腌菜。和其他亚齐海啸幸存者一样，苏尔扬迪没有理会从海岸搬迁的建议，而是迅速回到自己的村庄重建生活。他白手起家，依靠用浮木搭起的一间棚屋而创业致富。他在描述那可怕的一天时充满了悲伤与哀痛，因为他失去了母亲、未婚妻和很多朋友。但和其他亚齐人一样，他还有另一个故事要讲——一个充满智慧、决心和胜利的故事。苏尔扬迪面临着一种很少有人遇到的极端挑战，但通过坚韧不拔和适应性调整，他战胜了这种挑战。我在亚齐的任务就是研究当地人是如何如此迅速地重建他们的社区的，经济在他们惊人的恢复力中扮演了什么角色，以及我们可以从中学到什么。

三种极端情况：生存、失败与未来

生活中的极端事件可以提供重要的教训——这个观点已经被科学家广泛采用。在医学领域，这个观点的创始人是 17 世纪伦敦的解剖学家威廉·哈维医生。哈维看到了研究稀奇古怪病例的价值，休·蒙哥马利非凡的人生故事就是一个很好的例子。当休还是一个小孩时，他在骑马时受了伤，他从马背上摔下来，左半边身体摔得很厉害，以至于胸腔都脱落了，部分心和肺都露出来了。但他奇迹般地活了下来，医生用一块金属板代替了他的肋骨，从而保护了他的重要器官。哈维小心翼翼地取下金属板，这样他就能够对休的身体进行检查，他记录了休的心跳和手腕的脉搏是如何同时出现的。这为哈维打开了一扇了解人体解剖学的独特窗口，也为他试图证明的一个有争议的观点——血液在人体中是不断循环的——提供了证据。

哈维当时遭到了同僚的嘲笑，但几个世纪过去了，他最著名的发现——血液循环的重要性越发清晰，他的研究方法所具有的价值也受到了尊重。其他医学工作者表示，身体受伤后幸存下来的人可以提供有价值的发现。1822年，年轻的加拿大人亚历克西斯·圣马丁在一次意外枪击中幸存下来，他的腹部有一个洞，医生可以通过这个洞直接观察他的消化系统如何工作，这成为胃肠生理学的重要基础。1848年，美国佛蒙特州的铁路工人菲尼亚斯·盖奇在一次爆炸中奇迹般地幸免于难，但爆炸时一根金属棒刺穿了他的头骨。事故发生后，研究人员对于他的能力和情绪是如何变化的进行了记录，这些记录成为对大脑如何工作的开创性研究。这些遭遇极端情况的患者虽然都在某种程度上受到了伤害，但都幸存了下来，他们神奇的恢复能力为我们思考更为正常、健康的人体是如何运作的，提供了可以应用的经验。

工程领域也有相关的传统，这起始于19世纪中期一系列悲惨的工业和运输事故。在英国，当时的工业革命把材料的使用推向了极限，发生了工厂倒塌和锅炉爆炸事故；法国也被一场铁路悲剧所震撼，一列火车因车轴折断而脱轨，夺走了52人的生命。这些灾难成为公众丑闻以及主导政治的因素，随着工程师们开始深入研究为什么事情会变得如此糟糕，一个新的科学研究分支被催生了。苏格兰人在这方面表现得很出色，其中居于首位的是戴维·柯卡尔迪。作为一名工程师，柯卡尔迪一生中的大部分时间都在研究为什么材料会在压力下发生变形。他认为对事故的审视具有巨大价值，于是他设计了一台巨大的液压机来对金属样品施加压力，直到它们被折断或断裂，他还筹办了一个小型博物馆来展示这些碎片。当英国遭遇 19 世纪最严重的灾难——1879 年泰桥（Tay Bridge）倒塌时，柯卡尔迪被叫去调查到底出了什么问题。

戴维·柯卡尔迪的观点——我们可以从极端的案例中吸取教训，在今天依然适用。任何穿过伦敦的哈默史密斯大桥或密西西比河上的伊兹桥的人，都依赖于他的测试机器，这台机器被用来检查这两座大桥的部件。现代科学家对尖端新材料的评估也是如此，将样本放入类似柯卡尔迪的测试机器的装置中进行破坏测试，然后挑选碎片。材料的核心属性被称为"潜能"，它可以是承受负荷或承受压力的能力，也可以是弯曲和拉伸的能力，还可以是传导热量或隔热的能力。当材料失效时，这些潜在的特性就会丧失——橡胶失去弹性，金属失去强度——"潜能"也就消失了。柯卡尔迪的伟大想法是，为了充分了解这种"潜能"，即它的极限在哪里、它是如何消失的、它该如何被保护，我们需要收集和检查失败的碎片。

研究极端情况的最终动机来自经济学家凯恩斯在 1928 年提出的一个观点。考虑到当时社会陷入了一轮对经济的悲观情绪，凯恩斯提出了一个大体乐观的长期愿景。他的部分论点是，如果我们知道看向哪里，我们今天就能瞥见未来。其诀窍是找出一种持续的趋势，以及大多数人都在遵循的道路，并观察那些经历过这种极端趋势的人的生活。当时，凯恩斯认为持续的趋势将是物质财富的增加和工作需求的减少。他说，为了把时间往前推，我们需要找到那些正在过着这种生活的人，那些最富有的人，以及那些享受大量闲暇时光的人。凯恩斯把那些生活在塑造经济趋势的极端情况中的人称为"我们的先头部队"。这是思考未来经济的有用方式，因为他们正在为其余的人窥探应许之地，并在那里安营扎寨。

九个经济体

本书描绘的九个地方处于三种极端情况：生存、失败与未来。这三种极端体验在人们的生活中起着决定性的作用。本书第一部分的灵感来自威廉·哈维，以及人们在面对极端伤害和创伤时表现出的很强的韧性。我在亚齐遇到了苏尔扬迪，该地区是 2004 年 12 月 26 日海啸受灾最严重的地方。当地村民们失去了一切，但那里却是经济快速反弹的地方。我在约旦北部的扎塔里难民营见到了一个叙利亚家庭，他们为了逃离本国的内战而将家园与产业抛在身后，在扎塔里这个巨大而有争议的定居点开始了充满活力的新生活，这个定居点后来成为世界上最大、发展最快的难民营。我在路易斯安那州遇到的囚犯在搬进"新家"时把一切都抛在了脑后，那是美国监禁率最高的州中最大的监狱。但即使在那里，也有一种经济韧性，人们以物易物，以贸易为生。对这些人来说，自然灾害、战争和监禁抹去了他们以前的一切。然而，在这三个地方，人们生存下来，甚至兴旺起来，这往往依赖于经济。

我走访了我认为如果戴维·柯卡尔迪是一名经济学家，他会调查的三个失败的经济体。本书的第二部分从达里恩峡谷开始，这个地方的地理位置和自然财富令人羡慕，自 16 世纪以来一直是企业家的目标。今天，这里仍然是一个无法无天的无人区，被称为地球上最危险的地方之一，并出现了毁灭性的环境退化。刚果民主共和国首都金沙萨的潜力如此之大，它应该是非洲最好的特大城市。但这也是一个失败的地方——拥有 1 000 万人口的金沙萨是地球上最贫穷的主要城市之一。格拉斯哥曾与伦敦争夺"英国领先城市"的称号，因为它在科学、工程和艺术方面取得了非常多的突破，以至于在 20 世纪初，没有比它更好的居住地了。但格拉斯哥却一败涂地，它失去了一切，成为英国最麻烦的城市，这是它今天还保留的一项令人生疑的"荣誉"。在这些地方，无论是自然的、人类的，还是工业的巨大潜力，都不知何故被浪费了，而经济往往是问题的核心。

最后，我参观了如果凯恩斯还活着，他会关注的三个地方，并听取了他对如何预见未来经济的建议。2020 年，世界似乎再次陷入对经济的悲观情绪之中。在全球范围内，大多数国家都面临三种趋势：人口老龄化、新技术带来的不确定性，以及不平等的加剧。这些趋势通常被认为是不可避免的，并有可能对经济造成严重损害：它们将是对经济反弹的考验，可能会将一些经济体推向失败。所以我听从了凯恩斯的建议，寻找那些最有可能人口老龄化、技术领先和不平等加剧的城市：日本北部的秋田是老龄化的前沿，爱沙尼亚首都塔林是科技的前沿，智利首都圣地亚哥是不平等的前沿。世界上的大部分人很快就会生活在存在于这三个城市的压力和机会交织在一起的地方。这些"先头部队"的生活是一扇我们了解自己未来的窗口。我拜访它们是为了了解那里的经济实力，将它们与潜在的韧性和失败进行比较，看看这一切是否构成了对未来抱有希望或充满恐惧的证据。

关于数据的说明

挑战在于寻找并访问全球的极端情况，所以我去的地方都尽可能以定量和客观的方式来选择，以确保它们是同类中最引人注目的案例。每一章都给出了每个经济体的更多细节、事实和数据，以及它是如何被选择的。我尽可能使用从国家统计机构或国际机构的官方网站上下载的数据。本书中的交互式图表、注释和数据来源的精选可以在本书的网站（www.extremeeconomies.com）上找到。

目　录

生存：经济的韧性

未来：经济的明天

结论：关于未来的指南

生存：经济的韧性

1 亚齐：海啸发生地的经济弹性

敌人用火和剑把一个国家夷为平地，摧毁或夺走了这个国家几乎所有可移动的财富，所有的居民都被消灭了，然而几年之后，一切又都和以前一样繁荣。

——约翰·穆勒，《政治经济学原理》，1848 年

突如其来的灾难

把钥匙扔掉

尤苏尼达尔回忆着说："一开始地震的感觉并没有那么强烈。但是后来我的儿子尤迪去了海边，他说海滩上到处都是鱼，有一股浪向他袭来。"洛格纳是印度尼西亚亚齐西北海岸的一个小村庄，尤苏尼达尔和她的家人就住在洛格纳的中心，离海岸线仅有 500 米远。他们很幸运，60 多岁的尤苏尼达尔说，她是当地一所小学的校长，收入还不错，家里按当地标准来看算是很富裕的，家里每个人都有摩托车。当时她的儿子尤迪迅速去附近的一座房子里接她的女儿，而尤苏尼达尔不知道事情会变得多糟，还花了一些时间去拿一些值钱的东西，包括一个装着他们家旅馆房间钥匙的小袋子。她手里拿着包，跳到丈夫达利恩的摩托车后座上，接着他们飞奔而去，寻找海拔更高的地方。

尤苏尼达尔说，是那些摩托车救了他们的命。如果没有摩托车，2004 年 12 月 26 日早晨摧毁洛格纳的海啸就会把他们一家人都卷走，

就像他们的许多邻居一样。如今已经退休的尤苏尼达尔仍然是一个生活舒适的中产阶级。她穿着一件清爽的衬衫，黑色的头发被一根细细的白色带子束在脑后，她在讲述海啸及其影响时，手里把玩着一只厚厚的金手镯，手镯戴在左前臂一半的位置。多年与游客打交道的经历让她学会了讲英语，她说："我们是村里第一个设立民宿的。"她还讲述了1981年时他们夫妇是如何接待第一批客人的，最初他们免费为冲浪探险者提供住宿，后来很快就把它变成了一门生意，随着他们在经济景气时扩建大楼，生意规模也逐渐扩大。来自民宿的额外收入使他们能够支付孩子的高中和大学教育费用。

当你走向内陆时，这里的地形会迅速升高，很快就变成茂密的丛林。他们当天逃离的路线还在，沿着这条路线走几分钟后就能到达海拔几百英尺①的地方。这意味着尤苏尼达尔和达利恩是安全的，他们的三个孩子也是安全的。但是从被茂密的丛林覆盖的山坡上看不到海滩和村庄，在那里躲避了几个小时后，他们决定走下来看看损失有多大。她回忆道："我拿起我的一袋钥匙想去检查我的家和民宿。但当时22岁的尤迪已经冒险下山走到了村子的边缘，他阻止了我。他对我喊道：'不，妈妈！什么都没有了，没有房子，没有建筑物，一切全没了。'"

这并不是一场普通的灾难，那天早上释放的能量使地轴都发生了震动，并且摧毁了500万座房屋，夺走了近23万人的生命。洛格纳的居民、它的孪生村庄兰普克以及班达亚齐的居民是第一批受害者，受到了最严重的打击。那天早上在这些地方发生的事情令人毛骨悚然，自那以后又有了一个关于顽强生存、坚韧和重建的故事，这一次经济又发挥了重要作用。

当结束了对这场灾难的叙述时，尤苏尼达尔用手做了一个抛出的动作，好像在扔掉什么东西。她珍藏着一个钥匙袋，里面有她多年的工作和投资结晶，现在却像是一种生活、一个村庄和一个已经被抹去的经济体的遗物。她把钥匙袋扔在了丛林里，然后走回洛格纳重新开始生活。

---

① 1英尺约等于0.3米。——译者注

地球变形日

构造板块通常移动得非常缓慢，在一年的时间里最多移动 8 厘米。冰川一年可以移动超过 15 公里，速度是它的几千倍。但就在那天上午刚过 8 点，事情就急剧变化了，在距离亚齐西海岸约 50 公里处，仅在几秒钟内，印度板块就在与之相对的缅甸板块的驱动下，下降了 30 米。从这个震中开始出现一条细长的裂缝，就像一个巨大的拉链在海底被拉上，它迅速把两个板块拉在了一起。它从亚齐海岸出发，向北延伸 400 公里，以每小时近 1 万公里的速度移动，其速度是音速的 9 倍。

这些振动造成了一场"大型逆冲区地震"。它的震级为 9.1 级，释放出 40 泽塔焦耳（zettajoule）[①] 的能量，足以维持全球 80 年的能源消耗，相当于 5 亿颗广岛原子弹爆炸时所释放出的能量。地震发生在距离亚齐海岸只有 50 公里处，其威力是如此之大，以至于地球在其轴线上摇摆不定，甚至改变了地球的形状（我们的地球现在是一个更完美的球体，自转速度更快，所以我们的白天也变短了一点）。这是一种可能每隔 500 年才会发生的事情。

地震经常会引发海啸，而这种规模的地震更可能会引发巨浪。研究海床的科学家最近发现了为什么在这种情况下事情会如此极端。除了主要断层，还出现了一系列次生断裂，迫使巨大的海床上升到被海洋占据的空间，并产生了比任何一次海啸都更大、更快的巨浪。而亚齐西北海岸的渔村洛格纳和兰普克就在它的路径上。就像世界上其他地方一样，随着海水变浅，波浪上升，速度也变慢。

图 1.1 显示了自 1900 年以来造成死亡人数最高的 20 次海啸。

印度洋海啸造成 14 个国家的 227 898 人死亡，印度尼西亚的亚齐首当其冲，受灾情况也最严重。在洛格纳和兰普克，超过 90% 的村民死于这次海啸，人口数量从 7 500 人下降到仅 400 人。拉赫迈图拉清真寺是这片海岸线上唯一幸存的建筑，所有的民居、旅馆和餐馆都被摧毁了。然而，

[①]　zettajoule 是能量的单位，1zettajoule=1 021 焦耳。——编者注

在短短几个月内，亚齐人就开始重建他们的生活和经济，并展现了惊人的恢复速度。今天，像苏尔扬迪这样的故事在这个独特的地方很常见，人们重新回到了海滩上，像以前一样生活。

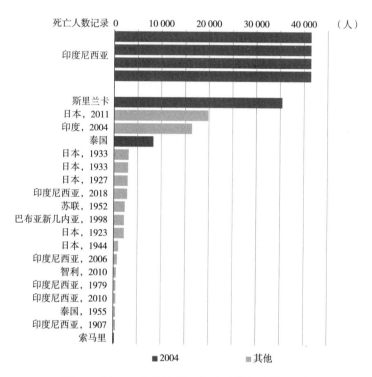

图 1.1　自 1900 年以来造成死亡人数最高的 20 次海啸

资料来源：紧急事件数据库。

　　本书第一部分中的极端情况展现了尽管一个地方困难重重，但当地经济依然存活下来并且蓬勃发展。按照这一定义，亚齐是一个令人着迷的研究对象。在印度尼西亚这个鲜为人知的角落，人们不堪重负，许多人被鼓励离开饱受摧残的海岸线。然而，他们却留了下来，迅速重建，经济很快又蓬勃发展了。我去亚齐拜访他们，是想理解他们进行重建的驱动力是什么，以及我们应该如何衡量一个经济体的实力，也想探寻一下在面对如此毁灭性的冲击时，他们的韧性源于何处。

亚齐的故事

在印度尼西亚亚齐特别行政区首府班达亚齐的海角周围，这场灾难是毁灭性的。近 17 万人（约占总人口的 55%）因此失去了生命。乌勒类是一个美丽的郊区，一排排整洁的房子被热带树木、蕨类植物和棕榈树围绕着。这里地势低洼、平坦，靠近大海。在包围了海岬之后，海啸波浪在这里仍然有 10 米高，摧毁了附近的每一座房屋。然而让人惊讶的是，今天的街道和当时一样，与当地清真寺的布局平行，一直延伸到海岸。这条路的尽头最靠近海的那座房子，最多高出海平面一米，这可能是当时第一个被海浪夷为平地的房子。房子的主人是一位快乐的警察，名叫穆罕默德·伊克巴尔。

这家人喜欢住在这里，是因为清真寺周围的地区是一个活动中心。我们谈话时，穆罕默德的妹夫在周围打转。他建造了一个移动陈列柜，把它放在一辆跨斗式摩托车的顶部，并将其连接到他的自行车侧面，他在那里出售新切好的菠萝、甜瓜和杧果，以及亚齐男人喜欢的镶嵌着厚实宝石的大戒指。穆罕默德的儿子会说一口流利的英语，他在那场灾难中失去了母亲、兄弟和妹妹，他是第一个对我说了很多话的人："欢迎来到亚齐（Aceh）！这个名字中的字母代表阿拉伯（Arabic）、中国（Chinese）、欧洲（European）和印度（Hindu）。"这个由商人建立的特殊地方的故事，在亚齐人的脑海中根深蒂固，他们由此了解自己土地的历史，并认为它是不同寻常的。

胡椒之都和通往麦加的走廊

亚齐的地理位置在 2004 年是具有毁灭性的，在历史上，它一直是一种具有经济意义的资产。随着海上贸易在 15 世纪开始蓬勃发展，班达亚齐成为通往马六甲海峡的门户，马六甲海峡是连接太平洋和印度洋的重要通道，也是连接印度与西方、中国和日本的主要航道。来自香料群岛的货物——胡椒、肉豆蔻、豆蔻、丁香、生姜和肉桂被源源不断地运往海峡，然后在向西前往欧洲的过程中被运往斯里兰卡和印度的港口。这些货物很轻，在腌制肉类和制药方面有很大的用途，这意味着它们变得非常有价值。在英国，肉豆蔻的价值超过了与它同等重量的黄金，伦敦的码头工人如果拿到丁香作为报酬会非常高兴。航行于马六甲海峡的香料船如同一桶桶漂浮在海上的黄金，像班达亚齐这样的地方会为它们提供安全的港湾，这成为一笔利润丰厚的生意。

除了控制一个战略性港口外，亚齐人还成为强大的出口商，他们出售肉豆蔻、丁香以及槟榔果，咀嚼槟榔果可以获得类似摄入咖啡因的兴奋感。这里的巨额资金还来自全球胡椒热潮。胡椒藤在亚齐西海岸种植时长势喜人，到了19世纪20年代，该地区每年生产的胡椒高达1万吨，占世界供应量的一半。当地农民停止种植大米，转而将胡椒卖到南方，用它换取当时价值相对较低的大米和黄金。贸易意味着亚齐变得比苏门答腊岛上其他地区更加富裕，这使其能够保持强大的海上实力。由于对航运和陆地产品的控制，亚齐人开始认识到他们处于岛的尽头是具有优越性的。

其他人也认识到亚齐的价值所在，这导致亚齐人和企图控制马六甲海峡的对手之间产生了长达几个世纪的争斗和战争。早期的敌人是位于马来半岛（今天的马来西亚）对面的马六甲苏丹国。后来，随着欧洲列强向东开拓，英国成为亚齐重要的保护者，保证了亚齐人的独立，以防止这个战略地区落入敌人手中。但在1871年，英国人退却了，允许荷兰人入侵这里，并声称对整个苏门答腊岛拥有主权，亚齐人的抵抗和敌对行动一直持续到第二次世界大战之后。作为战后和平进程的一部分，亚齐与苏门答腊岛的其他地区捆绑在一起，成为新的印度尼西亚共和国的一部分。但亚齐人从未同意合并，这加剧了由独立斗争而兴起的亚齐独立运动组织（也称自由亚齐运动）和印度尼西亚军队之间的经常性武装冲突。

我们对未来经济的担忧之一是，老龄化、技术发展和不平等将导致老年人和年轻人之间、有技能的人和缺乏技能的人之间、富人和穷人之间更大的分化。了解分化的重要性，以及随着经济的发展，分化是如何扩大或缩小的，是我访问亚齐的另一个原因。亚齐独特的历史意味着，这个地方有自己的断层线，海啸前就存在相互竞争的主张和派系。这个有着田园诗般生活的地方曾经是和平谈判失败的地方，一个庞大的军事力量与活跃的独立组织长期作战，那里的居民首先是亚齐人，其次是印度尼西亚人。重建的压力会加剧这些分化，还是会让人们走到一起？

经济的恢复与重建

咖啡大王

52 岁的萨努西说："当水从这里流过时，有 8 米深。"他指着附近一栋两层建筑的屋顶强调了这一点。他的萨努西咖啡馆位于班达亚齐郊区兰帕西的中心，距离西海岸骑摩托车约有 15 分钟的车程。他衣着时髦，留着令人印象深刻的浓密的小胡子。他的咖啡馆生意很红火，在咖啡馆里，川流不息的上班族来来往往地买外卖浓咖啡；在室外，游客们在遮阳篷下啜饮着冰绿茶，从一盘盘小吃中挑选食物，试图从酷热的阳光中解脱出来。萨努西解释说，他没有逃过海啸，这里的道路变得太拥挤以至于无法骑摩托车逃脱，但他靠摇晃着爬上一棵椰子树幸存了下来。当他从树上滑下去的时候，他的店铺已经被冲走了，也带走了装有他毕生积蓄的保险箱。萨努西回到家，发现他的房子已经被夷为平地，他的妻子和大儿子都在这场灾难中死去了。他回忆说，自己痛苦地坐了一天左右，什么也不想做。

几天之后，他就决定重建他的咖啡馆。他说："这就是我要做的，我要为幸存的孩子和客户着想。"然而，在失去了家园、大部分家庭成员和所有积蓄之后，如何才能使重建成为可能呢？

海啸没有摧毁萨努西对咖啡生意的了解。他从十几岁时就开始为一家批发商工作，学到了贸易定价，以及从哪里能买到最好的咖啡豆。萨努西吩咐一名年轻的助手为我们拿一袋生的绿色咖啡豆来做示范，他从中挑选了一些饱满的咖啡豆，这些咖啡豆将被送到他的烘焙设备中，而剩下的干瘪的咖啡豆将被丢弃。他的供应商位于亚齐的加幼（Gayo）山脉地区，没有受到灾难的影响，因此维持咖啡豆供应不是问题。就在我们谈话的时候，他继续小心翼翼地抓着那袋咖啡豆，把饱满的和干瘪的咖啡豆分开。亚齐人不喝酒，而是喜欢狂饮咖啡，萨努西比任何人都更了解这个行业。在下定决心重建家园后，他急需现金。

在任何正常的情况下，萨努西都是获得银行贷款的理想人选——对自己的供应链了如指掌，有能力将咖啡豆转化为利润的企业家。但现在，当地银行已经被海啸摧毁，抵达的国际援助机构仅专注于住房和卫生设施建设，而不是商业贷款。他的积蓄花光了，也找不到新的资金。

最后是一位经常访问亚齐的雅加达学者拯救了他，借给他 500 万印尼卢比（当时约为 500 美元或 300 英镑）。萨努西用这笔钱支付工人工资和订购新设备，萨努西咖啡馆在灾难发生后的短短五个月内就重新开业了。他说："重建这个地方不仅仅是我一个人的事，你看那里。"他自豪地指着向他的顾客出售零食（最受欢迎的是用香蕉叶包裹的糯米团）的街头小贩。接下来，他指着另一个摆在外面的摊位，那里出售米饭和各种咖喱，可以用棕榈叶包裹起来带回家，是亚齐人的外卖——bonkus。他的例子说明，在知识、技能和努力的结合下，即使最小的援助也能大有帮助。萨努西的咖啡馆再一次成为当地的商业中心，这是一个自主蓬勃发展的迷你经济体，一家企业支撑着另一家企业。当本地的咖啡大王结束他的叙述时，他靠在椅背上苦笑了一下。在他面前有两堆整整齐齐的咖啡豆：好的在左边，坏的在右边。

拯救生命的传统

班达亚齐的老市场巴萨尔亚齐是一个购物的好地方，摊位上堆满了热带水果，包括鳞片状的紫色蛇果、毛茸茸的红毛丹和尖尖的绿色榴梿。榴梿就像一个膨胀的绿色橄榄球，是亚齐人喜爱的水果（据说是水果之王，闻起来有点儿臭，当地的酒店贴了告示，要求客人不要把它带进酒店）。现在是斋月的结婚旺季，服装店里挤满了妇女，她们在比较衣服的材料和挑选她们的第一套窗帘，沿着小小的街道可以看到一大群裁缝，他们的缝纫机在工作时嗡嗡作响。一位店主表示，带有大量蕾丝的新娘礼服是当前的潮流，并解释说新婚夫妇喜欢购买深红色的面料。买卖珠宝和黄金的商店在巴萨尔亚齐是经济的关键。

当地的黄金交易商协会会长哈伦·库奇克·莱米采克坐在自己店铺后面的一个私人房间里。这个地方凉爽、安静，充满令人愉快的香味，角落的水槽里堆满了红色和蓝色的百利发乳瓶子，架子上摆满了各式各样的古龙水。70多岁的哈伦既整洁又香气十足，他下身穿着裁剪得像裙摆的黑色真丝长裤，脚上是一双黑色蛇皮皮鞋，上身穿着带有火红图案的短袖蜡染衬衫。他的右手无名指上戴着亚齐人常见的蓝色宝石戒指，左手上也戴着一枚巨大的钻石戒指，但那并不是真的钻石。房间的墙壁上展示着他在黄金方面的专长以及他之前在新闻行业取得的成就。他调了一下纯金的劳力士手表，向我解释一个有着几百年历史的传统是当地家庭能够如此迅速地从悲剧中恢复过来的原因之一。

哈伦说："不管旅行的目的是什么，人们在市场上做的第一件事就是查看金价。"在亚齐，黄金为王，亚齐人对金锭有自己的命名原则和度量衡系统［基本单位是玛雅姆（mayam），一个基本单位约为3.3克］。当亚齐人向珠宝商询问黄金价格时，就如同西方购物者查看自己的银行账户一样。在亚齐，银行并没有被广泛使用，哈伦解释道，人们在这里更相信黄金。由于储蓄通常以金锭或贵重珠宝的形式持有，市场价格会告诉他们生意有多好，以及今天是节俭还是挥霍的一天。

36岁的索菲是当地市场上最繁忙的金店的继承人，她解释说，黄金也可以作为一种非正规的保险机制。当准备结婚的时候，男人需要确保他在那天之前积攒了一批黄金。这种支付方式在当地被称为"结婚的代价"，它是给妻子的，由她持有，而不是由她的父亲持有，这与嫁妆不同。在班达亚齐，现价是20玛雅姆（约合4 000万印尼卢比，或2 800美元，或2 200英镑），几乎足够换一个在索菲或哈伦的陈列柜里发光的实心手镯。在一个受农业和渔业起伏不定冲击的经济体中，人们习惯于在丰收或捕鱼季后买入黄金，而在不景气的时候卖出黄金。这种文化意味着女人持有的黄金既是个人财富，又扮演着家庭经济缓冲剂的角色。这里一个工人的年薪大约是 3 000 万印尼卢比，戴上金手镯就好像手上有足够的现金，能够雇一个建筑工人工作一年。

以黄金为基础的储蓄和保险制度是古老的、非正规的和不受监管的。在海啸发生后的几个月里，它迅速而有效地发挥了作用。黄金交易商是巴萨尔亚齐第一批重新开业的商店，哈伦和索菲在三个月内都启动并运营了他们的商铺。他们没有卖出黄金，而是成为金锭和珠宝的大宗买家，帮助客户为重建筹集资金。虽然有些人在灾难中失去了黄金，但我遇到了许多幸存者，他们能够通过一个公平的价格卖掉佩戴的珠宝。尽管在许多市场上，大量买家会压低当地黄金的价格，但黄金是一种全球商品，哈伦和索菲能够以国际价格交易黄金，并确信他们能够将黄金运送到雅加达的联系人那里。这种传统的融资方式意味着亚齐与外界隔离，并为当地企业家提供了快速获取资金的渠道。

这一传统体系在我访问过的所有极端经济体中都出现过。当正规经济受损时，非正规的和传统的贸易、交易和保险体系往往最先涌现，并成为经济恢复力的源泉。一个关键的经验是，我们需要更多地理解和重视它们。亚齐的金融体系就是一个很好的例子，被西方专家认为过时和低效的体系却迅速而高效地发挥了作用。与之形成鲜明对比的是，在西方金融体系中，银行自身的借款（它们的"杠杆"）往往会放大而不是抑制动荡，这是再明显不过的了。

回到海滩

当班达亚齐附近的人们挣扎着站起来的时候，餐馆老板苏尔扬迪所在的村庄兰普克已经成了一片废墟。他在一家国际慈善机构从事了几个月清理瓦砾和木材以疏通道路的工作之后，去了镇上的一家餐馆工作。很快兰普克搭起了帐篷，在村庄原址形成了当地人所说的"难民营"。苏尔扬迪感觉还是想念曾经的村庄，所以又搬了回来，他能做的唯一的工作就是打鱼。他说："我晕船又觉得无聊。"在印度洋上漂荡了三个月后，他决定重建餐厅。

他面临的第一个挑战是获得许可。在海啸发生的那天，当地渔业首领曾大声疾呼是神的惩罚，这个想法已经流行起来，特别是在兰普克村庄的长者中间，他们一致认为，海啸是对海滩上道德松懈的惩罚。

苏尔扬迪说："问题从来不是在西方游客身上。"令人担忧的是，当地的年轻人花了太多的时间在沙滩上打情骂俏，而工作、学习和祈祷的时间太少，长者们下令海滩必须无限期关闭。为了使新规定放宽，以海滩为业的企业家们提出了一个经济性的理由：村里的就业机会太少，重新开放海滩将创造就业机会。会议持续了三个月，直到村里的长者们同意，但附加了一个条件。在海啸发生后的混乱的日子里，一些被冲到内陆的当地人的尸体被埋葬在远离家乡的地方，这违背了关于什么是好的葬礼的传统。为了纠正这种情况，企业家们必须挖出这些尸体，并将其送回兰普克。在这个可怕的任务完成后，海滩又重新开放了，但仍然存在一些问题，一些村民迷信，一些村民受到创伤，而另一些村民感到害怕。海滩曾经是乡村生活的中心，现在却是一片荒凉。

苏尔扬迪回到兰普克后，由于缺少富有的赞助人，他只能用被冲上海岸的废木重建自己的小屋。然而，为援助机构工作的外国人以一种意想不到的方式拯救了他。他回忆说："我的餐厅没有援助资金，是那些援助人员救了我，他们不怕大海，成了我的第一批顾客。"当地人一听说外国人经常光顾这条海岸线，也就逐渐地冒险回去了。苏尔扬迪一直在他的小木屋里经营，直到他攒够了 1 500 万印尼卢比，足够建造一座像样的建筑来开餐厅。今天，他的阿坤餐厅坐落在海湾的尽头，旁边就是安全的游泳池。隔壁一家新的用具公司出租游泳圈和救生衣。他说，现在海滩又受欢迎了，经济状况也有了很大的改善，像他的餐厅这样的一栋建筑现在至少要花 1 亿印尼卢比才能买到。

破坏和增长

当在这里生活了一段时间后，你就会开始明白，快速重建在这里是司空见惯的事情。一天晚上，我在一家咖啡馆遇到了 61 岁的理发师优素福，我们一边聊天，一边吃着用蔬菜和香料调味的亚齐梅牌泡面。海啸发生时优素福没有逃掉，被海浪吞没了，12 月 26 日下午他在离家 8 公里的地方醒来，身旁都是尸体，他躺在一排遇难者中。当时他的右腿有多处骨折，但他还是设法站了起来。他笑着说："当我站起来时，当地村民都以为我是僵尸。"在死里逃生之后，他的理发店不到一年就开张了。

重建的速度之快，以及非正规贸易和传统金融网络在外部援助到来之前就已经涌现的事实，确实令人震惊。更令人惊讶的是，当地经济不仅反弹，而且有所改善。阿赫亚尔·易卜拉欣是一位连续创业的人，经营一所私立学校和一家商业培训机构，拥有并管理着许多片稻田。这位 61 岁的工程师训练有素，他带我参观了他在 20 世纪 80 年代末设计和建造的房子。这是一种非正统的设计，以许多中心柱为基础，经受住了海啸的考验。他一边喝着绿茶、吃着饼干，一边反复思考这场灾难是如何改变当地的。他说："在经济方面，现在的情况好多了。"阿赫亚尔在灾难中失去了他五个儿子中的二儿子，但他继续说："生活方式也更好了，海啸造成了巨大的损失，但也带来了好处。"

认为海啸给该地区带来好处的想法可能让人难以置信。这里的一切，从失去朋友和亲人的心理创伤，到在当地博物馆展出的该地区遭到破坏的证据，都指向一个被摧毁、无法修复的地方。然而，在海啸过后，亚齐的许多方面确实有所改善，这在很大程度上要归功于更为强劲的经济。经济学家并不像大多数人那样，对这里的短期繁荣感到惊讶，全世界都能看到一个令人费解的事实，那就是自然灾害可以让经济增长得更快。了解为什么会这样，有助于揭开亚齐奇迹般复苏的神秘面纱，并阐明经济学中最重要的衡量标准。

摇摇欲坠的基础

系统地衡量一个经济体的规模和实力是由威廉·配第在 17 世纪 50 年代首次提出的。配第是一个博学的人，他是牛津大学的外科医生和解剖学教授，是一位绅士般的农民，是一位农业和海事发明家（他设计了一台自动谷物播种机和一艘早期的双体船，并提出了在船只上安装发动机的建议），同时他还是一位杰出的公务员。他应该知道亚齐，因为在他活着的时候，英国和荷兰为了争夺包括马六甲海峡在内的海洋控制权发生了多次重大战争。1652—1674 年的三次英荷战争代价高昂，为战争提供资金的税收落在了包括配第在内的土地所有者身上。他认为这不公平，于是着手更准确地衡量英国经济，找出谁应该承受税收负担。他的核心论点是，虽然土地和建筑等资产是一个国家财富的一部分，但与劳动世界相关的年度资金流——工资、企业收入以及利润，才是一个国家经济实力的原始来源，企业家和工人应该缴纳更多的税款，但这些被忽视了。配第的论点是，政策制定者需要一种准确的经济实力衡量标准，这种衡量标准要考虑到经济的每一个收入来源和每个部门，但这种方法从未真正运用起来。两个多世纪以来，经济学家只是研究单一部门，追踪工业生产量、煤炭开采吨位或制造业出口额。经济分析和政策是零敲碎打的，没有包罗万象的措施。然后，在 20 世纪 30 年代，美国经济遭受了巨大的衰退，最后演变成大萧条，波及全球。大萧条是现代经济学中的决定性事件，并导致了对经济增长来源的详细调查，有必要对所有经济活动制定一个总体衡量标准。剑桥大学的一个小组提出了解决方案，他们在 1941 年为英国制作了一套经济账户，这标志着对 GDP（国内生产总值）的现代聚焦开始了。

GDP 是衡量一个国家经济货币价值的指标，被看作通过三个可选镜头来捕捉经济的照相机：第一个镜头捕捉生产，第二个镜头捕捉收入，第三个镜头捕捉支出。当生产某种产品时，GDP 就上升；当收入以工人工资或公司利润的形式增加时，GDP 就上升；当个人、公司或政府进行支出时，GDP 就上升。也许 GDP 最重要的一点是，它的三个镜头捕捉的是实际发生的经济活动，而不是过去的成就——去年建造或销售的工厂、商店、房屋在今年的 GDP 中为零。所有这些都是重要的实物资产，但它们不属于今年的生产、收入和支出，而是代表了过去的活动。GDP 的目标是反映一个国家的居民现在在做什么，而不是过去做了什么。

2004 年的印度洋海啸摧毁了大量的有形资产。在洛格纳和兰普克这两个孪生村庄，所有的房屋都被摧毁了，整个亚齐有 13.9 万人在灾难中丧生。大型工厂倒塌，约 10.5 万家小企业及其建筑物被夷为平地。在班达亚齐，渔船被撞成浮木，该地区 1.4 万名渔民遭遇了同样的命运，用来清洗和出售捕获物的河边棚屋被冲走。在海滨，每一家咖啡馆都化为乌有，人们再也看不见遮阳伞和冲浪板了。所有这些都很重要，因为这都是多年工作的成果。但这些都是过去生产和购买的，没有一项被计入 GDP 所反映的"当前活动"。在海啸造成破坏的那个可怕的早晨，以 GDP 衡量的亚齐经济规模并没有缩小。

当然，经济潜力已经丧失，例如，被摧毁的工厂和餐馆带走了工厂工人和服务员的工作。但是，重建一个村庄或城镇意味着大量新的经济活动，这抵消了生产能力和创收能力的损失。以住房为例，在灾难发生后的四年里，亚齐新建了 14 万套住房。每一项都意味着建筑商需要在砖头、木材和电线等材料上花钱，而且他们必须向建造房屋的工人支付工资。所有这一切都为建筑商、混凝土供应商、运输商以及砖瓦工、木工和电工等创造了收入。一旦这项工作完成，一座新房子就建成了。这意味着对 GDP 有贡献的三类活动——生产、收入和支出的涌现。正如苏尔扬迪和萨努西的描述所显示的那样，亚齐人的决心意味着对重建家园、学校、商店和道路的迫切需要。这在一定程度上解释了一个谜题，那就是为什么以 GDP 衡量的经济在自然灾害之后往往会增长，即使在亚齐遭受这种极端自然灾害后也是如此。

援助热潮

虽然传统的储蓄形式有助于向一些企业家提供即时资金，但也需要外部援助来支付大规模重建的费用。骑着摩托车在村子里转上几天，你就能确切地看到钱是从哪里来的。从南部到洛格纳，需要穿过一座钢桁架桥，桥上印有美国援助机构——美国国际开发署的标志。当你进入村子时，你会发现所有的房子都是建在小块土地上的独立平房，在它们的墙上都有类似的标志，棕榈树下一个墨绿色的圈里有两把交叉的剑，这是沙特阿拉伯的标志，它是住房资金的主要援助者。往北半英里到兰普克，有一条路转入内陆，这条路就是苏尔扬迪在海啸当天逃出来时走的路。在这条路上，排列着门廊上方带有土耳其星月图案的房屋。当地人说，这些由土耳其援助的房子是最好的，因为它们配有设备齐全的厨房。

　　灾难发生后的四年里，亚齐总共花费了 67 亿美元用于重建。这些资金也带来了一些混乱。援助机构给自己的工人提供了工资不错的就业机会；它们雇用了许多当地人，并为重建订购了大量的砖块、混凝土和木材。这种需求激增推高了价格：当地的通货膨胀率从 2004 年的 5% 左右升至 2005 年的 20%，并在次年超过 35%。企业家怨声载道，因为这侵蚀了他们的利润率；糖、大米和咖啡等必需品的成本也在飙升，但很难提高向客户收取的价格。但总的来说，这几年被认为是经济的好年景。援助机构的资金支持了当地的就业和工资，并流向了当地企业。现在的亚齐是一个援助型经济体，当地经济是繁荣的。

　　如今，外国人在他们援助的物品上绘制的已逐渐褪色的徽标、旗帜和标志，是他们工作的主要标志。经过四年紧张的工作活动，援助机构于 2008 年撤出。亚齐的外国工人人数从 8 000 人下降到几百人，当地人的就业机会也骤然减少。2009 年，负责监督援助工作的印度尼西亚政府在当地的机构，在履行完职责后也关闭了。随着援助资金如潮水般退去，亚齐的通货膨胀率回到了全国平均水平。从一个经济体中抽走所有支出、工资和建设项目是 GDP 大幅下降的关键因素。因为这个经济衡量标准是以当前的经济活动为基础的，发展经济学家担心，虽然重建创造了短期活力，但按 GDP 口径衡量，经济将出现萎缩，陷入衰退。接下来发生的事就是个谜了，尽管所有援助机构的支出都没有了，所有工作岗位都被裁减了，但亚齐的经济增长仍在持续，在四年的援助热潮期间，经济增长了 19%，而在接下来的四年里，经济增长了 23%。所有新的生产、收入和支出从何而来？

重建得更好：道路、机器还是想法？

　　如果你想在洛格纳寻找一份热饭，那么黛安的餐厅是你必去的地方，她总是开门营业，出售美味的腌鱼和咖喱，而且分量很大。在一个宁静的夜晚，她坐在一张桌子旁，把亚齐经济的改善归因于一种不那么令人愉快的东西——污水处理。她说，如今有些事情更糟糕，传统的房子在风格上比新的更可取（以前的房子是木制的，上面有阳台，而新房子是混凝土平房），但最大的变化是拥有了自己的厕所。在灾难发生之前，这个村庄缺乏基本的排水系统，全靠附近的河流提供清洁的水，并带走肮脏的水。新住宅的浴室都装上了水管，不用再去河边了。

随着重建的继续，"重建得更好"的理念成为一个众所周知的口号，指的是使用现代设计和材料来改善当地基础设施的政策。美国国际开发署修建的这条新的海岸公路比旧的更宽，横跨洛格纳的钢桁架桥比以前的石柱桥更高更长，石柱的残余部分像破碎的牙齿一样从河中伸了出来。在洛格纳和班达亚齐之间，一家曾经将椰子加工成椰子酱和食用油的家族工厂，现在被改造成了一家水泥厂，外面停着一排闪闪发光的搅拌卡车。原材料来自距离海岸几分钟车程的一家大型水泥厂。该工厂为法国拉法基（Lafarge）公司所有，2004年被毁，2010年又重新开工，产能增加了30%。虽然在房屋的精确设计上存在一些争议，但是援助资金给亚齐留下了比失去的那些更好的道路、桥梁和工厂，所有这些都提高了贸易和旅游业的潜力。

援助带来的好处远远不只纯粹的资金，还有很多都是非正式的或者无意识的。以技术的使用为例，据幸存者说，技术的使用在海啸后产生了巨大的变化。对于苏尔扬迪来说，使用手机的外来者的到来改善了企业家的处境。海滨餐厅的老板们投资购买了一次性手机，如果海滩上有很多顾客，或者厨房需要新鲜的食材供应，就可以用一次性手机来打电话求助。尤苏尼达尔说，摩托车的普及改善了人们的生活，在海啸发生之前，只有富裕的家庭才有摩托车，但在援助热潮期间赚到了钱，意味着每个家庭至少买得起一辆摩托车，更加富裕的家庭甚至拥有一辆小汽车。这些变化意味着亚齐变得现代化，更容易为工作做好准备，知道你需要去哪里，就能迅速到达那里。

这场灾难导致了更为微妙的变化，影响了经济和更广泛的社会，43岁的村长祖希尔解释说，他的工作很艰难，因为大多数村里的长者都死于海啸。在灾难发生之前，长者们制定了规则，然后由村长执行。然而关于产权和习俗的重要信息都是口口相传的，所以今天没法用来解决纠纷。祖希尔说："重要的信息随着长者们一起消失了。"与亚齐的小城市里的许多人一样，他为失去村子特有的传统而感到悲哀，这些传统曾由长者们保持着，但现在已经永远失去了。尽管失去了这一点，但新的观念和习俗的到来让情况变得更好，祖希尔说："今天的亚齐人变得更加开放了。"这是我在整个地区听到的一种观点。以亚齐人对荷兰的观念为例，在海啸发生前，当地人对荷兰的反应从赤裸裸的仇恨转变为一种不友好的嘲弄。一些骗子或狡猾的人在这里可能会被指责为"荷兰人"，这种诽谤指的是荷兰人倾向于派遣间谍到该地区与亚齐人生活在一起。

大多数人现在欢迎历史上的敌人，部分原因是他们参与了援助工作，人们感觉过去的敌对状态已经随着海啸消失了。同样的道理也适用于微观层面，当地的村庄之间经常会发生竞争和争斗。在灾难发生之前，除非你出生在这个村庄，否则你很难在这里做生意，现在这种情况不常见了。亚齐的这种演变解释了，为什么在援助资金的短期提振作用消失后，该地区仍能看到经济增长。随着卫生设施、交通和通信的改善，当地工人的工作效率也逐渐提高了。他们沿着更好的道路奔向拥有更安全的机器和更高的产能的工厂工作，这意味着他们的生产力更高，生活更加富裕。援助的影响还不仅仅如此。亚齐最初的经济恢复能力在很大程度上是非正规的，持续的力量依赖于短暂居住在该地区的援助人员的技术和观念。当地负责人表示，转变的另一个例子是教育。教育市场已经兴起，在班达亚齐与主街平行的一整条街道上，充满了在亚洲其他地区常见的补习班。由政府经费支持的公立学校的上课时间是从上午8点到下午1点。在公立学校上完课后，下午孩子们再去这些补习班。尼娜是洛格纳的一名女商人，她说她想把孩子送到这些补习班。她解释说，一方面是因为援助机构的工作清楚地表明了学位的重要性；另一方面是因为经济更强劲，所以人们如今可以负担得起学费。但这也是由于人们的优先次序发生了变化，当看到物质世界在一个早上被摧毁后，当地人更看重对自己的投资。她说："我们现在把人放在第一位。"

战争与和平

在一个几个世纪以来一直为独立而斗争的地区，海啸的剧变必然会产生影响。紧接着，战斗似乎会变得更加频繁。在海啸过后的头几个小时里，一群自由亚齐运动战士从他们在森林的藏身之处争先恐后地爬到兰普克。当时 23 岁的独立组织前成员阿尔米亚也在其中，他说："村子被水淹没的时间不超过 45 分钟，我们上午 11 点就在海滩上寻找幸存者了。"三天之后，大批印度尼西亚军队赶来提供援助。官方仍处于战争状态，他们把目光投向了满目疮痍的独立组织。苏尔扬迪描述了他被困在一个地势较低的村庄里可怕的几天，那里的海水没有立即排干。他把自己遇到的尸体绑在仅存的几棵树上，以防尸体漂走，而他周围的武装团伙都在互相射击。他说，至少有三名旁观者在枪战中不幸丧生。

事情很快就向另一个方向发展。2005 年 8 月 15 日签署的谅解备忘录实质上是一项全面和平协议，它带来了自 19 世纪 70 年代荷兰第一次入侵以来最为稳定的局面。在世界目光短暂聚焦于亚齐的情况下，人道主义援助界的重量级人物开启了和谈，在其他人失败的地方达成了一项新的协议。自由亚齐运动解散了 3 000 名战士，交出了 840 件武器，而且把他们的制服和徽章都扯了下来。作为交换，印度尼西亚军队从亚齐全部撤出，并释放了政治犯。谅解备忘录还规定了一系列新的权利。亚齐将有自己的立法机构、法院系统。它将使用印尼官方货币，但官方利率可能与该国其他地区不同。当地政府被赋予在当地增税的权力，并保留包括石油在内的自然资源的销售收入。这项解决方案创造了国中之国。虽然亚齐位于印度尼西亚的土地上，但它有自己特殊的主权。

和平改善了亚齐人的生活，特别是年轻人的生活。尤苏尼达尔说："在签署谅解备忘录之前，当地父母想把孩子留在家里。"她回忆起自己多么担心儿子。其他人也认为年轻人经历了一段艰难的时期，当时和解对自由亚齐运动战士和印度尼西亚军队来说都是不可接受的，任何被抓到的人都可能被征召或审问。兰普克和洛格纳的男孩被禁止通过基德比恩地区，这是一个武装冲突热点地区。由于前往附近班达亚齐大学的道路被堵塞了，当地人的受教育程度也受到了影响。

苏尔扬迪说，战争的不确定性是经济增长的主要拖累，自1990年以来，亚齐一直是一个军事化地区，军警随时都可能关闭餐馆，并实施宵禁，这就破坏了晚餐生意。尤苏尼达尔同意这一观点，她说，冲浪者由于害怕军事行动而远离了这里，她的民宿生意几年来逐渐枯竭。当地人说以前这对外国人来说从来都不是真正的问题，但一次事件改变了他们的观点。一名被怀疑是自由亚齐运动战士的冲浪者被绑架，并被蒙上眼睛带到山上接受印度尼西亚军队的审问。这名男子实际上是一名日本游客，在当天就被释放了，但是这个故事传遍了国际冲浪界，而游客到洛格纳旅行是这个村庄的重要收入来源。

把所有这些放在一起——更好的家园和道路，以及来自国外的新理念和持久的和平，你就会开始理解，为什么为海啸造成人员损失哀悼的人还是喜欢生活在这里。当地大亨阿赫亚尔和他的妻子带着我们参观了他设计的抵御海啸的房屋，并指出厨房墙上的一个标记显示了灾难发生当天的水位（约1.7米）。这位骄傲的父亲展示了全家福，告诉我他的儿子们在哪里上学，并指了一下那个在灾难中失踪的儿子。他反思说，那是可怕的一天，但也带来了深刻的变化，这里建立了一个更加开放和外向的社会，结束了多年的战争，以及倡导和平进程受到了当地人民的推崇，如同扩大的经济体一样，它提供了比灾难前更多的工作、收入和机会。

真正的弹性在哪里

理念的力量

在今天，亚齐的脆弱性依然存在。灾难发生之前，伊斯兰教法在这里变得越来越受欢迎，宗教信仰情绪在灾后的时间里也越来越强烈。实施伊斯兰教法的义务在2006年成为世俗法的一部分，2015年则通过了一部要求体罚的新刑法。从那时起，亚齐就成了人们因违法而受到公开鞭刑的地方。西方媒体紧随其后发布了实施鞭刑的照片，旅游网站也表达了对女性平等待遇和戴头巾的新要求的担忧。对于通过互联网了解信息的西方人来说，亚齐似乎是一个可怕的地方，而不是一个旅游胜地。

但是，就像亚齐展示了传统如何成为经济恢复力的根源一样，该地区也展示了非正规的和看不见的东西。在这种情况下，一个地方的传奇故事可以成为缓和政治或宗教认同剧烈波动的根源。班达亚齐郊区一所公立高中的校长埃卡说："你必须记住亚齐的故事。"操场被一个篮球场占据着，四周是茂密的丛林，附近一座陡峭的小山上标记着为孩子们画的在海啸袭来时应该走的疏散路线。37岁的埃卡在洛格纳长大，在班达亚齐上大学。她戴着银色头巾，衣服外面套着一件定制的细条纹夹克。她说："我们的地区是由女性建立的，这保证了我们有平等的待遇。"新的、更强大的宗教法必须与更为古老的奠基性故事进行博弈，包括定义了什么是亚齐人的两位女英雄的事迹。

这个海上之地以船只、贸易和战争为核心，古老的班达亚齐港口拥有世界上第一位女海军上将拉克萨马纳·马拉哈亚提。她在16世纪末被任命为马六甲苏丹国舰队的首领，成功地保卫了马六甲海峡，追捕并歼灭了敌方的船长，以此建立了强大的声誉，以至于她与女王伊丽莎白一世直接就英国进入这条贸易路线进行了谈判。她在对抗葡萄牙的殖民行动中阵亡，该地区的主要商业港口今天以马拉哈亚提的名字命名。

这位海军上将的传奇故事很有说服力，而卡特·尼亚克·迪恩是一位更伟大的军事英雄。她出生于一个贵族家庭，在19世纪90年代发动起义，领导亚齐人抵抗荷兰人。她藏身在树林里伏击并击败来犯大军的事迹家喻户晓，1964年，她死后被追授为印度尼西亚的民族英雄，这是印度尼西亚的最高荣誉，她的形象很快就出现在邮票和钞票上。在一场复杂的思想斗争中，这些关于争取自由的古老故事似乎与伊斯兰教义融合在一起，创造了一个独特的亚齐版本的伊斯兰教法。埃卡说："我们的妇女无所畏惧，我们做自己喜欢做的事，宗教在这里不是问题。"

人类韧性的另一面

　　洛格纳和兰普克展示了重建旧村庄的惊人速度，一个被称为"成龙村"的地方则表明，建造一个新村庄可能需要更长的时间。该村的正式名称为"中国－印尼友谊村"[①]，"成龙村"这个更吸引人的昵称是在成龙来到这个新城市观看重建工作后流行起来的。在许多被夷为平地的村庄里，这种做法是渐进的和有组织的，砖房逐渐取代了村民们在旧地块上用棍棒和防水帆布搭起来的遮蔽物。在"成龙村"，政府有更为雄心勃勃的计划。考虑到高海拔带来的安全性，政府寻找了高处的土地，在山坡上 500 米处建造了一个崭新的村庄。蓝图包括一个村庄可能需要的所有公共服务和便利设施。村子大门附近有一座清真寺，山顶上有一所学校，中间有一个很大的露天市场，它们整齐地排列在陡峭的山坡上。这个位于新村的中心位置的市场被设计成当地的商业中心，有一条通道可以让运送农产品的车辆进出，有编号的摊位供摊主使用，还有铁皮屋顶可以遮阳。当地村长达曼奈坐在一个树荫下的竹凳上说："这个自上而下的计划有它的好处，那里充满了深粉色的番石榴味空气。"政府对建设的预算和时间都有严格的控制，一家中国承包商带来了 36 名自己的建筑专家，他们管理着一个由2 000 名当地人组成的团队，这些工人在短短的 14 个月内建造了 600 多套房屋。他指着在市中心靠近市场的地方说，这是一种速度快、效率高的方式，而且房子质量也很好。建设"成龙村"的目的是，让亚齐的生活更加平等一些。在这里分配到住房的大多数人并不是当地人，而是以前住在班达亚齐狭小出租屋里的贫困家庭。

　　村长解释说，建造一个新的平等主义村庄是不错的想法，但对这里的人们来说，一切都没有改变。村里的居民仍然在班达亚齐从事着低端的工作，他们现在有了自己的房子，但却被困在离小镇经济活动几英里的山顶上，每天上下班既浪费时间，又浪费金钱。市场上空荡荡的，摊位上杂草丛生。由于所有的成年人都通勤上班，村子里唯一能看到的人是一个孤独

---

① 中国－印尼友谊村的印尼名称为 Kampung Persahabatan Indonesia-Tiongkok in Indonesian。

的少年和一个困惑的中国老人，那个中国老人既不会说印尼语，也不会说亚齐语。分配到房子的家庭在海啸前是贫穷的、没有技能的和困难的，这些事实都没有改变。正如村长解释的那样，他邀请我们去他的树上摘了一些番石榴，但是由于没有市场去卖这些番石榴，它们在树枝上长得太久了，从果核那里就已经腐烂了。

重建亚齐

在物质基础设施被摧毁的情况下，亚齐人重建经济的速度，从两个方面反映了我们对于经济的看法。第一个方面是 GDP，这是用来追踪一个经济体是否在增长的核心概念。许多人不认同将 GDP 作为衡量经济成功的指标，他们更喜欢包括公平和幸福在内的其他指标。通过 GDP 来衡量经济实力，肯定会产生令人困惑的结果，即一个经济体在灾难之后可以更快地增长。出现这种奇怪的现象（一些人认为这是经济学冷酷无情的证据）是因为，GDP 都是关于当前的人类活动，包括支出、工资、收入、生产商品，而没有体现出建筑物和工厂等实物资产的价值。经济学家最喜欢的标准远非中庸或冷酷的标准，而是一个基本的人性化标准。

我遇到的亚齐海啸幸存者表示，他们的经济和社会在海啸后有所改善，他们总是在谈论制造新产品、寻找新工作、购买新消费品等活动，而这些活动又是经济学家在不断增长的经济体中所要追踪的。GDP 和经济增长的好处与普通人思考及谈论经济的方式是一致的，我在亚齐的采访就是对一个重要问题的第一次观察。在洛格纳和兰普克这样的地方，由朋友发放的贷款、出售黄金换取现金等经济活动都是非正规的，没有经过衡量和评估。当正规经济被夷为平地时，这个潜在的贸易网络就更容易看到了。在离开亚齐时，我认为经济学家对不断增长的经济 GDP 的看法是正确的。GDP 并非与人们认为的强大经济体不符，在其动机上，GDP 是一个精细但不完整的衡量标准，而它的目标是正确的，但由于定义一个经济体的很多活动都隐藏在人们的视线之外，我们只看到了整个图景的一部分。

第二个方面是提醒人们真正的弹性在哪里。哲学家和经济学家约翰·穆勒在1848年写道，在一场战争或灾难摧毁了经济之后，社群出现复苏是很常见的，他还指出大多数人会认为这是令人惊讶的。穆勒认为，这种出人意料的复苏来源于这样一个事实：墙壁、桥梁和仓库这类有形资本，可能没有组成一个国家或社群的人的想法、技能和努力那么重要，因为人们将被号召重建所失去的东西。① 亚齐这场现代灾难证明了穆勒的观点。这里的人们失去了一切有形资产，但海啸幸存者保留了灾难前的技能和知识，并因此迅速重建。随着全球经济面临新挑战，亚齐表明人力资本及其在经济变革中受到破坏或保护的程度，将是成功与否的关键决定因素。

着眼于经济变革可能带来的社会分歧，亚齐提出了一个重要的警告。自2004年以来，这个地方的经济和社会发生了一场彻底的革命：新类型的房屋、道路和桥梁出现，商店出售新品牌和新风格的商品，人们约会、游玩、交易和祈祷的方式都发生了变化。但是咖啡大王萨努西又一次成功地开起了咖啡馆；餐馆老板苏尔扬迪又开始在海滩上的黄金地段卖烤鱼；虽然在洛格纳开了第一家民宿的尤苏尼达尔已经退休，但洛格纳最好的酒店现在归她的儿子所有。对于那些处于经济规模最底层的人来说也是如此。那些曾经住在班达亚齐狭窄的出租屋里的家庭，现在住在了一个山上的村里，这里市场荒凉，腐烂的水果挂在树上。这里的生活已经完全改变，但也几乎没有改变。人力资本是有弹性的，这意味着经济比我们想象的更容易重建，而其中的分化却更难改变。

尽管存在裂痕，但亚齐仍然是一个乐观的地方，即使在情况最黯淡的地方也是如此。从山上的新村庄下来时，能看到一片切入山中的小梯田，每个梯田都有一张桌子和一个长凳。这家临时咖啡馆的经理——一个13岁的男孩出现了。每天放学后，他都会从山脚下的一家商店买饮料和零食带到这里来卖。这位年轻的企业家在海啸那年出生于一个贫穷的家庭，他说这里生意很好，人们愿意为他的咖啡馆提供的景观支付高价。当他把雪

---

① 1662年，威廉·配第在一场批评过度监禁判决的辩论中提出了类似的观点：一个地方的财富来自于它的人民（因此，把这么多人关进监狱会让一个国家变得更贫穷）。

碧倒在冰上时，由于一群猕猴在树冠上嬉戏着，下面的树木开始了摇晃。援助机构的标志在住房的屋顶出现了，彩色编码的屋顶拼接出了捐助国的国旗。然后，亚齐低地的稻田出现了，一片郁郁葱葱的绿色地毯一直延伸到马六甲海峡的深蓝色大海。

2　扎塔里：难民营的非正规经济

如果一个人最终让自己感到心安，那么音乐家就一定会作曲，艺术家就一定会作画，诗人就一定会作诗。你想成为什么样的人，你就一定会成为什么样的人。

——亚伯拉罕·马斯洛，《动机与人格》，1954 年

扎塔里的出现

狐狸

因为他的眼睛比较特别，所以人们叫他"狐狸"。哈立德扫视着地平线，寻找着危险和机会，目光左右摇摆。他需要保持警惕。作为一个走私商人集团的头目，他过着朝不保夕的生活。如果被抓，哈立德和他的团伙可能会被驱逐出约旦，并被送往北方去面对叙利亚内战。

但他的冒险生活也带来了丰厚的回报。每天结束时，哈立德都会带回家 20 第纳尔（约合 28 美元或者 22 英镑）。这大约是一名年轻的专业人士（比如一名 30 岁的工程师）在约旦首都安曼的预期收入的两倍。这是有利可图的，因为这是非法行为，他的团伙成员都是走私者，他们走私的违禁品包括食物、香烟、电子设备和医疗用品等。哈立德经过的边界是扎塔里——世界上发展最快的难民营。

哈立德只有 15 岁。走私对他来说是一件新鲜事。在 2013 年之前，哈立德一直住在叙利亚南部一个名为代尔的小镇上。他几乎每天都在学校度

过，就像94%的叙利亚孩子在战争爆发之前一样。与干旱和尘土飞扬的约旦不同，叙利亚是一个富饶的国家，有大量的水，代尔的农民以他们的橄榄和葡萄而闻名。代尔的人口在战前接近3万，面积大约相当于伊萨卡、塞文欧克斯或庞特普里斯，几乎算不上一个大都市。但在2011年3月，当地居民开始抗议巴沙尔·阿萨德，这使代尔在随后的战争中成为猛烈轰炸的目标。人们别无选择，只能逃到南部边境，试图重建自己的生活，就像2004年印度洋海啸后亚齐人所做的那样。

约旦北部的叙利亚难民和亚齐海啸幸存者都经历了毁灭性的个体损失，当地社会和经济都遭到了破坏。与亚齐村民一样，生活在扎塔里难民营的人们的故事是令人震惊和残酷的。然而，就像在亚齐一样，当你在扎塔里度过一段时间后，一种乐观的精神，一种对人类有能力战胜一切困难的信心油然而生。对于扎塔里来说，这个神奇的"交易站"是另一个极端的地方，尽管困难重重，但它还是幸存了下来。这个地方在一定程度上是由难民失去的东西来定义的，但也体现出充满活力和创新的经济迅速崛起了，这个充满了初创"企业"的商业中心很快就变得非常成功，以至于它还可以向周围的约旦城镇出口商品。

我期望难民的故事能给印度洋海啸幸存者提供相关而独特的教训。在亚齐，来自外部的援助从本质上看是建议性的，人们被告知不要回到海滨去生活，但他们很快就回到了他们很熟悉并控制了几个世纪的低洼地带。然而，对于叙利亚的难民来说，情况就不同了，他们为了寻求安全而背井离乡，他们作为外国的难民受到了严格的控制。约旦当局和国际援助机构不是提供建议的人，而是统治者，他们做出的每个决定都对难民的生活产生了巨大的影响。虽然纯粹就死亡人数而言，叙利亚难民的损失可能要少一些，但在生活选择和自我决定方面，叙利亚难民的损失似乎要大得多。

非正规贸易在难民营中很常见，但扎塔里难民营的官方数据显示，在那里迅速崛起的"企业"数量惊人。所以在他们的经济生活（在哪里购物、吃什么以及穿什么）本应受到严格控制的时候，我前往难民营，希望了解这些难民是如何以及为什么能够进行如此大规模的贸易的。当我采访难民营里的这群聪明的"企业家"，询问他们在经济崩溃时重建家园的经验教训时，我听到了关于第二个难民营的故事——那个令人畏惧的地方被叙利亚人视为扎塔里难民营的邪恶孪生兄弟。两个难民营的简明经济表明，非正规贸易如何帮助满足难民的需求，包括简单的商品和服务，以及更深层次和更为明确的选择及代理价值。这对孪生难民营的例子还表明，当局外人误解经济中"人的价值"时，这些人（即使是那些充满善意的人）是如何让难民陷入悲惨境地的。

建设扎塔里

直到 2012 年夏天，任何从约旦北部小镇马弗拉克向东出发的人，在几百公里内都看不到任何东西。从 15 号公路离开小镇，穿过沙漠，最终到达伊拉克边境，继续向前就到巴格达了。如今的情况则有所不同。驱车 10 分钟后，右边就出现了一个城市，只不过很小。近距离观察就会发现，很明显这不是幻觉，白色的房子真的很小。一张杂乱无章的电缆网岌岌可危地悬在头顶。到处都是带刺的铁丝网，约旦警卫坐在那里照看着他们的枪。这就是扎塔里，一个成千上万流离失所的叙利亚人现在称之为家的新兴城镇。

扎塔里难民营建立于 2012 年 7 月，当时叙利亚南部的德拉地区成为叙利亚内战的早期中心。德拉曾经是 10 万人的家园，但当炮火落下的时候，人们不得不逃离昔日的家园。从德拉市中心到难民营所在地有 50 多公里，即使对一个健康的成年人来说，也需要步行 12 个小时之久。许多难民解释说，他们是从远离德拉的城镇和村庄出发的，所以行程要更长。当这些家庭彻夜行走时，年龄较大的孩子们要帮忙背着财物和他们的弟弟妹妹。随着战争愈演愈烈，每天都有数千人抵达这里。扎塔里的人口激增。到了 2013 年 4 月，这里的人口已经增长到 20 多万，扎塔里成为世界上最大、人口增长最快的难民营（见图 2.1）。

紧接着，意想不到的事情发生了。由于每天来到扎塔里的新难民人数达到 4 000 人，负责该难民营的联合国难民署也出现了人手不足的情况。如此之多的人来到这里，联合国难民署被迫进行合理化调整，只关注一些必需事项：健康、疫苗、食物、水以及安全。于是他们放弃了许多在其他营地严格执行的控制措施，比如房屋应该如何布局，以及允许的商店和商人的数量等。失去了严密管理的扎塔里成了一个无法无天的地方，斗殴事件时有发生。与此同时，一种非正规的经济也在这里蓬勃发展，因为叙利亚人决心重建他们原来的经济生活，他们建立了迷你版的自己在国内经营的"企业"。

店主们起初在帐篷里经营。后来，当联合国难民署提供木质大篷车给难民居住时，他们剪掉了这些大篷车的侧面，建造了小售货亭。很快，到处都是商业网点：杂货店、烟草店、婚纱出租店、卖宠物鸟的商店和卖自行车的商店，甚至还有迎合青少年的台球厅。2014 年，在难民营只建立了两年的时候，就已经有 1 400 多家"企业"。在扎塔里，每六个成年人中就有一个人有商店，这里的商店比在英国这样的成熟经济体中更为常见。商店以惊人的速度不断出现，现在有 3 000 个。其他难民营里也有这类商店，肯尼亚的达伽哈莱难民营与扎塔里有着类似的规模，大约有 1 000 家这类商店。但是这个难民营已经有 20 年的历史了。扎塔里的商业创造规模和速度使其独树一帜。

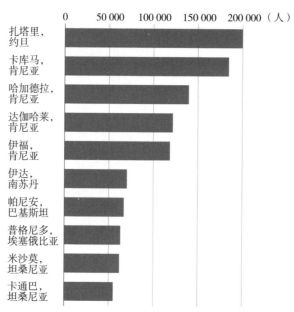

图 2.1　2010—2016 年，按难民人数峰值规模排名的十大难民营

资料来源：联合国难民署。

扎塔里作为一个经济体表现良好。让人惊讶的是，在动荡不安的年代，该难民营实现了 65% 的就业率，这比法国还要高。据联合国难民署估计，到 2015 年初，叙利亚难民建立的未经批准的商店，每月产值达到 1 000 万第纳尔（约合 1 400 万美元）。这并不是有意为之，而是偶然发生的，因为局外人几乎不提供任何帮助，反而经常采取行动阻挠难民营中的"企业家"。所有这些都意味着扎塔里是一个值得解开的经济谜题。那些在夜深人静时来到这里的难民，除了背着孩子，几乎没有别的东西，他们是如何创造出这一切的呢？关于经济在我们生活中的重要性，以及国家应该和不应该做些什么来帮助我们，扎塔里告诉了我们答案。

儿童走私者

需要花些时间才能意识到，哈立德和他的走私团伙对扎塔里来说是多么重要，首先要弄清楚的是他们的对手是谁。来到难民营的第一天意味着拜访约旦安全部队和叙利亚难民事务局。在叙利亚难民事务局大楼里，身材魁梧的官员们一根接一根地吸烟，并检查访客的通行证。他们还在营地边界巡逻，试图阻止违禁品进出。这些约旦人通常是退役军人，每天都和叙利亚的儿童走私者玩猫捉老鼠的游戏。

扎塔里的地理位置使边界管制游戏对儿童走私者更有利，对巡逻官员来说，管制儿童走私者则是一项艰难的任务。难民营是一个巨大的椭圆形，南北长约 2 公里，东西长约 3 公里。当沿着其中一排临时搭建的房屋走上足够长的时间时，你会发现这些房屋突然终止在一条平坦的单向道路上，这条道路环绕着扎塔里形成了一个圈，这是难民营边缘的标志。与正门不同的是，这里没有带刺的铁丝网，也没有警卫和检查站。环路之外是沙漠，除了几个照看自己的帐篷和山羊的贝都因人外，什么都看不到。如果你准备在尘土中跋涉，你可以很容易地进入扎塔里或者离开它。

漏洞百出的边界并不是有利于像哈立德这样的儿童走私者的唯一因素。因为扎塔里是一个举家逃亡的地方，到处都是孩子，所以儿童走私者很容易混在其中。难民营中男女人数相当，他们结婚很早，而且有很多孩子。在难民营的头四年里，有 6 000 多名婴儿在扎塔里出生，难民中有 4.5 万人年龄在 18 岁以下。环路平坦的柏油路面是一种难得的奢侈品，也是打球的好地方。小孩子在无人看管的情况下到处乱跑，十几岁的孩子骑着自行车在路上随意加速减速。想要在这群孩子中找出儿童走私者几乎是不可能的。

哈立德和他的走私团伙的生活给我们上了一堂课，让我们看到了非正规供应链的力量。在这种情况下，当一群潜在客户缺乏他们认为必不可少的东西时，非法的供应链就从无到有，有组织地涌现出来。走私者如此重要的原因是，他们满足了外界对进口货物的巨大需求。拉娜·何珊的家在难民营的边缘。她穿着黑色的裙子，戴着蓝色的头巾，一边准备塔布勒沙拉和碎羊肉面饼，一边解释道："我们有牛肉罐头，但我们不想要，我们想要洗发水，孩子们可以帮我们进行交换。"走私者扮演着边境运货人的角色，这意味着扎塔里可以被认为像任何其他经济体一样拥有进出口贸易。和任何其他经济体一样，这个阵营必须有一个经济引擎来解释它的驱动力。在扎塔里，驱动的燃料来自难民营内一家名为塔兹威德的超市。

一个奇特的超市

塔兹威德是另一个维度的超市。如果是在正常的经济体中，你可以带着钱去商店买任何你想要的东西。但在扎塔里的极端经济中，情况却恰恰相反。难民家庭没有任何现金就去了塔兹威德，然后，他们购买了自己不想要的东西，最终，他们又得到了现金。这是一连串奇怪的现象。理解了这一切，就会懂得难民营的奥秘。

这家超市是由私人所有和经营的，它交税并且租用土地。还有另一家叫作西夫韦的超市，它位于难民营另一端 3 公里外。这是联合国难民署精心的经济设计，其想法是开设两家超市以防止出现垄断而敲诈顾客。这对那些资助粮食供应的捐助者——主要是联合国的世界粮食计划署（WFP）和救助儿童会这样的慈善机构——来说应该是一个更好的方式。对在那里购物的难民来说，这也应该意味着更好的待遇。

超市坐落在难民营的边界上，紧挨着外面的环形路。由于房子都集中在难民营的中心，这对任何想在超市购物的人来说，都意味着要走很长一段路。值得庆幸的是，住在沙漠地区附近的一些贝都因人拥有皮卡，并在难民营内用这些皮卡来提供非正规的出租车服务。当50多岁的贝都因人阿布·巴克尔停下来时，五个女人挤进了他的皮卡。车里面没有更多的空间了，所以我们坐在后斗，此时后斗已经装了工具、谷物和一个6岁的叙利亚女孩纳西姆。女孩的母亲会说一些英语，并解释说这个女孩的名字意味着"清新"或"微风"。

塔兹威德的建筑简单而朴素，但本质上是一个大型农舍：钢梁构成了骨架，有金属薄板墙和用螺栓固定的波纹铁皮屋顶。它里面很昏暗，过道里有条形灯泡照亮。室内没有货架，商品都堆放在一起，其中有一堵闪闪发光的金墙，是由从阿联酋进口的哈亚特蔬菜酥油罐头堆积而成的。在其他地方，一袋袋小麦、糖和盐堆放在一起，形成了巨大的隔墙。尽管外观粗犷、朴实无华，但挑剔的购物者还是有很多选择的。茶是叙利亚文化的重要组成部分，塔兹威德提供印度托莱多茶，100袋售价1.29第纳尔（约合1.8美元），还有斯里兰卡的散装阿尔加扎林茶，每500克售价2.4第纳尔。店里至少有十种豆类可供选择，还有小吃，包括一桶桶哈尔瓦酥糖（类似芝麻酱，由碾碎的芝麻籽制成）。收银台附近有奢华的烹饪好的食品，包括一袋袋鸡汤和牛肉味的面条。这是零售商的标准把戏，在你付钱之前用额外的商品诱惑你，这一切看起来都很熟悉。

最大的不同是，塔兹威德的购物者没有现金，他们使用的是具有信用功能的电子卡。每位顾客的账单都在结账时从这些卡中扣除额度。阿特夫·阿勒哈迪是一位友善的50岁约旦退役军官，他经营着塔兹威德。他招手让我们跟着他穿过超市后面一个戒备森严的院落，又经过一个刻有公司名称的大喷泉，来到了他的办公室，他向我们展示在面对不断变化的难民人口的情况下他是如何管理食物供应的。在电脑屏幕上，他展示了世界粮食计划署制订的本月计划，该机构的工作人员一直在跟踪难民人数。随着其他难民营的开放，扎塔里的人口压力得到了缓解，到2016年，扎塔里的人口下降到8万人。阿特夫的屏幕显示有7.3万名信贷受益者，本月这些卡将总共消费 140 万第纳尔。然后，世界粮食计划署根据每家商店的信用消费情况向塔兹威德和西夫韦进行还款。该系统的设计使资金直接从捐赠者流向超市老板，而不是通过难民之手。扎塔里的目标是成为一个无现金的经济体。

阿特夫解释说，卡里每个月都会按照家庭人数（包括孩子）给每个人充值 20 第纳尔，所以一对有三个孩子的夫妇每月将收到 100 第纳尔。当塔兹威德开张时，那里排起了长队，挤满了人，人们争论不休。他解释说，信用额度一旦发放，每个人都是在同一时间到达超市的。可以想象一下，当每个人都等了一个月才能拿到食物时是什么样子。因此，超市要求世界粮食计划署错开充值时间。阿特夫的电脑屏幕显示，在 11 月 2 日，拥有 9 个或更多成员的家庭将获得充值。几天后，那些有 8 个成员的家庭将获得新的充值，然后是那些有 7 个成员的家庭，以此类推。这意味着没有了拥挤，而是拥有稳定的客流量。阿特夫乐观地说："这个制度有利于尊严和尊重，人们可以选择他们想买的东西。"

虽然难民可以选择在哪家超市购物，但他们的购物自由受到电子卡系统等其他方面的限制。每张卡上的额度都分别存储在五个单独的钱包中。这些就像小型银行账户，里面的资金被分配到了不同的地方。随着难民营为严酷的沙漠冬天做准备，联合国儿童基金会已经在其中一个钱包里放了 20 第纳尔，让难民们可以买到更暖和的衣服。知道了这一点，阿特夫会从他的供应商那里订购衣服，这样塔兹威德就可以储备外套、帽子和手套。需要特别提到的是，难民不能在钱包之间转移钱款，因此指定用于购买食品的援助款不能用于购买衣服，冬衣津贴也不能用于购买食品。

这种自上而下的经济工程看起来似乎是一种明智的制度。通过控制电子信用的流动，当局知道每个月要买多少食物。而明确规定哪些东西可以用信用购买则是一种引导捐赠资金的方式。这里的难民不喝酒，但有很多人经常抽烟。由于捐助者是不会提供资助给难民来购买香烟的，所以当局只提供捐赠者愿意资助的物品来让难民选择，同时提供一小部分可以用现金购买的物品。阿特夫说："这里没有香烟，但我们有其他奢侈品，比如洗发水。"

扎塔里最具流动性的资产

在拉娜·何珊的扎塔里临时居所里，一家人坐在垫子上，一边喝着茶和苏打水，一边讨论难民营的生活和在叙利亚的家是什么样子。突然，一双胳膊从窗户外伸了进来，一个胖乎乎的、微笑着的婴儿扑通一声落在了拉娜的大腿上。一秒钟后，另一个穿着同样衣服的胖乎乎的婴儿头朝下从窗户里被抱了进来。每个人都欢呼着。萨马赫是这对虎头虎脑的双胞胎的母亲，也是拉娜一家的老朋友，刚从叙利亚来到这里。她迅速出现在了门口。

拉娜和萨马赫都是 35 岁左右而且受过教育的女性。在叙利亚，拉娜是一名教师，与拥有英语学位的萨马赫在同一所大学工作。她们解释了超市系统的问题。她们想要给孩子用的洗发水和牙膏，给婴儿用的湿巾和纸巾。但这些和其他必需品，例如理发服务，都在电子卡系统之外。而且这里提供的许多品牌，特别是食用油和豆类，都不如叙利亚的本土产品。但最令人讨厌的还是关于健康和安全的专横规定。酸奶在叙利亚的日常饮食中有着重要地位，孩子们早上把酸奶和蔬菜混在一起吃，晚上每个人都会把浓缩酸奶作为一道配菜。这些酸奶通常是自制的，由叙利亚妇女廉价出售给她的邻居。基于健康原因，这在扎塔里是被禁止的。取而代之的是，当局鼓励使用脱脂奶粉和酸奶粉，但叙利亚妇女们说，这些产品质量低劣，而且价格太高。

扎塔里的正规经济体制是人为的，完全由外部人控制，因此没有通过任何运转良好的市场的基本考验，无法使供需相匹配。超市里不仅缺少难民们迫切想要的重要商品，而且摆满了一排又一排无人问津的商品，比如"阳光"和"阳光海"这两个品牌的金枪鱼罐头，以及整个意大利产品（意大利面和各种番茄酱）部分，这些几乎都不是叙利亚人的主要饮食。援助机构为咖啡馆准备的巴西咖啡正在打折，但叙利亚人只喝阿拉伯咖啡，如果他们可以大手大脚花钱，那么他们想要的其实是土耳其咖啡，他们认为土耳其咖啡是最好的。这些产品主要是为了满足援助人员的电子表格，而不符合叙利亚难民的口味和需求。塔兹威德和西夫韦也确实出售难民认为有用的东西。超市里有大量的蚕豆和蚕豆炖菜罐头，它们的销量都非常好。一个屠夫正在为等待的顾客切新鲜的肉，但是难民们说价格并不合适。一个例子就是马尔福肉馅菜卷，这是用一种类似卷心菜的绿色植物做的，叙利亚人将它的叶子煮沸、卷起，里面填满碎肉和蔬菜制成肉馅菜卷。这种食物是一种非常受欢迎的主食：美味、便宜、符合传统。在塔兹威德，你可以花 1 第纳尔买到两个大的马尔福肉馅菜卷，而你在营地外面可以用 1 第纳尔买到 10 个马尔福肉馅菜卷。

一旦你留心观察，就会发现扎塔里难民营和外部世界之间存在巨大的价格差异。难民营里出售的奶粉非常贵，一袋 2.25 千克的安佳牌奶粉（从新西兰进口的）售价为 9 第纳尔，几乎可以消耗成年人每月电子卡信用额度的一半。当超市中一小罐德尔蒙牌西红柿罐头的促销价为 0.5 第纳尔时，扎塔里外的农民正在以 0.25 第纳尔的价格出售一大袋新鲜的西红柿。超市的位置增加了这些高昂的成本。罐头装的油和酥油，袋装的小麦和盐都很重，难民往往是年迈的老人、受伤的人或随行的儿童，当这几类人在超市购物，可能意味着需要付钱给像阿布·巴克尔这样的贝都因人或是儿童走私者，让他们帮忙把东西拖回家。

因此扎塔里的难民不太喜欢超市，尽管像阿特夫这样好心的管理者做出了努力。由于下发每月食品补贴的电子卡在其他任何地方都毫无价值，所以扎塔里的难民只能在塔兹威德和西夫韦购物。难民生活在一个人造的经济体系中，他们虽然有自由选择权，但也仅限于难民营的管理机构设定的范围内。

走近塔兹威德的收银台时，一些奇怪的现象变得清晰起来。扎塔里难民手推车里的东西很耐人寻味，有些人选择了一篮子可以理解的食物：罐头食品、茶和咖啡，以及新鲜的蔬菜和肉类。但有许多人只大量购买了一种商品，而不购买其他商品。每个人都反映漫天要价的奶粉却变得极其畅销。突然之间，对于扎塔里的谜题——从哈立德的丰厚利润回报到这里大量的弹出式售货亭，我豁然开朗。这不是一个受控的经济体，而是一个以现金为基础的经济体，难民们已经找到了绕过电子卡的方法。

一旦你知道如何去做，把恼人的、高高在上的电子卡变成现金就很简单了。举一个例子，每家人用电子卡花了 9 第纳尔买了一大袋奶粉，转手以 7 第纳尔的现金卖给走私者。然后走私者溜出难民营，绕过叙利亚难民事务局警卫，以 8 第纳尔的价格转售给开车经过的约旦人，他们很乐意以这个价格购买。一旦交易完成后，难民营外的约旦人节省了 1 第纳尔的奶粉钱（在难民营外通常卖 9 第纳尔），走私者以 7 第纳尔的价格购买奶粉，又以 8 第纳尔的价格出售，从中赚取了 1 第纳尔。但最重要的是，这意味着在受限的经济体系内，9 第纳尔的电子信用变成了 7 第纳尔的真金白银。这笔钱可以随心所欲地花在难民营提供的任何东西上。多亏了当地居民的聪明才智。

扎塔里的商业学校

经济学家认为，一个国家的初创率（初创公司数量除以现有公司数量）是衡量一个地方商业友好程度的重要指标。在美国，给定年份的初创率为 20%~25%；在创业热点地区，这一比例最高可达 40%。然而，2016 年扎塔里的初创率为 42%。叙利亚难民已经建立了如此多的"企业"，如果这个难民营是一个国家，它将被评为世界上对"企业"最为友好的地方之一。扎塔里的"企业家"热情好客，乐意分享他们的商业秘诀。

在难民营做生意的第一条规则是我们很熟悉的：位置至关重要。可以深入难民营的主要路段是一条被联合国难民署称为"市场街 1 号"的道路，但扎塔里的难民都称之为"香榭丽舍大道"（难民营的慈善机构基地就在附近，这个昵称在一定程度上是一个双关语，因为这条路的起点靠近一家法国援助机构的医院）。从新到的难民到下班的援助人员，形形色色的客户不断地在街上往来搜罗，他们可以从各式商品和服务中进行选择：像样的咖啡、理发服务、婚纱租赁服务、沙拉三明治或鸡肉沙威玛（中东著名小吃）外卖。进入营地几百米后，大多数人左转离开"香榭丽舍大道"，前往东边的住宅区。这条熙熙攘攘的长街被称为"沙特商店"（这里的商店都使用由沙特阿拉伯捐赠的大篷车开展经营）。靠近主要路口的商店出售耐用消费品：衣服、电视、DIY（自己动手做）的材料和自行车。再往前走，"沙特商店"的活动开始减少，街道变成了扎塔里版的镇外零售公园，为那些想要扩建房屋的难民提供金属桩、工具和木材。

穆罕默德·詹迪拥有扎塔里主要街道上最大的商店，这是位于"沙特商店"的一家大型服装商场。他的第一个商业秘诀是，准确了解客户需求，而他处理客户需求的方式是专业的。他解释了在给他的商店进货之前如何调查他的朋友和邻居，以发现他们想要什么和需要什么。在难民营的头几个月里，情况真的很糟糕，所有的难民都想要厚实保暖的衣服来度过严冬。但随着情况的改善，难民们开始想要表达个人的品位。因此，詹迪现在为男士们提供一系列色彩鲜艳的运动服、运动夹克和各种剪裁的牛仔裤。女士们可以从各种各样的披肩、手提包和高跟鞋中进行挑选。

沿着"沙特商店"再往前走一点，我们就会发现我听说过的扎塔里最好的自行车商店。这家商店的老板卡希姆·阿什解释说，他的成功也归因于对个性的渴望。难民不允许有属于自己的汽车或摩托车，但是难民营里挤满了自行车。其中包括荷兰捐赠的500辆坚固的自行车。捐赠的自行车很受欢迎，出售时可以卖到200美元。然而荷兰自行车唯一的问题是，它们看起来都一样，它们都是同样的设计，都是黑色或深蓝色的。因此，卡希姆帮助客户让他们的自行车更拉风，比如给它们喷上鲜艳的颜色，并添加了铃铛和细条纹的把手。卡希姆的座驾很漂亮，它的设计看起来像一辆摩托车，它是亮黄色的，上面有红色的条纹和反光镜，两侧粘着两根排气管，还有两个速度计。

当难民来到难民营时，他们必须适应这里的环境，而且他们经营的商店往往与他们在国内做的事情联系并不大。詹迪表示，他对服装业知之甚少，但他对零售业了如指掌，他曾在叙利亚经营一家小型超市。卡希姆·阿什是一名机械师，他发现自己身处一个没有汽车的难民营。他先是当一名电工，为人们提供和修理家里的照明设备，后来才改行进入自行车行业。旁边的一位企业家塔里克·达拉解释了他是如何重新利用自己的技能的。在成为难民之前，塔里克主要从事房屋设计工作。在扎塔里，他成为一名木匠，经营着难民营里的主要木工坊之一。但塔里克现在开始后悔自己当初做木匠的决定了，他解释说这个行业正在苦苦挣扎，问题是他的产品太耐用了。难民的生活很艰难，钱也很紧张，所以他们会妥善保管物品，以便持久使用。一旦人们有了床、架子和橱柜，他们就不再需要塔里克的木工活了。他闷闷不乐地说："你应该总是试着建立一家不断有回头客的企业。"詹迪对此也表示赞同，他必须不断改变服装的款式和颜色，以催生新的需求。

这种接地气的智慧正是 MBA（工商管理硕士）向处于成长期的企业家讲授的那种课程，他们研究劳斯莱斯等公司的成功，这些公司除了汽车制造业务外，还向航空公司出售飞机发动机，并为它们提供优质服务，从而获取利润。最近，商学院痴迷于音乐、服装和食物的订阅模式，所有这些都是为了留住顾客，这与叙利亚企业家所做的不谋而合。当我和卡希姆交谈时，他正在焊接修理一位老客户自行车上的发电机。这就是自行车生意的美妙之处，他说："一旦你卖给别人一辆自行车，你就知道你有一个未来的自行车维修客户。"

扎塔里的企业家密切关注着成本，并拥有一些难得的优势，商店所使用的电力供应往往来自主电网的非正规支线，这是一种被禁止的行为，但这也意味着可以免费用电，而且在难民营内不征收任何税收。以其特有的偶然方式，扎塔里类似于政府用来刺激经济活动的那种国家补贴的企业园区。虽然从长期来看不可持续，但它确实提供了一种经验：如何通过降低企业家的成本和进入壁垒来推动一个经济中心的发展。一旦获得进展，扎塔里的商界人士就开始寻求如何提升自身的效率，哈桑·阿尔西成为面包师的成功秘诀之一就是规模经济。他知道 knafeh（一种里面有坚果的微型蜂巢糕点）是一种在当地非常畅销的糕点，所以他在自己的主面包房里大批量生产这种糕点和其他烘焙糖果。大批量制造可以降低成本，然后他的员工会把一盘盘烘焙食品运到分布在扎塔里四个出口的门店。叙利亚口味的糕点非常受欢迎，以至于他很快就开设了第五家门店。这种中心辐射式烹饪和销售食物的方式，正是优步创始人特拉维斯·卡兰尼克目前追求的所谓"黑暗厨房"模式。

其他企业家也利用了难民们对故土的怀旧之情。哈米德·哈里里的甜品店主要出售山寨产品，包括模仿吉百利版本的巧克力泡芙。但他最珍视的糖果——一种从叙利亚进口的叫作 mlabbas 的糖衣杏仁是货真价实的。哈米德解释说："大马士革以这些糖果闻名，人们喜欢在斋月结束的开斋节期间把它们作为礼物送人。"店主们一致认为，尽管对叙利亚故土的渴望有助于他们的销售，但这也是一种风险。随着战争转移到德拉以北近500公里的阿勒颇，扎塔里的一些叙利亚人听说他们的村庄很安全，于是从2015年开始返回家乡。许多店主说，出于这个原因，难民营里的人数低于官方估计数。当朋友们出于这个原因离开扎塔里时，难民们都很高兴。当局担心过度拥挤的营地需要更多的资源，所以对扎塔里人员规模的萎缩也比较满意。但对叙利亚人来说，这种世事无常也带来了一种紧张。不断减少的人口意味着在这里的非正规经济将面临更少的消费需求和更大的就业压力，这是那些必须留下来的人的一大担忧。

难民们说人们离开难民营也有不那么愉快的原因。可以理解的是，约旦政府和联合国难民署从未对熙熙攘攘的"香榭丽舍大道"抱有任何好感。毕竟，"香榭丽舍大道"依靠的是将住房转为商业用地，以及通过走私将援助贷款转换成现金。为了应对扎塔里不受控制的增长，他们在2014年开设了一个新难民营。这个新难民营在很多方面都像是扎塔里的孪生兄弟，却在难民的心中扮演着一种代表黑暗力量的角色。他们很少提到新难民营，即使提到，也会压低声音。我采访的一些难民表示，他们宁愿面对叙利亚的战争，也不愿被送往那里。这可能是这个创业热点地区的违规者和走私者面临的最大担忧。如果你在扎塔里不守规矩，你可能会被送到阿兹拉克。

阿兹拉克的人造市场

从绿洲到海市蜃楼

叙利亚难民如此害怕约旦的第二大难民营，真是讽刺。千百年来，小镇阿兹拉克都是一个避风港。这里是约旦东部的干旱土地上唯一的绿洲，它的名字在阿拉伯语中的意思是"蓝色"。这里的水通过沙漠下面多孔岩石形成的蓄水渠道，流经数百公里，并与河流汇合，从而形成了深水池。这里有棕榈树和桉树林，还有候鸟、水牛和野马。这就是叙利亚难民在谈论家乡时所描述的那种繁茂肥沃的土地。

水使阿兹拉克成为休养生息的地方。商人们会在这里停下来，给骆驼补水，顺便补充给养，他们沿着香道将乳香、没药等香料从阿拉伯半岛南部（今天的也门）经由叙利亚和土耳其运往欧洲。士兵们也在阿兹拉克休息，3世纪时罗马人在那里建造了卡斯尔·阿兹拉克堡垒。这座堡垒后来成为阿拉伯劳伦斯的"蓝色要塞"，其在1917—1918年冬天被用作避难所，之后劳伦斯对大马士革的奥斯曼帝国据点发动了最后一次进攻。

今天，阿兹拉克已不再是绿洲。约旦人在20世纪60年代开始利用这些泉水来灌溉干旱的安曼，使其在20年内迅速干涸。水牛和野马早就消失了，鸟类迁徙到其他地方。但有些事情并没有改变，堡垒依然屹立着，仍然吸引着一些勇敢的旅行者前来游览（阿兹拉克被一个"城堡环路"包围，有汽车的游客可以开车游览）。这个小镇的现代化目标也是一样的，为从事贸易和参与战争的人提供休养生息的场所。当司机们停下来吃饭的时候，数百辆油罐车（都拥有梅赛德斯－奔驰的驾驶室）依次排在附近的高速公路上。空军基地的休班军人在附近闲逛，或者坐着喝咖啡。

阿兹拉克难民营位于城外25公里处，截至2018年底，约有4万名叙利亚难民居住在那里。阿兹拉克和扎塔里这两个地方，使叙利亚人最终可以进入的其他难民营相形见绌。扎塔里附近有一个容纳了约4 000人的马拉杰布·福胡德难民营，是一系列小型卫星难民营的标准规范。叙利亚难民经常谈论的就是这两个巨大的难民营。阿兹拉克也是一个极端的地方，但它的极端往往与扎塔里的相反。

难民们害怕会被送到阿兹拉克是令人费解的，因为我在到达约旦之前读到的关于这个地方的一切似乎都很不错。新营地是按照严格的设计建造的，也是精心规划的成果，而不是在紧急情况下建造扎塔里的那种随意并且粗放发展的方式。报纸报道和官方文件解释了当局是如何从扎塔里那里"吸取教训"的。这意味着，阿兹拉克的住房不是围绕着一个中心区（这可能被认为是密集和混乱的），而是被设计成分散在一系列独立的"村庄"

之间，两个村庄之间有足够的空间。新难民营的村庄有很多东西，听起来比描述扎塔里的"区域"和"市场街道"的那些简朴语言要好得多。

2014年4月，新建成的难民营也迎来了其他方面的改善。房屋变得更加坚固，具有合理的结构来固定地基，比扎塔里狭窄的大篷车和脆弱的帐篷大得多。据说电力供应也得到了较好的改善，每个家庭都连接了适当的电网，它能够提供足够的电力来驱动冰箱、灯和风扇。这些好处是有代价的，6 350万美元被花费在设计和建造道路、建筑以及电线上，而且援助机构在阿兹拉克的投资似乎是一个令人印象深刻的承诺——为叙利亚难民创建一个真正的避难所。

事实上，关于阿兹拉克最令人印象深刻的事情却是它的公关活动的成功。当我在那里遇到友好的媒体陪同人员时，现实变得清晰起来，那里是约旦唯一需要这样做的地方。看守的主要工作是引导我们的车离开难民营中叫作"5号村"的那部分区域，并反复告诉我们那里没有什么有趣的东西。我的许可信上说我可以在除了"5号村"之外的任何地方进行采访，而当我们问到这个神秘的地方时，叙利亚难民事务局的负责人大发雷霆。这一事实告诉我们情况并非如此简单。

阿兹拉克的真相是，它更像是一座巨大的开放式监狱，而不是一个由相互联系的小村庄组成的网络。原子化的村庄系统可能曾经被设计用来在较小的群体中培育社区，但当我访问它时，它是用来实行强制隔离的。"5号村"不是避难所，而是一个巨大的敞开式围栏，四周围着安全的栅栏，用来收容难民，包括来自已经是ISIS（活跃在伊拉克和叙利亚的极端恐怖组织）据点城镇的儿童。被大肆宣传的电力供应实则很差，成千上万的家庭并没有连接到电网，而连接到电网的家庭也没有好到哪里去，因为电力供应经常中断。很明显，在阿兹拉克最好遵循一条简单的经验法则：当你被告知一些官方消息时，事实往往恰恰相反。

乡村与监狱街区

当你看到难民营的前门时，阿兹拉克是难民更好的去处这个想法很快就烟消云散了。扎塔里的入口虽然并不友好，但警卫的步枪是农民都可能拥有的那种款式，松散地悬挂在青少年与正在聊天和吸烟的年轻人的肩膀上。而阿兹拉克的大门则是军事基地的大门。警卫们胸前紧紧绑着大型冲锋枪，穿着擦得一尘不染的靴子。这里没有人聊天，也没有人抽烟，栅栏很高而且看起来很结实，大门旁边有一辆装甲车停在遮阳棚下。

在等了 90 分钟之后，护卫终于护送我们前往营地。但在此之前还有近两公里的路程，翻过一个山头，安置点终于映入眼帘。它建在一个巨大的浅碗状的陆地上，房屋被安排在平缓的河岸上，碗底有医院和一座大型清真寺，同时这里也是中心区。从远处你可以看到严格的城市规划，一排排房子形成了一个完美的数学网格。叙利亚难民的房子在橙色和红色沙漠地面的映衬下闪耀着银白色的光芒。从远处看，似乎几何对称和秩序赋予了它一种极简主义的美。

近处看营地就不那么舒服了。无论是在叙利亚还是世界其他地方，它的网格系统都不像一个真正的村庄，在城市设计上，就像在这里的许多其他地方一样，控制难民生活的愿望赢得了胜利。在扎塔里，人造经济已经被蓬勃发展的非正规经济逐渐取代，商店出售各种 DIY 的和成套的园艺用具，难民把房子外面粉刷成鲜艳的颜色，并在墙上挂壁画，许多人还开垦了小花园。但在这里，一切都不一样了。白色和灰色的墙壁都是崭新的，地面太干燥，什么东西都长不出来。空间、清洁和秩序很快变得令人不安，压抑的感觉油然而生。阿兹拉克也有一条类似的环路，但路外没有树，没有贝都因人的营地，没有农场，也没有房子。一个小女孩独自站在大约一公里外的沙漠里，推着一辆金属手推车，里面是一个蹒跚学步的孩子，看起来她好像在沙漠里迷路了。这个荒凉的地方距离扎塔里仅有一个半小时的车程，但二者却有天壤之别。

一个截然不同的经济体

纳斯琳·阿拉瓦德是一名 39 岁的叙利亚难民，她的眼睛格外温柔、善良。她穿着一件黑色的长袍，戴着淡蓝色的头巾。她的声音不同寻常，带有很高的假声，而且她的英语说得很好。我们第一次见面时，她教给我如何用最好的方式来与这里的女性打招呼，缓慢地用手掌触摸自己的胸部，就在喉咙下面的中间位置。纳斯琳性格很活泼，喜欢说笑，还喜欢探听访客的家庭和爱情生活，她于 2013 年元旦逃离了叙利亚。

纳斯琳在叙利亚时曾是一名教师；在大马士革大学攻读英语硕士学位后，她搬到了德拉以北 23 公里的卫星小镇谢赫马斯金镇，在那里教了 10 年书。她的家乡位于大马士革 – 德拉高速公路上的战略要地，很不幸那里是战争的另一个焦点地区，纳斯琳以及她的丈夫萨米尔和他们 14 岁的儿子穆罕默德在开战之初明智地选择了离开。2014 年，他们的家乡发生了谢赫马斯金之战，这场战争涉及数千名士兵，估计有 200 人伤亡。第二场恶战发生在 2016 年。

纳斯琳带我去的市场是阿兹拉克唯一的购物中心，而且是相对较新的地方。起初，当局人员拒绝建造任何形式的市场，因为这并没有包括在总体规划中，但激烈的抱怨迫使他们让步。他们没有允许市场有组织地形成，而是规定恰好应该有 100 家商店，并且它们应该像房屋一样，按照严格的网格进行布局。扎塔里商业成功的消息在约旦传播得很快，因此当地企业家希望能够向逃难的叙利亚人提供商品。为了确保公平，每家商店都有一个号码，并被平均分配，奇数只能供叙利亚人开设，而偶数只能供约旦人开设。

我们参观了阿兹拉克最新的商店，这是一家宠物店，店主是年轻的叙利亚人莫海德·马拉巴。莫海德解释说，这家商店只开了一周，但在老家霍姆斯，他在经营宠物店方面已经有 10 年的经验了。他说，金丝雀是最受欢迎的宠物鸟，因为它们的叫声很好听，所以他在安曼找到了可以把它们带到营地的供应商。他以 18 第纳尔的价格出售一只鸟和一个笼子，就像扎塔里的企业家一样，他希望这是重复性销售的开始，先把鸟卖了，然后顾客再回来买鸟饲料。纳斯琳笑容满面地看着一只小鸟叽叽喳喳地叫个不停。她说这是一个好主意，她会试着存钱买一只。但生意前景似乎黯淡，这里的客流量太少了。除了我们之外，市场上唯一的人是世界卫生组织的一个胖乎乎的工作人员，他光顾的唯一商店是一家卖沙威玛的棚屋。

后来，当我们开车去纳斯琳家的时候，她解释说，阿兹拉克精心的规划的确有好处，她的家人就是一个很好的例子，他们被分配到一所靠近马路的房子，因为她丈夫在战争中受伤，走路很困难。我们遇到了萨米尔，他正坐在家门口的床垫上。他在解释自己是如何受伤时说，这是他唯一能做的事情。

萨米尔与纳斯琳和穆罕默德在开战之初就一起逃离了叙利亚，但几天后，当妻子和孩子安全地藏在邻村时，萨米尔独自回到谢赫马斯金镇去收拾衣服和贵重物品。不幸的是，当时附近地区遭到了空袭，他的 11 个邻居的房子被毁。萨米尔家的一面墙在爆炸中倒塌了，墙上的一根金属梁压碎了他的一条腿。他卷起宽松的运动裤，露出了那条腿，上面满是醒目的疤痕组织，纵横交错的缝线是他做过多次手术后留下的。他拄着一根拐杖，走起路来一瘸一拐。纳斯琳说这就是有组织地分配房屋如此重要的原因。在扎塔里失控的经济中，住房市场是由金钱和权力驱动的，而不是由需求驱动的。

但在这种分配的另一面，是集中化设计和人为分配经济的成本。阿兹拉克的规则如此严格，以至于市场经济力量完全被挤出了难民营。市场不仅布局糟糕、同质化、沉闷，而且是荒凉、空荡荡和压抑的。叙利亚人和约旦人平分商店的规定并没有创造出当局想象中那样公平、和谐的贸易中心。它只是简单地防止商店聚集在一起，防止它们像在不那么严格控制的市场中那样随着商业财富收缩或扩张。在扎塔里的主街道上，每一英寸[①]的空间都被最大限度地利用了，小隔间里的商店如雨后春笋般涌现，以填补较大商店之间的空白。而在阿兹拉克，开设商店则需要提交一份正式的申请，并填写文件，这是只有受过较好教育的人才能跨越的障碍。因此大多数建筑物都空无一人，闲置着，被风吹来的沙子逐渐堆积起来。

这里也没有非正规市场或地下市场。该营地距离最近的约旦定居点有数英里之遥，它的偏远使其仿佛与外部世界隔绝，这使得无论合法与否，运送物品进出都变得更加困难。在扎塔里，任何不需要的东西都会催生热

---

① 1 英寸约等于 0.25 分米。——译者注

闹的非正规出口贸易，任何供给不足的东西都会很快实现进口。而在阿兹拉克就没有这样的市场力量，有些物品有巨大的盈余，而另一些物品则是短缺的，床垫就是一个很好的例子。萨米尔和纳斯琳的家就像一座床垫宫殿，他们至少有 50 个床垫，并在主房间周围制作了一个巨大的 U 形泡沫沙发。每个人都有很多泡沫床垫，因为每个家庭到达这里时都会得到一套床垫。但是有的家庭离开了，由于没有非正规的市场来交易不需要的东西，所以人们把它们捐赠给朋友。随着难民的频繁流动，阿兹拉克的床垫数量稳步增加。

最重要的是，阿兹拉克难民营严密的安全措施使走私高价值物品变得十分困难，即使这是可能的，偏远的位置也意味着几乎没有路人可以提供出售。所以在扎塔里把电子卡额度转换成现金的交易技巧在这里行不通。电子卡系统的工作方式和设计的一样，而且难民营也是无现金的。

其结果是，在一个仅提供食物和住所，而且非正规贸易已被扼杀的世界里，有意义的工作是明显缺乏的。一些成年人可以通过参与当局的所谓"激励性志愿服务"来增加收入。这些工作的另一种叫法是有偿工作，却非常稀缺。2016 年，在该难民营的 2.2 万名适龄劳动人口中，只有 1 980 人有工作，就业率仅为 9%。我在市场上遇到的一群人被难民营当局雇用来保持营地清洁，以换取每小时 1~2 第纳尔的正式工资。但是，由于市场上没有贸易，也就不需要清洁，没有包装要回收，也没有丢弃的马尔福叶要清扫。于是，在众多空荡荡的商店中的一家店铺的阴凉处，男人们整个下午都坐在地板上无所事事，有几个人在说着话，但大多数人只是凝视着远处的沙漠。

需求的金字塔

亚伯拉罕·马斯洛的需求理论有助于判断这两个难民营——阿兹拉克和扎塔里，哪个更适合在被战争连根拔起后实现重建。1908 年，马斯洛出生于布鲁克林，是一个基辅移民家庭的长子。他出身卑微，后来成为心理学领域颇具影响力的人物，在纽约市哥伦比亚大学任教，再后来成为美国心理学会会长。他最具影响力的论文《人类动机理论》发表于1943年，当时马斯洛35岁。他在论文中提出的观点有助于解释为什么许多在阿兹拉克的难民如此悲惨，而在扎塔里的难民为什么害怕被转移到那里。

马斯洛的理论认为，每个人都有五种基本需求：生理需求（他指的是食物、水和住所），以及对安全、社交、尊重和自我实现的需求。他说这五种需求在很大程度上决定了我们的动力，它们等同于维生素，每一种都是健康和幸福生活所必需的。

虽然马斯洛在他的理论中指出的每一种需求都至关重要，但它们确实遵循层次结构。尽管他没有使用图表，但心理学教科书经常将这五种需求以金字塔形状列出（见图2.2），最基本的需求在塔的底部。我在扎塔里和阿兹拉克遇到的许多人在马斯洛金字塔底部都遭受过极端的冲击。对一些人来说，食物匮乏是个问题。双胞胎宝宝的母亲萨马赫解释了她在逃离的前一天晚上是如何买了六个绿色西红柿的。在两个星期的旅途中，她和当时两岁的大儿子能吃的只有西红柿。但对大多数人来说，主要的动机是金字塔的第二级——安全需求。马斯洛写道，处于极端危险中的人可以说"几乎是仅仅为了安全而活着"。也许他说得有点婉转。对扎塔里和阿兹拉克的难民来说，安全是重中之重，他们之所以带着孩子逃离叙利亚，是因为他们知道，如果不这样做，他们很可能就会死于战争。

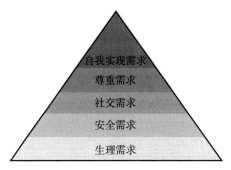

图2.2 人类需求的金字塔

这段饥饿和极度恐惧的时期对难民来说是短暂的。一旦到了难民营，他们就安全了，虽然食物可能不那么理想，但他们不会再忍受饥饿。在基本需求得到满足后，他们很快就会向金字塔的上层进发，他们从来自叙利亚城镇与村庄的朋友、家人和邻居那里获得爱与归属感。金字塔的这一层已经严重受损，大部分家庭都失去了亲人。死去的有时是老人，有时是孩子，但更多的是丈夫。在难民营里有成千上万的寡妇。但幸存者找到了他们的朋友，就像印度洋海啸后的亚齐人一样，他们很快就会适应，然后开始重建更为宝贵的生活，包括他们的经济。

许多人被困在了阿兹拉克；而在扎塔里，尽管有些混乱和不公平，但似乎这才是一个更为人性化的模式。马斯洛写道，满足感来自"完全建立在真实的能力、成就和他人尊重的基础上"的尊重。因此，阿兹拉克这个就业率仅为9%，并且仿佛与世隔绝的小镇，不太可能是一个令人快乐的地方，也不太可能是一个有助于满足同龄人尊重需求的地方。与此一致的是，失业的叙利亚难民反映说，他们感到孤立和无聊，缺乏自尊和身份认同感。

思考繁荣市场与需求的价值

这并不意味着拥有数千家商店和浓厚工作文化的扎塔里近乎完美。在一个提供如此多工作的地方，一些人，特别是年轻人，最终会非常努力地工作。在扎塔里的最后一天，我和28岁的难民艾哈迈德·沙巴纳一起漫步穿过营地，他在我访问期间一直是我的导游。我们在"香榭丽舍大道"上的第一家商店停了下来，喝了一杯速溶咖啡。这是一间不超过3米宽的小木屋，屋身被漆成薄荷绿色，由两名面带微笑的年轻难民——21岁的哈立德·哈里里和他16岁的朋友摩斯·谢里夫经营着。他们称之为"库什克·卡瓦"，大致意思是"小咖啡屋"。摩斯递给我一杯酒，并不让我付账。他说，他们只使用土耳其咖啡，因为这是最好的，并将其与一种有益健康的香料"hel"（波斯语发音，指小豆蔻粉末）混合在一起。

摩斯工作得很开心，但当我问他是否去上学时，他的脸立马沉了下来。离开叙利亚后他就没上过学。他想去，但是经营商店会占用他大部分时间。哈立德对此表示同意，战争开始时，他已经完成了学业，并计划继续学习，提高英语水平，完成大学学位。但扎塔里的生活比在家乡生活更艰难，他的家人需要钱，所以他没有时间接受更多的教育。

这里的许多孩子都有工作。有些孩子，比如说 12 岁的阿里，现在就是家族生意的学徒（阿里将成为一名面包师），不过他仍然在上学。另一些孩子则要作为农业工人在更恶劣的条件下工作。扎塔里的成年人如果成功地申请到工作许可，就可以离开营地从事短期工作（允许在工作地停留 15 天）。但有些家庭等不及了。因此，每天黎明时分，数百人会离开难民营到附近的农场从事非法劳动。那些被抓获的人可能会被送回叙利亚或送去阿兹拉克。通常，家里最年长的男孩会和父亲一起，偷偷地出去从事非法劳动。但许多男孩在战争中失去了父亲，因此他成了家庭中唯一养家糊口的人，只能独自去干活。

艾哈迈德今年 14 岁，已经在田里工作两年了。他的家人在一次炸弹袭击后逃离了德拉附近的村庄，那次袭击发生在 2012 年斋月的第二天，一块弹片射入他 9 岁的妹妹埃斯拉的胸部，刺穿她的心脏。现在艾哈迈德每天都和父亲一起挖土、播种和采摘西红柿。他们于凌晨 5 点出发前往扎塔里附近的农场。艾哈迈德的母亲说，寒冷的天气和早起让艾哈迈德经常生病。父子俩每天总共挣 10 第纳尔，远远超过联合国难民署发放的津贴，这足以让家里的其他成员过上接近于正常的生活。艾哈迈德 17 岁的姐姐瓦德和 10 岁的妹妹阿莉亚都就读于难民营中设立的一所学校。但艾哈迈德就像走私团伙的头目哈立德一样，对他们来说，上学不再可能了，战争带来的影响迫使他们迅速长大。

城市的自由

尽管扎塔里有种种缺点，但它仍然有一种这里的难民所珍视的活力。走在街上，我们讨论着难民住宅上色彩缤纷的艺术作品，以及商店所漆成的明亮色调。艾哈迈德在这里解释了自我表达的重要性，以及每种颜色对叙利亚人来说都具有不同的意义。一些难民利用扎塔里可以提供的就业机会和资源来满足马斯洛提出的最高层的需求，即"自我实现需求"，以表达他们的潜力、才华和个性。我提到了卡希姆的亮黄色自行车，上面有贴纸、铃铛和条纹。艾哈迈德说："是的，那是一辆不错的自行车，但不是最好的，扎塔里最好的自行车是一辆'劳斯莱斯'。"

经过20分钟的寻找，我们发现优素福·马斯里在一条后街上，正在照看着他刚出生的孙子哈利勒。马斯里年近40岁，长长的灰色头发扎成了马尾辫，他是扎塔里唯一戴头巾的男人。他曾在叙利亚的一家医院外科病房担任医院技术员，负责麻醉工作。当他被军队征召到一家军事医院工作时，他逃离了那里。他的"劳斯莱斯"是一个巨大的精巧装置，由多辆自行车的车架构成。它的大小和形状同一辆汽车差不多，外观看起来有点像一辆福特T型车，它被漆成了金色。这款车是踏板驱动的，有一条加长的链条，踩踏板时为前轮提供动力。仔细观察，你可以看到组成车轴和车架的其他自行车的车架。但退后一步，你专注观察红色真皮座椅、可调节的后视镜和遮阳板，就会明白为什么他们叫它"劳斯莱斯"了。

今天是星期五，当我们坐下来和马斯里交谈时，祈祷的钟声突然响起。艾哈迈德说："我们必须去。"于是我们放下饮料，开始在街上小跑。由于这次外出是没有计划的，所以我不确定它是否安全，有传言称ISIS在叙利亚难民营活动，但现在我们是街道上川流不息的人中的一员，现在回头已经太晚了。扎塔里有120座小清真寺，这种清真寺是一座平顶建筑，只有一个矩形的房间，其宽度要远远大于深度。地板上铺着地毯，年长的难民坐在墙边，背靠在墙上。当我们脱下鞋子走进去时，艾哈迈德开始严肃起来，说："把你的相机收起来，紧挨着我。"

在离开清真寺之后，我发现扎塔里的规矩好像变了。艾哈迈德和我在进入商店或家庭之前不再需要征得许可并交代细节，取而代之的是，我们被渴望交谈的难民们拉进了他们的圈子。在短短几个小时内，我发现了一些原本无法进入的隐秘地方——一家台球厅、一家美式理发店。我被拉进一所房子，与一位教师以及他的儿子和他们的英语词典待了一个小时。他们急切地让我翻译他们觉得有困难的单词，我们按字母顺序去看，被很难翻译的 dweeb（愚昧）难住了，最后确定是 dwelling（住处）。记者和摄影工作者不能在营地过夜，人们认为这太危险了。但他们说下次我来的时候，我一定要在扎塔里和他们待在一起。

时间一分一秒地过去，访问者必须在下午 3 点前离开营地，我的一些新朋友答应给我扎塔里最好的食物，并带我去有最好吃的东西的地方。回到"香榭丽舍大道"，我们买了烤鸡肉卷和起泡橙汁。然后我们去寻找难民营里唯一的一座小山，那里有当地海拔最高的房子。清真寺的一个男孩突然冲进来和店主聊了起来，在他的允许下，我们爬上房子，坐在铁皮屋顶上，吃着我们的鸡肉卷，俯视着整个难民营。

关于扎塔里的一点看法

这是外人很少看到的难民营景象。你在网上找到的关于扎塔里的照片往往是从飞机上拍摄的，鸟瞰的视角使营地看起来像一片肮脏的棕色荒原。在难民营的中心，生活似乎很混乱，道路杂乱无章，没有一堵墙是笔直的。但在这里，在处于高处且靠近营地的地方看，难民营的秩序变得清晰起来，环路作为边界，主干道上规律地分布着清真寺和街角商店。人们推着满载水果和蔬菜的手推车在外街上走着，向那些因年老或受伤而无法步行到市场的人出售农产品。在附近的一条后街上，一名男子提着一袋食物，向决定返回叙利亚的人呼喊着让他们卖掉所有剩余的东西。另一边，一对新婚夫妇站在一辆皮卡的后平板上，当司机把车开走时，小孩子们欢呼雀跃着。

扎塔里从无到有，在令人难以置信的短时间内成为世界上最大的难民营之一。从内部看，扎塔里显然已经成为一座独立的城市。同其他城市一样，它有时会遇到麻烦，有时会出现动荡。但在这里，人们可以重生和适应，重新创造他们在叙利亚拥有的一些东西。然而他们的生活与他们的梦想仍然相去甚远：穆罕默德·詹迪并没有打算经营一家服装商场，他只是一名杂货商；卡希姆·阿什并不是从小就计划着要卖自行车，他只是一名汽车修理工。但这些"企业家"，以及他们的员工、客户和竞争对手都为他们所做的事情而感到自豪。扎塔里的非正规经济意味着超过 60% 的人有工作，这些工作可能又苦又累，对一些人来说，这是以牺牲他们的教育为代价的。但就业也会产生一种被尊重的感觉，对于许多人来说，可能还会带来些许享受。

亚齐的教训是，我们应该珍惜一个强大的经济体，因为增长是对每个人都很重要的活动，包括创造、收入和消费，而这些活动本质上都是人类的活动。扎塔里提供了另一个相关的教训，我们也应该以更深入、更人性化的方式来思考繁荣市场的价值。市场通常被经济学家描述为一种工具或一种分配机制，是一种从供应商那里获得商品和服务并以合适的价格卖给消费者的方式。换句话说，市场的存在是为了满足我们对食物、衣着和住房的基本需求。当它们出错或改变时，正是这些在马斯洛需求层次理论中更为基础的需求受到了威胁。

对贸易和交换的肤浅看法是危险的，正是它让像阿兹拉克这样的人造市场看起来是明智的，并让我们忽视了导致经济及其市场转变的真实成本。在阿兹拉克，通过集中控制来确保重要资源的公平分配，虽然这里的难民不会受冻，也不会挨饿，但他们仍然处于短缺状态。他们缺少的是当贸易有组织地兴起时所能满足的更高层次的需求，商店的建立是一种选择，产品的购买是一种偏好。从这个更深的层次来看，市场不仅仅是达到目的的一种手段，也是提供代理、职业和生活满意度的方式。

虽然这一观点经常被忽视，但正如这两个难民营的案例表明的那样，扎塔里难民营绝不是完美的，但它是充满活力的，阿兹拉克难民营是来自后世界末日的噩梦般的东西。然而，约旦的叙利亚难民事务局和联合国难民署等有权力改变这些难民营的状况的官方机构认为，不受控制和监管的扎塔里的出现是一种反常现象。因此，他们把阿兹拉克打造成一个典范，一个从扎塔里犯下的错误中吸取教训的理想化的难民营。访问这些经济体，与生活在那里的人们交谈，并通过亚伯拉罕·马斯洛所概述的人类需求的视角来观察他们，事实表明官方的结论是错误的。这些难民营让我们第一次看到了对极端经济体的失败至关重要的主题——即使本意良好的政策制定者，也可能把经济规划搞得大错特错。

在扎塔里最后一天的下午四点半，我的宵禁被打破了。当我们匆忙离开营地时，太阳正在落山。天渐渐冷了，难民们正在把房门钉得严严实实，为严酷的沙漠冬夜做准备。在接近大门准备离开时，我注意到十几个男孩紧紧地挤在一起，靠在铁丝网上。这是一幅令人不安的景象：他们绷紧了神经，把脸贴在铁丝网上，胳膊从铁丝网里伸了出来。

我的导游艾哈迈德解释了正在发生的事情——又一种非正规贸易如雨后春笋般涌现，以满足人们强烈的需求。小男孩们用胳膊穿过的铁丝网并不是用来把他们关在里面的，而是用来把他们挡在外面的。铁丝网的另一边是难民营内的一个区落，各种援助机构办公室都设在那里，那些地方都有 Wi-Fi（无线网）信号。救援人员定期更改他们的密码，并试图保密。但孩子们不知怎么发现了这个规律，随之而来的是这个知识技能可以卖给任何想要访问互联网的人，现行的要价是 1 第纳尔。几名大约 14 岁的青少年的胳膊穿过铁丝网，手上拿着手机接近大楼并接收信号，他们告诉我们，他们正在使用 Facebook（脸书）和 WhatsApp（瓦次普）向他们在叙利亚的朋友和亲戚发送消息，看看他们是否还安好。我们问一些小一点儿的男孩，他们是否也在做同样的事情。他们说不是，他们正在玩《部落冲突》——目前最受欢迎的一款领土和战争的电子游戏。

3　路易斯安那：监狱经济学

货币之于经济学，犹如化圆成方之于几何学，或永动机之于力学。

——威廉·斯坦利·杰文斯，《货币与交换机制》，1875 年

监狱里的经济体系

通往安哥拉之路

新奥尔良似乎是一个开始旅程的希望之地。美国最大的河流从这里蜿蜒向北，密西西比河绵延不绝的牛轭形弯道划定了从南部的路易斯安那州到北部的明尼苏达州的 10 个州的大致边界。美国传奇的 61 号公路是音乐家们为了追求名利而走过的地方，密西西比州克拉克斯代尔的罗伯特·约翰逊、田纳西州孟菲斯的约翰尼·卡什和猫王都是从新奥尔良开始，一直到加拿大边境的。标志性的河流和道路使路易斯安那州的这座最大的城市看起来像是一个充满机会和自由的地方。

对于那些出生在新奥尔良的人来说，人生之路则往往要短得多。在沿着 61 号公路向北行驶了几个小时后，道路开始在山间起伏，路易斯安那州地势低洼的沼泽和柏树消失了。向右转可以到达美丽的杰克逊镇，那里有古玩店、整齐的草坪和白色的尖桩篱笆。向左转上 66 号公路，这条路急转直下，会经过浸信会的教堂。然后，高速公路突然在死胡同停了下来。你会看到一个很大的铁丝门和一座瞭望塔。这就是路易斯安那州立

监狱的入口，这里是一座"南方恶魔岛"，它被囚犯、看守和当地人称为"安哥拉"。如果你是一个出生在新奥尔良的黑人，你入狱的概率为 1/14。如果你最终去了安哥拉，那里很有可能是你永远都不会离开的地方。

美国有 210 万名囚犯——是世界上囚犯人数最多的国家。之所以这么多人进监狱，不是因为这个国家人口众多，而是因为监禁率非常之高。2017 年，美国每 10 万居民中的囚犯数量远高于其他任何大国。2017 年每 10 万居民中男性监禁率最高和最低的 10 个州及全美情况如图 3.1 所示。得克萨斯州的人口是英国的一半，而该州的囚犯比英国、法国和德国的总和还要多。但最引人注目的是路易斯安那州，该州有近 3.4 万名囚犯，其中 94% 是男性，这导致男性监禁率非常高，每 10 万名居民中有 1 387 名男性囚犯，是全国平均水平的两倍多。路易斯安那州是美国监狱之都，而安哥拉是该州唯一的最高安全级别监狱，它也是全美国最大的监狱，占地面积 18 000 英亩[①]，比纽约市的曼哈顿还大。在任何时候都有大约 5 200 名男子被关押在那里，而且大多数囚犯会一直留在那里，安哥拉囚犯的平均刑期是 92 年，其中超过 70% 的囚犯永远不会获释。

同灾区和难民营一样，监狱是一个人的过去被蒸发的地方，囚犯失去了社会地位，失去了以前经济生活的方方面面。但最重要的区别在于，海啸幸存者和叙利亚难民遭受创伤之后很快就得到了外界的帮助。虽然有时方案设计很差，目标也不明确，但援助与支持仍然能够帮助他们重建家园和为未来的生活做好准备。然而，美国监狱里的终身监禁可不是这样的，囚犯的罪行意味着他们的生活会被精心设计和控制。路易斯安那州立监狱系统中的许多囚犯永远不会离开，他们作为自由人民的日子已经结束了。

从理论上看，监狱应该是像阿兹拉克难民营那样的人造社会，在那里，人类进行贸易和建立非正规经济的冲动应该受到压制。然而，综观全球，监狱里的地下经济却是蓬勃发展的，历史似乎表明这种情况一直如此。在最早刊登出的关于监狱生活的报道中——伦敦市中心一所监狱的典狱长乔治·拉瓦尔·切斯特顿在 19 世纪 50 年代写道，从监狱的一端到另

---

① 1 英亩约等于 0.004 平方公里。——译者注

一端，存在一种规模庞大的非法贸易，囚犯们在这种贸易中交换葡萄酒和烈酒、茶和咖啡、烟草和烟斗，甚至还有泡菜、蜜饯和鱼露。监狱往往拥有隐藏在内部的极端经济，尽管有很多困难，但是人们仍旧进行交易和交换。所以我去了路易斯安那州，去见那些还囚禁在安哥拉的囚犯，那些已经从监狱里出来的囚犯，还有那些被关在其他监狱里的囚犯。

我想知道在这个州的监狱里是否存在一种地下的非正规交易，如果有的话，在囚犯对自己的生活几乎没有自主权、控制力和选择权的情况下，如何才能建立起这样一种经济。通过研究在这样贫瘠的土壤上所出现的经济生活，我希望能够更多地了解经济韧性的 DNA（脱氧核糖核酸），我希望能够听到建立经济时真正至关重要的因素，以及那些我们可以不需要的因素。我期待能够看到地下物物交换经济的出现，在这里囚犯可以交换基本的物品和服务。但我却发现了两个平行的市场经济体系，它们非常

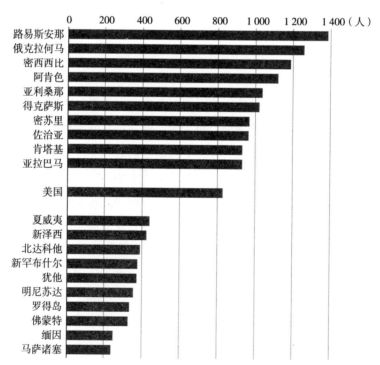

图 3.1　每 10 万居民中男性监禁率最高和最低的 10 个州以及全美情况

资料来源：美国司法部司法统计局（2019 年），2017 年数据。

成熟，运行在非正规的货币体系之上，这些体系既是现代化的，也是具有创新性的，完全符合囚犯的需求。第一步是从新奥尔良向西北方向前进，去往路易斯安那州首府巴吞鲁日，寻找安哥拉最为著名的刑满释放者。

囚犯 C-18

威尔伯特·里多身高大约 5 英尺 8 英寸，体形瘦小。现在他快 70 岁了，但看起来更像 60 岁的人。他上身穿着一件袖子稍微卷起来的带纽扣的格子衬衫，下身穿着褪色的灰色牛仔裤和新百伦运动鞋，看上去很像一位路易斯安那州立大学的学者。我在附近最受欢迎的咖啡馆 Coffee Call 和威尔伯特见面。他让我进去拿一盘甜甜圈，告诉我这家咖啡馆以路易斯安那州的甜点闻名。我们坐下来分享美食，他开始讲述他被囚禁在安哥拉的 42 年监狱生涯。

威尔伯特在 19 岁时犯了谋杀罪。他在路易斯安那州靠近得克萨斯州边境的小城查尔斯湖长大，十几岁时就养成了小偷小摸的习惯。在 17 岁的时候，他在处理他哥哥抢劫所得的赃款时被当场抓住，被送到惩教所待了 5 个月。此后他辍学去当地一家织物店当了搬运工。他在他的回忆录《正义的地方》(In the Place of Justice) 中写道，他的梦想是去加利福尼亚州。

今天的他看上去很精瘦结实，而 1961 年警方的照片显示他是一个骨瘦如柴的年轻人。他有时会受到欺侮和作弄，这驱使他去买了一把刀和一支枪。但他做的不仅仅是保护自己，织物店旁边有一家银行，在银行打烊的时候，他冲进去打算抢劫这家银行。结果他把这事搞砸了，银行经理报了警，所以他逃跑了，还带着经理和两个职员，并且命令他们开车送他走。他的计划本来是在附近的乡村释放人质，然后向西逃到得克萨斯州。但他的人质中途逃脱了，在他们逃跑时，他开枪打死了其中两人，还刺伤了另一名人质朱莉娅·弗格森，而后者后来也不幸死亡。他被判谋杀罪和死刑，带着 C-18 的标签来到了安哥拉监狱。C 代表被判死刑，18 代表他在死囚名单上的位置，等待他的命运将是电椅死刑。

最后威尔伯特没有遭受死刑。他在死囚牢房与世隔绝地生活了 10 多年，并如饥似渴地阅读书籍，还对新闻产生了兴趣，开始写文章。到 20 世纪 70 年代中期，他住在主监狱里，为监狱内部月刊《安哥拉人》（*The Angolite*）撰稿。在威尔伯特 20 年的编辑生涯中，该杂志赢得了许多国家级奖项。他最初是以监狱记者的身份成名的，他的专栏名为"丛林"。他选择的第一个话题，也是在他担任编辑期间《安哥拉人》这本杂志会反复提及的一个话题——监狱经济是如何运作的。

监狱经济学 101

服刑人员和刑满释放人员认为，监狱经济的第一定律是未被满足的需求及其激发的创新。在与外界隔绝后，囚犯们发现自己缺乏以前认为必不可少的物品，也无法选择衣服和盥洗用品，这些都是他们以前认为理所当然的东西。人们想要买简单的物质商品的欲望很强烈，我遇到的囚犯描述说，在里面的头几个星期是令人震惊的，他们在此期间学到了新世界的规则，也要适应这样的现实：他们不仅失去了自由，而且失去了财产。今天，路易斯安那州的新囚犯可以收到的基本用品，包括按标准发放的衣服、一块肥皂和一些乳液。但是还有很多他们缺乏和想要的日常用品，如除臭剂、像样的牛仔裤、更好的运动鞋。威尔伯特说，20 世纪 60 年代的情况也是如此，当你想要得到简单的生活必需品时，你需要付出很多努力才能得到额外的享受。

一些商品可以通过官方渠道获得，但获取这些商品需要花费大量时间，图书就是一个例子。安哥拉监狱的许多男性，尤其是那些 30 岁以上的人告诉我，他们喜欢读书。他们可以买书，朋友和家人也可以送他们新书。但是，当安哥拉的一名囚犯订购一本书后，可能需要六个月或更长的时间才能收到书，因为审查员需要检查图书内容。延迟是路易斯安那州立监狱经济中一个普遍的主题，经济在时间的扭曲中运行。

路易斯安那州立监狱的时间运行方式不同，部分原因是刑期太长了。安哥拉 92 年的平均刑期比邻近的密西西比州立监狱要长，也比圣昆廷监狱长，圣昆廷监狱关押着加利福尼亚州最为凶狠的囚犯和死囚。即使在佛罗伦萨的 ADX 监狱——被称为"落基山脉的恶魔岛"，因为那里关押着美国最危险的罪犯——平均刑期也只有 36 年。

数量庞大的囚犯和他们超长的刑期反映了路易斯安那州也许是美国最麻烦的州，这里也是一个极端的地方。这里很穷，平均收入接近全国最低水平，贫困率和肥胖率接近最高水平。教育系统对于学生来说也是失败的，该州 26% 的学生和 34% 的黑人学生没能高中毕业。路易斯安那州的生活充满了暴力，美国联邦调查局公布的数据显示，该州 2014 年发生了 477 起谋杀案，谋杀率超过万分之一，是美国平均水平的两倍多，这使路易斯安那州成为美国的谋杀之都。自 1989 年以来，路易斯安那州每年都保持在这个位置。

路易斯安那州的大多数谋杀案都与枪支有关，并最终归结于毒品。每个因谋杀而被定罪的人都会被强制判处终身监禁，任何在现场的同谋或朋友也会被控二级谋杀罪。在路易斯安那州，即使是非暴力犯罪也可能意味着重刑。该州以惊人的速度逐步提高对惯犯的强制刑期，每次定罪的上限都翻了一番，例如，第一次盗窃汽车最高可判 12 年，第二次可判 24 年。最重要的是还有另一条规则，即"四振出局"——第四次犯罪被判的最低刑期为 20 年，最高刑期为终身监禁。我遇到了一个前安哥拉囚犯路易斯，他因被控贩毒在安哥拉监狱度过了 20 年。他解释说，他的情况并不是最糟糕的，蒂莫西·杰克逊 20 多年前在一家商店偷夹克时被抓到，他将在安哥拉监狱度过他的余生。

超长的刑期意味着在外面廉价且无关紧要的普通商品，在监狱里面就有了巨大的价值。尤其是在安哥拉这样的监狱中，超长刑期将这一点提升到一个新的水平。在威尔伯特的回忆录中，他解释了微小的进步是如何改变囚犯的生活的。同其他死囚一样，他被关在一间小牢房里，左右和后面的墙都是砖砌的，前面是一排格子状的铁栅栏，当狱警和其他囚犯走过的时候没有任何隐私可言，而且在冬天还会有冷风吹进来。拿一条毯子或窗帘挂在铁栅栏上就可能会对囚犯的生活产生变革性的影响，当你的世界缩小到一个三面空间的时候，拥有一块能给你带来隐私和温暖的布，就成为你想努力去满足的基本需求。

奴隶式耕作

一名囚犯想要改变他在安哥拉监狱里的命运的唯一方法是，拥有一份正式的工作。监狱的另一个绰号是"农场"，过了正门后不久，拥有这个绰号的原因就变得很清楚了。在穿过一个满是员工车辆的停车场和一个关押女性囚犯的灰色小街区之后，森林就消失了，道路变成了一条长长的笔直车道，然后继续穿过种植着庄稼的田地。现在是4月，差不多是播种棉花的时候了，囚犯们将在9月底至10月初收获棉花。他们一年到头辛苦劳作，包括8月在内，那时气温可升至38摄氏度左右。根据监狱的官方报告，这里的农田产量很高，也是路易斯安那州最好的农田。

安哥拉得名于该地方以前存在的奴隶农场。这块土地的所有者是美国最大的奴隶贸易公司之一富兰克林和阿姆菲尔德（Franklin and Armfield）公司的老板艾萨克·富兰克林。富兰克林与葡萄牙人进行了大量的贸易，他拥有的许多奴隶都是在西非被奴役的刚果人。他们经由安哥拉的主要港口罗安达被运往美国，安哥拉曾经是葡萄牙殖民地，也是主要的奴隶贩运场所。富兰克林在路易斯安那州拥有四个巨大的奴隶农场，因此他以奴隶贸易起家的殖民地来命名这个农场，即安哥拉。南北战争后，一名南部邦联陆军少校获得了安置该州囚犯的私人合同，他买下了这块地并将其改建为监狱，于是这个名字就保留了下来。

今天，安哥拉大约有2 500~3 000英亩的农田被用作耕种。这里主要种植草类作物，如玉米、小麦和高粱，用于动物饲料和制造乙醇燃料。还有大豆，大豆中的油和蛋白质用于制作动物饲料和豆腐等各种食品。而且，就同过去的200年一样，这里也种植棉花。

作为州政府监管监狱的部门，对于公共安全和惩教部来说，安哥拉监狱还具有其他职能——该监狱农场的农业产出是路易斯安那州囚犯的重要食物来源。除了主要农作物外，这里还种植水果和蔬菜，包括西红柿、卷心菜、秋葵、洋葱、豆类和辣椒，这些产品在一定程度上降低了整个州立监狱系统的食品成本，同时农业经营也为其增加了收入。与美国其他许多州一样，路易斯安那州拥有一家政府运营的监狱公司，该公司销售囚犯生产的商品。监狱公司在 2016 年获得了近 2 900 万美元的收入，其中大部分收入来自安哥拉监狱的农产品。这笔收入将有助于支付路易斯安那州政府管理安哥拉监狱的部分费用，安哥拉监狱的年度预算大约为 1.2 亿美元。

劳而无酬

囚犯的正式工作日程占据了一天中的大部分时间，囚犯不能拒绝工作，而且绝大多数囚犯都有工作（除了死囚或被单独监禁的囚犯，或者那些有疾病以及其他医疗豁免的囚犯）。这里的工作有一个清晰的等级制度，那些在田地里的工作都属于最底层。一名在押犯人解释了为什么被派去采摘蔬菜是监狱里最糟糕的工作——轮班时间是 8 个小时，而且又热又辛苦。这些人是以平行线队列来工作的，需要把废弃的农作物扔到旁边，如果不小心把丢弃的秸秆扔到另一个囚犯身上很可能会引起斗殴，采摘时割伤自己的手也可能被视为企图自残，这会导致非常烦琐的调查工作。那些服刑整整 10 年而没有违反任何纪律的囚犯可以获得值得信任的地位（斗殴或自残都可以让一切归零）。因此，这些囚犯相较于其他囚犯更容易得到宝贵的工作，比如在警卫高尔夫俱乐部当球童，或者在位于正门外展示监狱历史的小博物馆做清洁工。这里的官方工资等级与外界不同，监狱里的工资从每小时 2 美分到 20 美分不等，大多数从事采摘蔬菜或其他基本农活的囚犯，似乎是每小时 4 美分，一周是 1.60 美元。美国联邦最低时薪标准是 7.25 美元，从事基本农活的囚犯必须工作 181 个小时才能赚到。所以如果涉嫌斗殴、企图自残或有其他违禁行为，那么那些拥有宝贵工作每小时挣到 20 美分的囚犯可能很快会被降级。一个无期徒刑犯解释了他的受信任地位是如何被取消的，当他被指控从车间偷拿扳手时，他的工资直接被降到了最低。他说他并没有这样做。但不管事实如何，只要表现好，他每年可以涨 4 美分，到 2021 年时又可以涨到每小时 20 美分了。在安哥拉监狱，工作是艰苦的、强制性的，而且无利可图。

一旦赚到钱，犯人就可以去杂货店里买东西，在安哥拉监狱有七家杂货店。这些官方杂货店是囚犯寻求物质享受的救命稻草。安哥拉监狱的杂货店里提供罗素运动衫，鲜果布衣牌子的T恤和四角短裤，以及弗罗格·托格运动毛巾。这里还出售一系列鞋子，如犀牛工作靴、新百伦网球鞋和两种锐步运动鞋。另一大类是食品，囚犯们一天吃三顿饭，但他们抱怨饭菜一点味道都没有。杂货店提供的零食——亚洲甜辣酱和墨西哥辣椒口味的奶酪卷等弥补了这一点。安哥拉监狱订单的数量揭示了该业务的规模，最近的一份文件列出了关于3 000盒共计31.2万包清凉牧场风味的多力多滋脆片的订单，可以看出杂货店显然生意不错。

官方运营杂货店也是令人恼火的原因之一，一些囚犯抱怨物品短缺，另一些囚犯说质量很差。囚犯知道这是一个没有办法更换供应商的垄断市场。虽然监狱企业规定商品必须是新的和完好无损的，但有人怀疑物品是有缺陷的，囚犯受到了不公平的待遇。然而最大的抱怨还是关于价格，因为囚犯们确信他们被敲竹杠了，他们在杂货店支付的价格比在外面的要高，而且他们的生活成本比他们的工资涨得更快。

随着时间的推移，商品价格和囚犯工资之间的差距变得越来越大。自20世纪70年代以来，安哥拉监狱使用的工资标准就一直保持在相同的水平，这一标准既具有成本效益，又具有政治上的权宜之计。这一政策的影响提醒人们，如果工资不持续上涨，随着时间的推移，通胀加剧将大大削弱囚犯的购买力。一个很好的例子是喇叭手香烟（一种深受囚犯喜爱的浓烈的卷烟混合物）。在20世纪70年代，它的零售价不到50美分，所以获得受信任地位的囚犯以每小时赚20美分的速度可以在半天内轻松赚到一包烟。然而在今天，一包同样浅蓝色包装的香烟，上面印着同样的标志——一个手持喇叭的男孩，价格约为8美元，每小时赚20美分的囚犯需要工作整整一周才能买到一包烟。

路易斯安那州并不是唯一支付囚犯较低工资的州。从法律上讲，根本不需要支付囚犯报酬（《第十三修正案》允许囚犯因其罪行而被强迫劳动）。佐治亚州的囚犯制作家具和路牌，却得不到任何报酬。在亚拉巴马州，汽车牌照是由一家名为"矫正工业"的公司制造的，该公司每小时付给囚犯的工资为25~75美分。在密苏里州，囚犯全职工作的月薪为7.5美元，时薪约为4美分。英国的监狱系统虽然没有那么极端，但也很相似。

每周 35 小时的工作起薪约为 10 英镑（约 13 美元）。于是，同样的抱怨也出现了，食堂里最受欢迎的东西，如咸坚果、面条、早餐麦片，所有这些都卖到 2 英镑以上，靠监狱的工资购买这其中的任何一项几乎都需要劳动一整天。

价格失灵的城镇

在许多方面，监狱的官方经济与普通城镇相似。在安哥拉监狱有一个工作的世界，这里有工作、有工资、有晋升，也有降级。还有一个购物的世界，有消费品和供应消费品的商店。在任何一个正常的经济体中，这两个世界都是由价格联系在一起的：曼哈顿和梅菲尔的东西很贵，因为在那里生活的很多人都很有钱；而布朗克斯和布里克斯顿的东西很便宜，因为在那里生活的人都很穷。换句话说，价格在一定程度上反映了当地的经济状况。在安哥拉和其他监狱，官方价格体系被故意打破。监狱是一个经济系统，在这个系统中商品成本与工资或劳动力的购买力无关。

囚犯面临的经济挑战与亚齐和扎塔里的情况并不相同。这两个地方的经济已被摧毁，主要任务是通过非正规贸易和外部援助来建立一个新的经济体系。囚犯的旧经济生活消失了，然而很快被一种新的、人为的、精心设计的经济生活取代。在这种新经济生活中，市场经济中最重要的联系——将工作与工资、需求与供应联系起来的价格，已被当局有意切断。官方的监狱经济是存在的，但也可能不存在，这让囚犯建立了自己的地下市场。

面对未来经济末日的警告，路易斯安那州的地下监狱市场作为又一个克服艰难险阻而生存下来的经济体，似乎是有用的研究案例。戒备森严的监狱可能是寻求增长和创新最为贫瘠的土壤，这里发生的交易有助于阐明，在重新开始建设经济体时，人们的需求以及所能管理的事宜。在安哥拉监狱，建立提供商品、角色和身份的功能性市场的迫切需要是繁荣的地下经济的根源，这种经济体内有许多不同的工作，用路易斯安那州的老人们的话来说就是"零工"。

监狱货币进化史

当山核桃胜过美元

在地下监狱经济中，有一个奇怪的现象，看似简单的事情实际上很难，而看似不可能的事情可能会相当容易。约翰·古德洛和他的山核桃的案例说明了其中的原委。威尔伯特解释说，古德洛20年来一直是安哥拉监狱的山核桃之王。美国南部广泛种植山核桃，自制的山核桃果仁糖看起来有点像烤饼，这是路易斯安那州最受欢迎的食物。这个制作过程从炼乳开始，用小火加热炼乳，熬制成浓稠的糖浆，然后加入山核桃和黄油，将混合物煮成糖晶体，然后倒入托盘中烘烤。一旦冷却下来，古德洛就会把它们切成大块。威尔伯特说，它们是有史以来最好的山核桃果仁糖，比监狱外面的同类产品都要好。一大块古德洛的山核桃果仁糖在安哥拉监狱售价为2美元。威尔伯特说，古德洛可能会提高价格，他常常在还没做好之前就把一整批都预售出去，山核桃果仁糖确实深受欢迎。

在戒备森严的监狱里居然能制作山核桃果仁糖，这一事实真是令人惊讶。制作它们需要很多配料，还要有锅、烤盘和烤箱。这听起来十分复杂，在监狱里似乎是不可能做到的。威尔伯特在解释监狱生活中很少有人能理解的一个方面时说，囚犯从来都不是无能为力的。他们总是充满反叛、暴力的力量，这只会搞砸运营，让管理层的日子很不好过。他解释说，囚犯拥有权势意味着管理层经常与之合作，并为其某些要求提供便利。监狱是在低层次事务上分享权力的地方，也是有空间进行简单权衡的地方。在这个协同控制的地方，拿到一个平底锅是相当容易的事情。

但一些在外面稀松平常的事情在监狱里却是非法的。同样的安保和安全措施也会灌输给狱警，任何会增加逃跑或暴力可能性的东西都是被禁止的。许多事情是显而易见的，如武器、毒品和打火机是禁止的，可以用来组织毒品运送的手机也是被禁止的。但大量日常生活中看似无害的物品也被列为违禁品——一些含有酵母的调味酱可用于非法酿造，口香糖和可重复使用的黏合剂（如蓝丁胶）可以用来在钥匙或锁上留下印记，婴儿油可以用来使囚犯的手臂打滑，使狱警无法控制他们。

实物货币本身也算违禁品。官方监狱经济的运作方式看上去有一点儿与扎塔里难民营相似，电子卡上存了囚犯的工资，可以用来在杂货店买东西。这意味着囚犯手中没有现金，同时也避免了有权势的囚犯贿赂看守。这一逻辑使得现金被视为最高级违禁品，任何拥有受信任地位的囚犯因为运作现金被抓获都将失去他们的特权。

现金短缺对于经营着相对无害生意的囚犯来说是一个考验，而狱警往往对此熟视无睹。有很多这样的例子，除了山核桃果仁糖，囚犯还出售炸鸡，并提供一系列美容服务——从理发到文身，再到熨衬衫，这些服务让囚犯在亲人来访前展现出他们最好的一面，非常重要。这些囚犯"企业家"可以提供商品或服务，但不接受现金付款。一个安哥拉囚犯告诉我，一个行为良好、无不良记录的囚犯不太可能接受 5 美元的现金付款，即使被出售的物品价值只有 2 美元。由于缺乏现金，囚犯被推向最原始的市场，形成一种以物易物的经济体，在这种经济体中，商品是互相交换的，而不是用钱买卖的。

在监狱里造币

易货贸易的问题在于，很难找到一种有效的货币交换方式，通常想买你东西的人并不一定拥有你想要的东西。自从威廉·斯坦利·杰文斯在 1875 年出版的《货币与交换机制》一书中解释了易货贸易的问题，以及货币如何解决这些问题以来，经济学家一直将"互换将解决需求的双重巧合"称为罕见情况。杰文斯出生于利物浦，曾就读于伦敦大学学院，是现代经济理论的奠基人之一，他认为货币是经济的命脉。他解释说，易货贸易的问题既适用于原始经济体，也适用于更先进的经济体。

可能有许多人想要一些东西，也有许多人拥有那些东西，但要允许以物易物的行为，必须有双重的巧合，而这是很少发生的。成功捕猎归来的猎人有足够的猎物，可能需要武器弹药来重新捕猎，而那些有武器的人可能碰巧有充足的猎物，所以不可能进行直接的交易。在文明的社会里，一所房子的主人可能会觉得它不合适，看中另一所完全符合他需要的房子。但是即使第二套房子的主人想要卖掉它，他也不太可能对第一所房子的主人的感觉做出完全一致的回应。

好钱与坏钱

为了进一步阐明正在发生的事情，杰文斯概述了货币可以扮演的四个不同角色。首先，货币是交换的媒介，是每个人都能接受和润滑交换行为的东西。其次，货币是衡量当前价格的方式。再次，货币是确定未来价格的标准。最后，货币是一种储存价值的方式，可以长距离或穿越时间传递经济价值。

我们习惯性地认为，货币是官方指定的东西，是上面带有君主头像或者总统面孔并由政府背书的纸条。但由于很多东西都符合杰文斯设定的属性，所以很多东西都可以成为货币。当一种货币以这种非官方和有组织的方式出现时，它通常具有特殊的物理属性，使其适合使用。1892 年，杰文斯的朋友和竞争对手，奥地利经济学家卡尔·门格尔解释了这种理想的特征。他称它为 Absatzfähigkeit，翻译为适销性，但今天我们可能更多会称之为"市场能力"。由于货币将在交易中反复使用，所以门格尔认为关键是找到一种可以成百上千次易手而不会贬值的物品。消费品，包括衣服、鞋子或书籍等，作为货币使用是不合适的，因为一旦买入，它们就会变成二手商品，价格会下降。相比之下，大宗商品，包括盐、糖或谷物等，则是好得多的货币，因为二手盐和新盐是一样的。

此外，如果一种商品是可分割的，并且可以很容易地切割并在较小的交易中使用，那么它往往会成为一种好的货币。但钻石是一种糟糕的货币，因为将一颗大钻石一分为二会大幅降低其价值。另一个关键标准是耐久性，易腐烂或变质的食品或商品，如牛奶、小麦或黄油等，就是劣质货币。最后是运输的便捷性和成本问题。棉花是可分割的和耐用的，可能看起来是一种很好的非正规货币，但它太轻了，量少的话就没有价值了，任何有意义的交易都需要运输大量的棉花。

奇怪的货币：从啄木鸟到鲭鱼

世界各地用各种奇怪的东西作为货币。在巴布亚新几内亚东南 240 公里的罗塞尔岛上，有一种由海菊蛤贝壳做成的钱币被开发出来，它们很轻，而且经久耐用，不同的大小意味着 22 个不同的价值，这些价值可以被分割和组合，从而计算出任何价格。居住在加利福尼亚州北部的美国原住民约鲁克人非常珍视啄木鸟的头皮，并将其用于头饰。啄木鸟头皮就成了货币的一种形式，大的红冠啄木鸟比小的橡树啄木鸟更值钱，这就给了部落一种面额大小不一的货币。别的地方则使用其他轻便、耐用和可分割的商品，古罗马和埃塞俄比亚使用过盐，中美洲的阿兹特克帝国使用过可可豆。

监狱有发明非正规货币的悠久传统。早在 19 世纪伦敦的"冷水浴场"监狱里，大规模非法贸易是以卷烟纸作为货币来实现的。在现代的英国监狱，就像在安哥拉监狱一样，现金是被禁止的。囚犯经常使用沐浴露胶囊或念珠作为他们的非正规货币，这两种东西都很容易获得。很小、很轻、可分割、耐用，一把把胶囊和珠子非常完美地符合 19 世纪经济学家的描述。

在美国有许多不同类型的监狱，比如公共监狱和私人监狱，长期监狱和短期监狱，各州对于监狱的规定也各不相同。这意味着流通商品的种类繁多，其中有一种是最适合作为非正规货币的。邮票体积小、重量轻、经久耐用，在许多美国监狱中曾被用作非正规货币。但邮票被认为与现金非常接近，因此经常被禁止使用。当邮票不能用时，人们通常会用到袋装方便面。在监狱经济中，这种可食用的非正规货币被称为"汤"。近些年来，一种流行的非正规货币是鲭鱼罐头。每个罐头售价约 1.40 美元，这类罐头轻便、经久耐用。这些（鲭鱼罐头）货币在美国庞大的监狱中变得如此普遍，以至于有人认为它们影响了外部世界里鲭鱼的价格。

最显而易见的监狱货币是一种畅销的，而且容易划分成较小单位的东西，它就是烟草，100多年以来，安哥拉监狱的地下贸易都是靠它进行的。通过绕过易货贸易的困难度和使用违禁品美元的危险性，香烟和卷烟便成了可以依赖的货币。然而，在经历了100多年的货币稳定之后，一切都改变了。2015年，安哥拉监狱禁止吸烟，香烟和卷烟都成为违禁品。大约在同一时间，一种咄咄逼人的新研制出的毒品Mojo开始渗透到监狱中，许多人立即上瘾了。地下经济受到了震动，烟草货币现在是非法的，但是对这种新毒品的需求很大。监狱经济的基础已经改变，许多囚犯也想要改变，所以他们的支付方式也相应改变了。整个路易斯安那州立监狱的反应是迅速适应新情况，发明了一种新的非正规货币，这种货币的高科技程度就像它经常用来购买的新研制的毒品一样高。

旧农场，新药物

第二次去路易斯安那州的时候，我见了一个当时35岁左右的前囚犯，他在包括安哥拉在内的多个州立监狱服刑16年后获释。他说，监狱系统中的大多数人都在寻找某种兴奋剂或某种方式来获得快感，这是一种消磨时间的方式。但还有一个更重要的原因，Mojo是一种迅速流行的合成大麻，它的变化如此之大，以至于警察都很难对其进行药检。所以它是一种价值很高的商品，很多人都想要它。合成大麻中使用的化合物不断调整和改进，这意味着它有数千种变体，使设计一种准确的毒品检测方法变得极其困难。

路易斯安那州第一例与合成大麻有关的死亡记录是在2010年，该州州长同年禁止了在合成大麻中使用化学物质。检测这些药物的困难意味着它们成为定期接受检测的群体的首选药物，包括大学运动员、军人和囚犯。Mojo的使用迅速影响了大学橄榄球队和篮球队，它在美国海军中也特别流行，仅在2011年就有700多起关于海员使用Mojo的调查案件。它是如此受欢迎，以至于海军医院成为研究这种合成大麻的领头羊。这种合成大麻是囚犯们所需要的一种新产品，他们会不厌其烦地获取这种合成大麻，这对监狱经济也是一个巨大的冲击。

路易斯安那州的囚犯还记得在 2010 年或 2011 年首次出现的 Mojo。这个新奥尔良的前囚犯还记得当时的传言，每个人都说："伙计，这是合成大麻，你可以吸它，然后通过药检。"但我心里想，他们检测你身体里的四氢大麻酚（THC），如果测不出来，就说明不是四氢大麻酚让你兴奋，那么究竟是什么让你兴奋呢？他回忆说，谨慎是一个明智的决定。他又说道："我说不要吸，但他们都开始吸合成大麻了。有些人癫痫发作，有些人长了动脉瘤，人们因此都被吓坏了，变得偏执和害怕。我看到一个家伙光着屁股跳进了垃圾箱，他拒绝出来，他们都快疯了，但他们很喜欢它。"监狱经济学的第一条规则是不被满足的需求，根据这个标准，Mojo 成为路易斯安那州立监狱的"国王"，对它的这种渴求是巨大的。挑战在于如何让它进入监狱，以及如何在不被发现的情况下买到它。

有限的工作选择

安哥拉的囚犯称看守为"自由人"。他们也用这个词来形容任何在监狱外面的东西，比如自由人的衣服和食物。当被问及他们将在外面穿什么或吃什么时，他们不会提及某种特定的衣服或菜品，而倾向于回答："我不知道，我想要什么就吃什么。"囚犯们在里面怀念的是选择的自由。

对于许多生活在路易斯安那州乡村地区的自由人来说，他们的职业选择是有限的。几家大型企业仍然在运营着，位于圣弗朗西斯维尔的造纸厂雇用了大约 300 名员工，还有安特吉公司旗下的河湾核电站雇用了近 700 名员工。这些企业提供了高薪的工作。造纸厂员工的平均年薪超过 6 万美元，核电站工程师的年薪可以达到 10 万美元以上。但这些工作往往需要具有大学学位或经过技术培训，这家核电站雇用了很多退役军人，他们通常接受过美国海军的训练，但许多人甚至连高中都没毕业。

对那些没有学位或没有经过技术培训的人来说，就业选择是有限的。农业部门曾是路易斯安那州非熟练工人的一大雇主，但现在只有不到 2% 的就业机会。当地的招聘广告显示零售业还有空缺职位，家居、建材用品零售商家得宝、达乐百货公司以及 61 号公路旁的快餐店有大概 50 个职位可提供，索尼克（连锁汽车餐厅）和在温迪的汉堡王以及必胜客也有就业机会。许多这样的职位起薪接近联邦最低时薪 7.25 美元，而且几乎没有什么福利。

还有安哥拉监狱，其拥有 1 600 名员工，是该地区迄今最大的雇主。监狱一直在招聘工作人员，按照当地的标准，条件还算不错。安哥拉监狱的一名学员 2017 年的起薪为每小时 11.71 美元，年薪略高于 2.4 万美元。经过 6 个月的良好表现，学员可以晋升为中士，每小时挣 13.03 美元。福利包括 12 天的带薪休假，健康计划（监狱将支付一半的费用）和每年根据业绩加薪 4% 的可能性。与其他公司提供的工作相比，在安哥拉监狱工作是一份很好的差事。

但是，许多安哥拉工人居住的西梅斯波特小镇，展现了监狱看守的现实生活。住在这里的人被囚犯戏称为"河人"，因为每天上午和下午都有一艘特殊的私人游艇——安哥拉渡轮从监狱内出发穿过密西西比河，省去了到最近的大桥的漫长车程。西梅斯波特与南北战争前的奢侈之都圣弗朗西斯维尔或杰克逊相距甚远，它们都位于河的东边。房子建在煤渣块上，旧建筑是用波纹铁皮建成的，并且锈迹斑斑，残破的卡车和拖拉机躺在沟渠里面，破旧的船只在杂草丛生的地上锈蚀着，唯一维修状况良好的建筑就是教堂。

松散的边界

监狱外的经济形势意味着安全是个问题。最近释放的一名囚犯在描述监狱的年轻学员薪水微薄时说："这些孩子还小，还没有经验，他们完全可以通过将东西带进来把工资提高两倍。"内部生活基本物品的稀缺意味着那些愿意走私违禁品的人可能会获得巨额收益。最近的禁烟令显示了供求规律的强大力量。这个消息一公布，囚犯就意识到香烟将供不应求，于是香烟的价格飙升，在禁烟令实施后的几周内，一包香烟的价格最高达到了 125 美元。一名最近获释的安哥拉囚犯告诉我，如果香烟能够走私进来，"任何时候"他都能从一包香烟中赚取 40 美元或 50 美元的收益。

走私 Mojo 是一个更加诱人的经济机会。合成大麻在自由世界里非常便宜，不到 10 美元就可以买到一大袋。供应充足是因为很容易在非法实验室生产出来，需求低迷是因为副作用让大多数消遣性吸毒者望而却步。在监狱里，人们的看法是不同的，合成大麻会让你一整天都昏昏沉沉的事实被认为是一件好事，而不是坏事。囚犯很乐意花 5 美元买一小捧 Mojo 放进烟斗里吸，走私者的加价可能是外面价格的 100 倍。与其他毒品相比，Mojo 给走私者带来的风险似乎更低。缉毒犬会漏掉喷有合成大麻的一袋袋种植作物，这种气味与毒品不同，会随着使用的化学物质而改变。最近在英国监狱里发现的另一种方法是，在犯人家属寄来的信件上喷洒 JWH-018（人工合成的大麻素）液体。这张纸看起来和闻起来都是无害的，就像孩子或女朋友寄来的普通便条，但稍后可以将其撕毁当作卷烟抽掉。走私并不是没有风险的，2018 年初，一群年轻的安哥拉学员和中士在试图走私时被抓获。

一个新的金钱之谜

走私者如何获得报酬是一个难题，老囚犯和值得信任的囚犯参与的地下经济肯定会给狱警带来好处，包括获得食物、洗衣服务或在囚犯的汽车车间里为其调校车辆等形式。但这些难以替换成高价值的东西。老囚犯告诉我，在禁烟令实施后，他们的非正规货币很快就从香烟变成了咖啡和其他物资，但这些物资在监狱外面没有任何实际用途。这就意味着走私 Mojo 这样的物品不会使用监狱内的非正规货币。一个熟悉这一制度的前囚犯解释说："你知道，我可以在杂货店给你 20 美元的商品，也可以给你 5 美元的现金。你要拿着现金，这是你可以寄回家的东西，你可以用它做更多的事情，这也是你说服警卫把其他违禁品带进来的工具。"

监狱里现金如何使用是个谜，任何从事大型毒品交易的人都需要转移巨额现金，但美元是缉毒犬能够探测到的东西。现金被转移到外部世界的说法也令人惊讶，因为账户之间的数字支付是可以追踪的。但事实上，毒品贩子和走私者并没有面临这些风险，因为路易斯安那州的监狱有一项引人注目的货币创新，比烟草或鲭鱼罐头要好得多。新的货币意味着不必使用现金，银行账户也没有与之关联。我的联系人解释说："现金是违禁物品，新货币并不是如同手中的现金那样的现金。它是难以捉摸的，一切都基于数字，人们用'点'系统互相进行支付。"

隐形货币

新的"点"支付系统是监狱货币系统不断发展的最新版本。与 Mojo 一样，它始于一项技术创新，这个想法是 1985 年在得克萨斯州成立的百视达公司于 20 世纪 90 年代中期提出的。与其他零售商一样，百视达也采用了类似于预订代币的礼券系统，允许父母或朋友在百视达商店赊购。但是礼券也存在一些不足，那就是顾客可能会丢失礼券，更为糟糕的是，从商店的角度来看，礼券会在购物后产生零星的余额，而这些余额（通常为 2 美元或以下）可以兑换成现金。这意味着当父母购买价值 20 美元的礼券时，使用礼券的孩子可能只会为商店带来 18 美元的销售额。

1995 年百视达推出了第一张储值卡。材质和形状都很像信用卡，可以存入美元。与纸质礼券不同的是，这种卡是比较耐用的，而且允许父母和亲戚定期往里面存钱，以此作为孩子零用钱的一部分。这种卡在存钱的人（家长）、提供商品的公司（百视达）和消费者之间形成了一个所谓的"闭环"。其他商家很快效仿，零售企业凯马特在 1997 年也推出了类似的卡。到 20 世纪 90 年代末，大多数零售商都采用了某种形式的储值卡系统。

金融公司发现了这个商机，很快就发行了自己的卡。第二代储蓄卡遵循了同样的核心原则：任何要花的钱都必须预先充值好。但重要的变化发生了，这种新卡是一种所谓的"开环"系统，持卡人不局限于在某一家特定的商店消费，而是可以在任何地方消费，甚至能够以现金的形式取款。最初的想法是，这些卡将用来给年轻的成年人使用，家长可以每月给大学生的卡里充零花钱，或者作为旅行支票的替代品。

在过去的 20 年里，预付卡在美国的使用量激增。它们是 21 世纪头 10

年增长最快的支付形式，使用量从 2006 年的 33 亿笔增加到 2015 年的 99 亿笔，增长了两倍。这一创新大获成功，金融家最初考虑到的客户是富裕的父母、去威尼斯旅行的现金充裕的退休人士，但实际情况与他们的想法相去甚远。预付卡受到信用记录不佳者的青睐，他们通常有逾期未还的债务，或者是新移民。用户大多是非洲裔美国人、女性和失业者，并且没有大学学历。这类卡主要在南方使用，与得克萨斯州相邻的路易斯安那州是其使用中心。

监狱新货币的名字取自目前流行的绿点（Green Dot）卡。这种卡上面有维萨或万事达卡的标志，可以在接受常规信用卡和借记卡的任何地方进行购物。用户为卡设置账户名，但不需要地址或身份证明，因此可以使用别名。然后他们买了第二张卡，这是一张现金卡，是一种一次性使用的刮刮卡，它可以在借记卡上增加 20~500 美元的任何信用额度。这两张卡几乎可以在沃尔玛、便利店、药店或任何其他地方买到。刮开现金卡的背面，会露出一组 14 位的数字。这些数字是至关重要的一环，具有最高可达 500 美元的购买力。用户上网后登录他们的账户并输入数字，信用额度就会立即出现在他们的绿点卡上。

这个过程虽然有点麻烦，但也有一些特点，使其成为进行非法交易的一种强大的新方法。购买绿点卡的人可以用现金支付，购买 500 美元现金卡的人也可以用现金支付，所以没有痕迹能够表明谁拥有这两种卡。信用额度的受益人不需要看到现金卡，甚至不需要与现金卡在同一位置，他们只需要知道 14 位数字就可以了。用电话给某人发一个 14 位数的短信，或者给他们发一个带有这些数字的照片或信件，又或者只是通过电话交流这些数字就可以。这种卡是一种接近现金的货币，也是一种即时、简单、安全的远距离价值转移方式。

为了支付一大笔现金，一个囚犯让他在监狱外的朋友买一张现金卡，一旦他们买了现金卡，就把上面的数字报给他。这 14 位数字相当于现金，可以与狱警或其他囚犯交换监狱里的东西，甚至包括毒品。通过兑换数字而不是现金，囚犯保持了清白。外面的自由人，一个购买现金卡，另一个在绿点卡上得到它的货币价值，他们甚至不需要见面，不需要相互认识，也不需要连通银行账户。以这种方式使用预付卡创造了一种耐用的非正规货币，这种货币可以分割成最低 20 美元这样小的金额，并且在任何地方都可以使用，它完全符合杰文斯和门格尔几个世纪前制定的良好货币标准。

货币和贸易——无论好坏

在这种极端的非正规货币发明中有更为广泛的教训。许多政策制定者认为，网上银行的兴起是打击非法贸易和洗钱的一种方式，因为使用应用程序或互联网在账户之间进行支付会留下痕迹。理论上，这应该意味着数字经济比基于现金的经济更加容易监管。一些国家甚至正在考虑完全无纸币化，以此作为将所有银行业务转移到网上并整顿其经济的一种方式。然而，对货币创新如何发挥作用的理解表明，这些希望是不可靠的，从遥远的岛屿到戒备森严的监狱，货币的发明是非正规的、有组织的，正如路易斯安那州的监狱展示的那样，这可以是无法追踪到的。据报道，这种新的数字货币已经被用于跨境洗钱。

尽管地下监狱经济可能会造成明显的破坏，但一名 30 多岁的前囚犯为地下监狱经济辩护说："这就是囚犯养活外面家庭的方式。"他解释说，那些不值得信赖的囚犯在监狱里改善生活的机会有限，所以他们卖毒品、赌博，这就是他们赚钱的方式。在路易斯安那州立监狱度过数十年的老手也为他们的经济辩护，坚称地下交易是保持监狱内生活平静的一种方式。简单的交易，诸如理发、山核桃果仁糖、书籍、衬衫熨烫，甚至文身，都曾经用烟草当货币，后来用鲭鱼罐头、面条或咖啡，这是让路易斯安那州立监狱的超长刑期变得更容易忍受的一种方式。

平行的监狱经济

对那些关心未来的人来说，路易斯安那州立监狱系统的隐性经济给我们上了重要的一课，它建立在亚齐和扎塔里的生活实践之上。它源于非正规经济能够使社会从冲击中恢复的力量，以及当人们的贸易体系在某种程度上受到损害、破坏或限制时，人们致力于建立新贸易体系的超常努力与创新激情。

路易斯安那州立监狱有两种平行的经济。非法毒品经济依靠其无法追踪的数字货币而运作，与之相伴的是一个更为无辜的市场，生活必需品用某种具有共识的商品作为非正规货币来换取，目前咖啡充当这种货币。这两种经济形式的贸易之所以有效，是因为威尔伯特提出的监狱经济学最基本的定律：监狱是一个由未得到满足的需求和品位所定义的地方。这两个经济体都是自建的，都是有组织的，而且都是高度创新的。这两种经济都表明一种非正规货币是完全可以建立的，其提供的似乎是国家在经济中的最终作用。监狱案例表明，人类进行非正规交易和交换的冲动是不可能抑制的，解决未来挑战的方案可能既来自正规市场，也可能来自非正规市场。

真正的绅士

监狱交易创造的价值意味着，如果能够实现，那么消灭它是要付出代价的。原因之一在于，一旦获释，人们在地下监狱经济中学到的技能就可以运用起来。在路易斯安那州的最后一天，我去新奥尔良第七区一家真正的绅士理发店理发。我的理发师是42岁的丹尼尔·里多，他在安哥拉监狱服过两次刑期，第一次是因为毒品犯罪，第二次是因为身份欺诈。理发店的共同创始人杰罗姆·摩根是当地的名人，他17岁时因一级谋杀罪被判刑，在安哥拉监狱生活了20年，直到有新证据表明他是被错误定罪的才被释放。他们两个一开始在安哥拉监狱理发，他们的新店铺坐落在一家唱片店和一家咖啡馆之间，这是一个一流的场所，拥有深色皮椅和旋转理发杆，理发的现行价格是35美元一次。

两人都说安哥拉监狱教会了他们一种职业道德，这是他们青少年时期所缺乏的。他们说，新奥尔良的犯罪源于更深层次的问题：缺乏榜样，没有体面的工作，对年轻黑人男性的成就期望不高。丹尼尔说："你在19岁的时候没有任何就业机会，特别是当你来自贫困社区的时候。所以你必须做出一个清醒的决定——是去麦当劳工作，还是去酒店换床单。"这对于一个 19 岁的年轻人来说是一个很难做出的决定。他们今天都歌颂工作的美德。除了理发店外，他们还在写一本关于在监狱里面生活的书，他们招收了一个年轻的学徒。杰罗姆说："你来到这个世界上是为了工作，仅此而已。"

非正规贸易价值的另一个例子是，囚犯很难适应出狱后的状态。老人们说，多年监禁后的自由是苦涩而甜蜜的，这是因为他们失去了监狱网络和它所提供的角色与期盼。在新奥尔良中部，我参观了一个名为 "First 72+"（第一个 72+）的组织。该组织坐落于一座曾经是担保人办公室的小建筑里，旨在帮助出狱人员度过他们出狱后最初三天的自由生活。该机构由在安哥拉监狱生活了 26 年的诺里斯·亨德森和当地律师凯利·奥里安斯共同创立，以帮助男性出狱者应对他们在出狱后自身角色、生活目标方面的缺失，并帮助他们重新建立社交网络。

在这栋楼里，在一家为有前科的人而设立的企业家俱乐部里，人们正在开会，一群 30 岁出头的男人正在讨论新的企业。这里的许多人因盗窃或抢劫而在监狱体系里失去了 10 多年的时光，在 18 岁时进监狱而在 32 岁时离开是典型的例子，但今天他们正在讨论如何创业，并就他们的业务交换意见。其中一人最近开始建立一家园艺企业，并表示下一步是购买自己的汽车。另一个人大部分时间都在修理监狱的面包车和公交车，他在新奥尔良开始从事汽车维修生意。除了作为一个聊天和交换意见的地方，俱乐部还为这些人提供种子资金，他们可以利用这笔资金投资一台新机器或工具，并在有收入后偿还资金。在路易斯安那州，有 1/3 的囚犯将在释放后三年内又回到监狱，而这种提供经济可持续发展机会的项目是减少这一令人沮丧的统计数字的重要途径。

俱乐部的另一名男子达里尔告诉我，他小时候唯一知道的生意就是毒品。在监狱里，他参加了正规课程，学习如何制造眼镜镜片，并取得了光学技术员的资格。获释后，他创办了一家这样的公司，并向我展示了他最初设计的厚镜片，根据每位客户的需求对镜片进行加热和塑形的机器，以及各种型号的眼镜框。他说眼镜巨头 Luxottica（陆逊梯卡）拥有许多品牌，包括 Arnette（阿内特）、欧克利、雷朋和派索，这个事实表明该行业迎接挑战者的时机已经成熟。达里尔对行业的了解周密而且富有经验，他的产品看起来既时尚又专业，他的销售额也在不断上升。达里尔和他的企业家伙伴的智慧与干劲是乐观的，但这也是几十年来身陷囹圄所造成的巨大浪费的标志。

就在这栋楼的正对面，一座巨大的新建筑展现了亨德森和奥里安斯等改革者面临挑战的规模。有色窗户在午后的阳光下闪闪发光，占据了天际线的主要位置，它看起来就像是投资银行或是律师事务所的总部。这个闪闪发光的庞然大物是路易斯安那州最新的监狱，1.45亿美元的投资创造了另外1 438名囚犯的关押空间。由于监狱系统人满为患，罪犯在被转移到安哥拉或其他监狱之前，最终会在像这样的当地监狱里待上一段时间。新监狱的公用电话位于窗户附近，从窗户里可以看到佩尔迪多街，这意味着当地家庭可以在这里停车，向里面的亲戚挥手，同时与他们通电话。他们给这种把戏起了个绰号叫"监狱面对面时间"。

事实证明，路易斯安那州是一个结束调查的好地方。本次调查的对象是以令人惊奇的恢复力为标志的三个极端经济体，三个尽管困难重重，但仍存在市场、货币、贸易和交换的地方。除了作为令人难以置信的恢复力的发源地，路易斯安那州还提醒我们，世界上最发达的国家正在走向衰落。驱车离开佩尔迪多街，我来到了杜兰大道。这是一条连接新奥尔良的法国区和61号公路的大道，很容易想象出这样一幅画面：绿树成荫的道路上，播放爵士乐的咖啡馆慢慢变成了布鲁斯酒吧。然而事实上，它是一个令人沮丧的地方，也是经济问题的目录表。公共投资是欠缺的，医院看起来破旧不堪，醉醺醺的退役军人睡在退役军人中心外的一个公共汽车站，法庭看起来像一个监狱，墙壁也很脏。私营部门提供的服务糟透了，除了挂着霓虹灯招牌的肮脏店铺外，什么也没有，这些招牌上满是为等待审判的家属提供债务减免和保释债券的信息。那里有大片的荒地，杂草丛生，垃圾遍地。在主街上有一个如同大型戏水池大小的凹坑，里面全是积水。

经济并不总是会反弹，人们并不总是有韧性。有时会保持原状甚至变得更糟。当我参观世界上最极端的经济失败的例子——达里恩、金沙萨和格拉斯哥时，路易斯安那州的风雨飘摇让我看到了未来的样子。

失败：失去潜力的经济

4 达里恩：偷渡、走私、抢劫兴盛的无人区

贸易会增加贸易，钱也会生钱。因此，只要对这把通向海洋大门和宇宙的钥匙有任何合理的管理，它的所有者就能够为两个大洋制定法律，并成为商业世界的仲裁者。

——威廉·帕特森，《在达里恩建立殖民地的建议》
（*A Proposal to Plant a Colony in Darien*），1701 年

达里恩，你，土地，最贪婪的人，吞掉你的居民。

——弗朗西斯·博兰，《达里恩的历史》
（*History of Darien*），1779 年

孤独的危险之地

高官的烦恼

从很多方面来说，巴拿马的巴霍奇基多有着田园牧歌一般的生活。村子坐落在郁郁葱葱的丛林中，村民们的木屋架在高高的支撑物上，由一个很大的共享房间组成，在厚厚的茅草屋顶下，吊床在微风中缓慢摆动，以便保持屋内干燥。村子建在一座凸起的山丘上，可以俯瞰浅浅的图克萨河，这是一条有着石床的水质清澈的河流。住在这里的人们是原住民恩贝拉部落的成员，他们的小村庄在这片丛林中星罗棋布。巴霍奇基多的居民

最大限度地利用了他们的河流，母亲和蹒跚学步的孩子在浅水处洗澡、洗衣服、玩耍，而远处河岸上的苍鹭则在一旁注视着这一切。再往上游去，一群十几岁的孩子正兴高采烈地用自制的鱼叉抓鱼。一天下来，河岸上摆着一大堆令人难忘的战利品。

村长胡安·维拉斯奎兹正坐在自家门外，滔滔不绝地讲述着他在巴霍奇基多的生活，而他未来的女婿则全神贯注地在一旁听着。这位年轻人来自上游几英里处的一个邻居村庄，当他与胡安的女儿结婚后，他将搬进这里一座新建的房子，建造房屋的钱将通过砍伐村庄周围一些珍贵的硬木材来获得。胡安四个月前刚刚当选为村长，但此时已经被肩上的担子压得喘不过气来，村长的职责既包括村庄的经济管理，也包括村庄的安全管理。有一条很窄的小路从河边一直延伸到小山丘，胡安的家就坐落在这个入口附近。他挥手指着小路解释说："我们在这里感觉不安全，经常有不速之客经过村子。"

从巴霍奇基多到最近的公路要走几天的路程，虽然偏远，但外来者源源不断地涌来。胡安说，他们会在一天中的任何时候到达，而且没有任何预兆。大多数时候只有几个人过来，但有些时候，这个只有300人的村庄会迎来数百人。就在我们谈话时，刚刚离任的村长纳尔逊走了过来。他也认为，外来者及其带来的安全威胁是任何恩贝拉的部落领导人都要面临的主要问题。

仿佛在某种暗示下，胡安的眼睛紧绷起来，注意力也显得集中了。他扬起眉毛，然后看了看我的肩膀，向我轻轻点了点头，示意我也和他一样扬起眉毛。此时，有六个人走进了这个村庄，这些外来者看起来与这里很不协调。恩贝拉是一个矮小而健硕的部族，男人很少超过5英尺，女人则更矮。清晨在河里洗完澡后，大多数男人都光着膀子，穿着尼龙篮球短裤，光着脚或者穿着保护脚趾的简单的手工木底鞋。与之形成鲜明对比的是，外来者又高又瘦，大多穿着牛仔裤和耐克运动鞋。其中一人穿着一件红色的阿森纳足球衫。胡安说："我们不知道他们是谁，也不知道他们来自哪里。"巴霍奇基多是一个位于广阔丛林中的小地方，没有围墙和边界。"如果有人想要入侵这里，我们根本没有办法保护自己。"

我曾前往巴霍奇基多，试图了解达里恩峡谷的经济状况。达里恩峡谷是一片茂密的热带雨林，巴拿马和哥伦比亚正好在这里重叠，南北美洲大陆也在此被隔开。这块鲜为人知的土地之所以成为极端并不是因为它令人惊讶的复苏，而是因为它令人震惊的失败现象。理论上说，达里恩、金沙萨和格拉斯哥应该是世界领先的地方，是无与伦比的繁荣之地。达里恩这片土地蕴藏着巨大的自然财富潜力，包括埋藏在地下的黄金，以及稀有而珍贵的木材，比如遍布原始热带雨林的红木。达里恩的独特之处在于它的地理位置，它是连接美洲、大西洋和太平洋的纽带。这一战略位置意味着达里恩数百年来一直为人所知，早期的冒险家计划在这里建立一个贸易中心，将大陆和海洋连接起来，随之而来的肯定是经济上的成功，使这片土地成为通向"宇宙的钥匙"。

然而，今天的达里恩是一个被遗忘的地方，经济并不发达，如果它为人所知，那也只是因为它面临的危机与风险。在很大程度上，这里是一个规则、监管和政府管理都处于最低限度的世界。结果就是，这里成为一个无法无天的地方，居住着逃亡的男男女女，包括毒品走私者和自由战士，以及原住民部落。这些群体出现在这里是因为热带雨林难以穿越而且具有巨大的价值。热带雨林的面积也在迅速萎缩，全球范围内的森林砍伐也愈演愈烈，2016 年是哥伦比亚和巴拿马有记录以来树木损失最严重的一年，这两个国家本应监管达里恩，但自那以来森林砍伐率大幅上升。我长途跋涉来到这片峡谷，想找出这里为什么没有得到适度的开发，想去见见生活在这个鲜为人知的地理十字路口并从事贸易的人们，并想去理解经济发展情况，去探究是什么原因让贸易非但没有保护这片不可思议的土地，反而将其置于危险之中。

土地的危险与机遇

这个峡谷之所以得名，是因为它是伟大的泛美公路上的唯一断点。据说这条公路长 3 万公里，连接着阿拉斯加的北部和阿根廷最南端的火地岛。事实上，这条公路根本不是泛美公路，因为公路上有一个缺口。北段的终点在巴拿马的亚维萨，南段从哥伦比亚的图尔沃向东 112 公里处开始。达里恩峡谷就位于这两个点之间。这里的风景令人叹为观止，绵延数公里的热带雨林与数百条河流交织在一起，只能通过独木舟和步行穿行其中，它被当地人称为"插头"或"塞子"。

从官方信息来看，达里恩峡谷的 4/5 位于巴拿马，其余部分位于哥伦比亚边境。巴拿马和哥伦比亚之间的边境距离热带雨林只有几天的步行路程，如果能到达那里，你就可以自由穿越边境。但最好把达里恩看作它自己的领地。巴拿马本身连同中美洲都在该地区的西部，哥伦比亚和南美洲则从其东部边缘开始。中间的区域是一个国籍不确定的地方，人们可以随意迁入和迁出。巴拿马的边防部队——国家边境服务管理局，在大多数村庄都有布防，即使在像巴霍奇基多这样的小村庄也有，但在荒野中却几乎没有控制力。这里的农场因建造用于运送可卡因的飞机跑道而臭名昭著。在亚维萨附近，一名当地人指着泛美公路一段笔直的路解释说，当地人知道晚上不要靠近它，因为哥伦比亚的毒品走私者有时会把飞机降落在主干道上。

无论是现在还是历史上，峡谷面临的挑战都是安全问题。它令人生畏的名声在很大程度上源于哥伦比亚游击队在一场持续了 50 多年的内战中的活动。哥伦比亚革命武装力量（FARC）成立于 1964 年，作为当年签署的哥伦比亚和平协议的一部分，于 2016 年正式宣告解散。在战争期间，FARC 以其筹集资金的方式而臭名昭著——绑架，对村庄和城镇征收重税，以及毒品走私。1958—2016 年，哥伦比亚冲突导致约 26 万人死亡，其中约 12% 是 FARC 所为。

这就解释了为什么巴霍奇基多的村长胡安在六个外来者未经通知就来到村子时如此担心，恩贝拉部落最害怕的不速之客是参与毒品贸易的哥伦比亚人。他们称走私者为"山上的人"，并知道这些人通常之前是 FARC 的成员，他们可能携带武器，而且十分恶毒。就在胡安当选村长几周后，一群毒品走私者和巴拿马边境巡逻队在达里恩的丛林深处发生激烈交火，枪战造成四人死亡。然而，其他村庄的情况更糟，大约 16 公里外的佩纳比亚瓜尔村落在一群毒品走私者入侵后被恩贝拉人抛弃。因此，看到六个不知名的外来者走进峡谷里的这个小村庄，足以让人心跳加速。

事实证明，我们不需要对来到巴霍奇基多的新人感到害怕，从茂密丛林中出现的这群外来者不是哥伦比亚的贩毒团伙，而是一群友好的尼泊尔年轻人。与我在峡谷遇到的其他来自印度、塞内加尔、喀麦隆和委内瑞拉的年轻男女一样，他们都是非法移民，试图通过一条残酷并且危及生命的路线前往美国，而达里恩峡谷则是进入巴拿马的一个通道。非法移民和原住民部落面临的挑战是相互关联的，其核心是经济问题。虽然与他们相遇是一个惊喜，但考虑到历史，他们那史诗般的旅程是可以理解的。几百年来，达里恩是贫穷、野心勃勃、被奴役和被剥夺财产的经济开拓者寻求庇护、安慰和重新开始的地方。这些非法移民是把一切都押在达里恩身上的人。虽然对一些人来说，这里未开发的丛林荒野意味着危险，但对另一些人来说，这是一片具有潜力的土地，这种潜力一度使被遗忘已久的达里恩成为英国最热门的话题。

历史上非同寻常的好港口

冒险家

在 17 世纪，英国通过贸易变得富裕起来：无论是从卡迪夫到伦敦，还是从南安普顿到格拉斯哥，每一个地方都有一个繁忙的港口。商人们开始建造豪华的住宅，从海外进口的食品使英国人的饮食得以改善。1585 年从南美洲运来的土豆开始成为主食；在第一家咖啡馆于 17 世纪 50 年代开张后，咖啡馆迅速发展起来；像西红柿和西蓝花这样奇怪而美味的食物也越来越多地为富人和冒险家享用。

除了可以买到和吃到新东西，贸易还带来了大量令人震惊的故事。其中一些故事是关于威尔士人亨利·摩根的，他集结了一支数千人的私人军队，突袭了古巴、巴拿马和委内瑞拉的城市，摧毁了当地的建筑物，并在寻找黄金的过程中折磨当地人。16世纪90年代，当冒险家威廉·丹皮尔和莱昂内尔·威弗的两本书出版之后，贸易和探险故事的流行意味着达里恩变得家喻户晓。这些关于达里恩的书不仅仅是畅销书，它们最终还改变了欧洲历史。

丹皮尔和威弗都是聪明人，塞缪尔·泰勒·柯勒律治称丹皮尔是"头脑敏锐的冒险家"，威弗是一名实习外科医生，他很快就晋升为他所乘船只上的高级医生。威弗书里的描述尤其令人兴奋，这两个人是一个探险队的，目的是徒步穿越达里恩到达太平洋海岸。但不幸的是，一个笨拙的海盗意外射中了威弗的膝盖，并用火药烧伤了他。他被留在丛林中，并与当地部落的人成为朋友，他们把野生植物咀嚼成糊状物治愈了他的伤口。但随后，他们开始怀疑他在近期一名印度导游死亡事件中所扮演的角色，并生起一堆大火要将他活活烧死。威弗通过向部落讲授欧洲医疗方法避免了这个厄运，取而代之的是部落将他誉为半神。在向部落首领承诺他将回来娶他的女儿（这是他离开这里唯一的途径）之后，威弗独自长途跋涉穿过丛林，在加勒比海海岸找到了他的船友，然后启航前往卡塔赫纳，这简直是一个好莱坞大片的剧本。

在原始的达里恩徒步旅行的故事开始在欧洲咖啡馆里广为传颂，令人兴奋不已，这让达里恩看起来像是天堂。在听众的耳中，这片土地上有很多小溪和常年不息的泉水，考虑到土壤的极度丰富性，庄稼可以在土地上茁壮成长。"令人愉悦的树林"被详细分类，那里有许多有价值的木材类型。特别是威弗吃的食物听起来令人垂涎三尺，他描述了烧烤——营养丰富、味道鲜美的烤猪，然后是一天中的终极奢侈品——菠萝，它美味多汁，有些人认为它的味道类似你能想象到的所有美味的水果混合在一起的味道。

达里恩的自然资源让英国人兴奋不已，而它特殊的战略位置在这个贸易和探索的时代则创造了一种狂热。开始出现的记述和地图清楚地表明，达里恩是中美洲地峡最窄的部分，还有大河穿过其中。河流水系让探险家陶醉不已，因为它不仅打开了沿着加勒比海沿岸进行贸易的可能性，而且开启了穿越美洲，在附近的造船和商业中心进行贸易的可能性，比如瓜亚基尔，这些地方当时由西班牙人控制着。一支舰队在达里恩登陆被认为是很容易的，因为在黄金岛的某处有一个很深而且受保护的入口。根据威弗的说法，这是一个非常好的港口。

达里恩如何造就了英国

对达里恩的过多赞誉让一个国家无法抗拒。这让苏格兰的政治家和商人确信，在海外建立一个贸易殖民地将对提振该国萎靡不振的经济十分有利。于是他们迅速会见了威弗和丹皮尔，以了解更多信息。一家为支持这种探险而成立的公司已经从富人和穷人投资者那里获取了 50 万英镑的资金，这大约相当于当时整个国家资本的一半。1698 年 7 月 14 日，由独角兽号和奋进号率领的五艘船组成的舰队，载着大约 1 200 人出发去寻找黄金岛，以建立苏格兰的第一个殖民地。留存下来的日记显示，冒险者对达里恩的美丽深深着迷，威弗似乎是对的。他们将自己的"国家"命名为新喀里多尼亚，并开始建设其首府新爱丁堡。

这充满希望的远征，现在被称为"达里恩灾难"，这也是苏格兰最大的经济灾难。让苏格兰人没有想到的是，带到沿途贸易地点出售的商品——假发、梳子、拖鞋、烟斗，在加勒比海地区一文不值。由于无法实现贸易，他们被迫依靠自己的智慧来获取食物。海里的鱼很多，但每艘船只带了一张小网，而能够捕获并食用的陆蟹数量也开始迅速减少。这些冒险者很快就开始喝酒，并喝光了供应充足的白兰地。一系列疾病——天花、瘟疫、霍乱、痢疾、伤寒、黄热病和疟疾接踵而至。正如一位幸存者沃尔特·哈里斯所言，人们跌倒了，死得像只烂羊一样。

尽管另一支舰队被派去运送补给，但情况变得更糟了。苏格兰人放弃达里恩去了牙买加，但许多人在途中死去，还有一些人一贫如洗，被迫在那里把自己卖了当奴隶。出发前往达里恩的 2 500 名苏格兰人中有 2 000 多人死亡，被派往那里的 16 艘船中只有一艘幸存了下来。对苏格兰来说，这次殖民计划再糟糕不过了。达里恩远征并没有建立一个新的苏格兰帝国，而是导致这个国家濒临破产，于是催生了 1707 年的金融救援计划，这使苏格兰成为英格兰领土的一部分。其他殖民国家——最著名的是西班牙，在这里建立了小型定居点，贸易一度蓬勃发展。现在去达里恩旅行，你会发现这是一片宁静、荒芜、未开发的土地。300年过去了，达里恩仍然没有被征服。

机遇的丧失

在路的尽头

巴拿马城并不漂亮，到处都是看起来很廉价的高层公寓楼，阻塞了交通。当你向东面的达里恩进发时，情况很快就发生了变化。大约30分钟后，建筑物消失了，泛美公路变成了一条单向道路，缓缓起伏，蜿蜒穿过郁郁葱葱的农田。成群结队的秃鹫啃食着被高速卡车碾压过的动物尸体，当我们驱车飞驰而过时，巨大的秃鹫腾空而起。当我们经过一条被压扁的巨蟒的尸体时，我问司机这是一条什么蛇。他耸耸肩说："你不需要知道，你只要在它杀了你之前干掉它就行了。"

这个峡谷以前更宽，在20世纪60年代，泛美公路的终点设在了巴拿马城以东60公里的小镇切波。今天平坦的道路延伸得更远了，在切波之后，与道路接壤的农田被一片又一片柚木树林取代，巨大的树叶形成了一个深绿色的密不透风的"棚子"。有一家人坐在色彩鲜艳的公交车站旁，每个人都尽量避免阳光直射，上午10点的时候已经很热了。男人都戴着由淡黄色稻草制成的太阳帽，上面有深棕色的带子和一个完美的圆形帽檐，帽子前面翻起来就像一个无檐帽。（"巴拿马帽"来自厄瓜多尔。）妇女打着黄色和橙色的太阳伞。每隔1公里左右，就有一个农民，手拿一串香蕉坐在路边卖香蕉。破旧的皮卡车嘎嘎作响，收集完庄稼后返回城市。

几个小时后，柚木树林就从视野里消失了，公路上出现一个大拱门。国家边境服务管理局的警卫穿着漂亮的制服，仔细地检查着过往的车辆。

这个地方叫作"冷水"，实际上是达里恩峡谷的边界，也被认为是巴拿马当局完全控制的领土的尽头。当我们从拱门下面经过后，情况立即发生了变化，光滑的柏油路面变成了一条布满沙砾和灰尘的崎岖小道。这里几乎没有小汽车和公交车经过，路面上主要是工业用车，巨大的卡车载着巨大的深红色树干在路上来回穿梭。许多司机清除了他们卡车的排气管——这是一种给车辆提供更多动力的方法，当它们经过时，引擎发出震耳欲聋的声音。这里是巴拿马的土地，但是已经有了南美洲的风格，男人帽子上的黑色条纹较厚，而且更多的人戴着哥伦比亚风格的下摆帽。在没有任何提示的情况下，这条路在亚维萨河港口停了下来。公路边有一个木制牌子，纪念这里和阿拉斯加之间 12 580 英里连续不断的里程。

河上的浮桥十分繁忙，堆满香蕉的独木舟正在卸货，船上的东西被小心地堆放在停在河边的卡车车斗里。主街大约有 200 米长，两边都是酒吧和台球馆，它们夜以继日地放着被称为"típica"的巴拿马流行音乐。一位当地人解释说，歌手都是男性，歌词总是相似的——关于爱、失去和孤独。亚维萨是一个就业不足的小镇，有很多醉汉和妓女。极其幸运的是，当地还有一位经济学家，他能够通过描述当地道路、河流和港口的分布来解释为何这里曾经是达里恩的经济中心。

从兴盛到衰败

曾在美国学习经济学的 50 多岁的当地人赫梅尔·洛佩斯说，亚维萨最好的日子已经过去了。洛佩斯之前是一名政府顾问，如今他对亚维萨的破败状况感到恼火，并在这里建立了一个社区中心，为当地的企业提供培训和建议。同时他还为位于中心的达里恩博物馆筹集资金。他解释说，这个小镇有着悠久的历史，它的衰落表明了达里恩所面临的经济问题。隔壁是西班牙人建造的堡垒遗址，西班牙人曾在 19 世纪 20 年代西班牙帝国崩溃之前一直控制着巴拿马。当时西班牙官员驻扎在亚维萨，守卫着丛林深处开采出来的黄金，并用船运往下游。由于该地区没有公路，河流便成为主要的运输渠道，直到 20 世纪 60 年代水路运输仍然决定着贸易的流量。亚维萨的地理位置非常好，河流从地势较高的地方流向东北部，最后流到这里，而丘库纳克河更像一条高速公路，将亚维萨与附近数百个小城镇和村庄连接了起来。在亚维萨，商人和批发商会与这些定居点的人们进行贸易，购买各类商品直到他们的大船装满。他们从这里向南航行到太平洋，然后向西，沿着海岸到达巴拿马城。以河流为基础的联系意味着，达里恩不仅可以与其他地方进行贸易，而且它也有自己的以亚维萨为核心的河流经济。

整个镇上都可以看到亚维萨曾经是经济强劲的地方的迹象。但现在这里的人既穷又没有工作，他们衣衫褴褛，无所事事，许多人整天在酒吧里闲逛。主街上的房屋好似迟暮的贵妇，一般有两层楼，二楼的阳台俯瞰着大道和河流。用来当作外墙的木板很厚，切割工艺很好，耐候性也很好，雕刻有复杂的图案。相比之下，新房子又小又便宜，由顶部贴着铁皮屋顶的混凝土墙组成，建造起来几乎不需要什么技术。

亚维萨的港口建于经济景气的时候，对于这个小镇微不足道的现代经济来说太重要了。它坐落在偏远河流的一个弯道上，属于工业设计的类型，有一个大的卸货区和坚固的门式起重机，能够轻松地将重型货物装到在此停靠的大型船只上。如今，传统的独木舟上每隔几个小时就堆上一堆香蕉，这种贸易并不能证明这种基础设施的合理性。一位当地人告诉我，镇上有 30 多家酒吧，因为曾经的港口要比现在繁忙得多。走在小巷里，你会发现大多数地方都是空旷无人的。这是一个建立在失落已久的内河贸易财富之上的荒凉之地，也是一个失去且无法再获得经济网络的失败城镇。这种情况在金沙萨和格拉斯哥都可以看到。当交通方面的创新对亚维萨不利时，财富似乎也开始对亚维萨不再眷顾，它从自己经济体系的中心变成了巴拿马城的远域之地。

为声名狼藉付出代价

洛佩斯解释说，达里恩的坏名声让亚维萨付出了沉重的代价，泛美公路的建成就是一个很好的例子。在听到巴拿马当局决定修建一条连接切波和亚维萨的公路后，当地人担心被孤立，于是要求由两支队伍合建这条新路：一支从亚维萨开始，另一支从切波开始，他们将在中间点会合。但这一请求被忽视了，公路只向一个方向延伸，1963 年从切波开始修建，最终在 20 世纪 80 年代到达亚维萨。这条新路与丘库纳克河平行，当道路到达每个村庄和城镇时，它就成为人们进入巴拿马城最容易的方式，这意味着水运变得多余起来。年复一年，亚维萨的连通性和影响力在不断下降，而东部城镇的影响力却在不断提升。由于大型船只不再需要在亚维萨港口停泊，当地造船工人、机械师、船长、船员和港口工人的就业机会逐渐消失了。

当看着两个年轻船员卸下香蕉的时候，大型独木舟的恩贝拉部落船长解释了孤立无援是经济失败的另一个原因。这些人从峡谷深处的博科库佩村出发，每两周出行一次。他们从当地村民那里以 8 美分的价格买来香蕉，并装在村子的船上，然后顺流而下经过 6 个小时后到达亚维萨，那里香蕉的现行价格是 10 美分。达里恩的其他村庄也在做着同样的事情，这在港口之间造成了激烈的竞争，同时还允许从他们那里购买香蕉的卡车主人来决定他们之间的交易条款。村长说，卡车司机在通常情况下根本不付钱，只有在把水果卖给批发商后才会给村民付款。恩贝拉人抱怨道，当香蕉到达巴拿马城时，它们的售价在 25~50 美分。但如果加上燃料和员工成本，每个水果就只有 2 美分的利润，因此几乎不值得努力。船长遇到的问题是他的供应链很长，而且牵涉的势力很多，每个人都要分一杯羹。当我们仔细考虑他的困境时，他问我们是否知道到巴拿马城的更便捷的路线，这样可以帮助他避开所有的中间人。但亚维萨被困在路的尽头，这是目前唯一的出路。

售卖自然

在一个缺乏就业机会的小镇，亚维萨的人们尽其所能。大多数工作都以某种方式从环境中获取价值。在这个超大的港口，年轻人两两结伴，乘着看起来很薄的独木舟出发，他们的装备只有一支桨和一个塑料桶。他们先从河床上挖出沙砾，然后将其拖上陡峭的河岸。沿着河岸，一堆堆不同品质的沙砾被卖给当地的建筑商，每桶价格只需 20 美分。另一些人则是潜入丛林寻找珍贵的红木。红木是受保护的树种，但当地人知道镇上的商人会买它来进行出口。还有一些农民，他们是迁徙的牧牛人，他们在公共土地上放牛，在迁移到新的牧场前把牛肉卖掉。在上游的峡谷深处，一队人仍在不断地用水和水银冲击河岸，试图从沉积物中淘出宝贵的黄金碎片。环境是一种资产，但对于许多住在亚维萨的人来说，只有靠着破坏环境攫取并卖掉资源才能勉强度日。

当地的罗马天主教神父阿尔文·贝洛林说，由此造成的损害是具有灾难性的长期影响的。他是一名 37 岁的来自尼加拉瓜的传教士，这是他在亚维萨 10 年工作期限中的第六年。他解释说，随着伐木者砍伐树木和农民把丛林变成牧场，丛林正在迅速消退。贝洛林神父喜欢沿河散步，他说在达里恩生活的短暂时间里，这里的情况发生了变化。丛林的消失和不断挖掘河床上的沙砾改变了河流的流向，因此河岸也受到了侵蚀。他的观点不证自明。附近曾有一条沿着河岸的人行道，现在却从悬崖上掉进河里去了，再往上走，曾经是建筑物一部分的混凝土块现在从水里冒了出来。摇摇欲坠的西班牙堡垒离崩塌的河岸很近，看起来它似乎是下一个被摧毁的目标，它已经在那里屹立了近 300 年。

塞缪尔·瓦尔德斯解释说，达里恩土地上明显的环境侵蚀可以用一个更为宽广的角度来观察。在 2016 年之前，瓦尔德斯一直是巴拿马国家保护区的主任，负责监管全国 11.7 万英亩的土地。他说丰富的生物多样性应该成为当地人的经济资源，他还强调了生态旅游和精心管理伐木项目的价值。但是与之相反，他解释称，资源正在以一种破坏性的方式被开发。20 世纪 60 年代巴拿马这一地区的航拍照片显示，茂密的丛林一直延伸到切波，那里曾是达里恩峡谷的起点。随着深入达里恩的道路完工，人们纷纷迁入这里，大片热带雨林遭到了破坏。仅在 1990—2010 年，巴拿马平均每年失去 27 050 公顷的森林覆盖，相当于 75 万个足球场的大小。瓦尔德斯说："在达里恩，环境受损程度堪忧。"

2002—2018 年原始热带雨林年损失量与选定国家的陆地面积如图 4.1 所示。

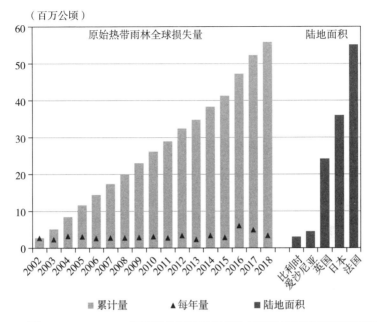

图 4.1　2002—2018 年原始热带雨林年损失量与选定国家的陆地面积

资料来源：世界资源研究所。

丛林的悲剧

自由交换的问题

在本书的第一部分中，社区以自己的方式展现了经济的韧性。人们在这些地方白手起家，建立了一种创新的非正规经济，通常会发明一种非正规货币，重新开始创造市场，并进行互惠互利的交易。这种对经济的重塑能力，无论是由于灾难、战争还是监禁，似乎都是与生俱来的，它展示了一个非正规的或地下的市场如何分配稀缺资源，帮助人们定义角色和身份，并赋予他们生命的意义。

当然也有例外，像达里恩这样的地方表明，非正规经济并不总是良性的。如果没有规章与监管，就会出现破坏环境、降低人类生存价值并破坏其长期前景的市场。然而令人困惑的是，为什么在一个人人都知道环境正在迅速恶化的地区，达里恩人却无法用一种阻止这种悲剧发生的方式来管理经济？几个世纪以来，经济学家一直在担心这个被称为"公地悲剧"的问题。达里恩的采掘丛林式经济就是这些担忧的一个鲜明例证，它还提醒人们，尽管经济学家倾向于能源市场要为创造价值做出牺牲，但不能这样去做。

1932 年，这一事实是由威廉·福斯特·劳埃德在牛津大学的两次演讲中提出的，他说贸易可能是具有破坏性的。劳埃德被任命为英格兰圣公会的牧师，在转向政治经济学之前，他曾致力于研究数学问题，并特别关注人口快速增长的影响。他描述了一块公共土地，农民可以在这块公共土地上自由放牧，同时观察到草地由于过度放牧最终会变得光秃秃。对于劳埃德来说，为什么公共土地上的牛如此瘦小并且发育不良是一个谜题。

劳埃德解释说，问题的根源在于每个农民在决定是否允许牲畜进入牧场时所做的计算。如果农民拥有牧场，他就将考虑其行为的全部影响，他非常清楚每多一头牛就会有更多的草被吃掉，结果就是牛群中的其他成员的饲料会相应减少。在某种程度上，农民知道他的私人牧场已经饱和，在牧场上再增加一头牛会让其他小牛挨饿。由于这是农民直接承担的成本，他将为增加的牛寻找另一块地。

但在公共土地上，计算方式就会发生变化。在牧场里增加一头牛的负面影响不仅仅是针对农民自己养的牛，牧场的损失涉及牧场上的每一只牲畜。由于费用没有完全由农民承担，农民倾向于淡化这一点，并且会在公共牧场上增加一头牛，而不会在自己的私人牧场上增加一头牛。每一个有机会进入公共牧场的农民都会做同样的事情，公共牧场上到处都是牛，草场被过度放牧，结果就是牛出现了营养不良的问题。劳埃德的故事是一个有关农民的假设，也是对今天达里恩的农民使用土地情况的一个完美诠释。

乡村乐观主义者

鉴于非正规的与不受管制的经济是地球上最困难、压力最大的经济体中人们所表现出的韧性的关键组成部分，关于自由贸易经常会弄巧成拙的预言是令人沮丧的。值得庆幸的是，最近，经济学家埃莉诺·奥斯特罗姆的研究提供了一种更为乐观的观点。由于数学能力不够出色，奥斯特罗姆被加州大学洛杉矶分校经济学博士课程拒之门外，转而攻读政治学博士学位。她利用自己的局外人身份，在对非洲、亚洲和欧洲农村生活进行实地研究的基础上提出了独一无二的分析方法，并在 2009 年成为诺贝尔经济学奖的首位女性得主。她注意到，在许多情况下，社区确实会在不消耗它们或者诉诸阻碍贸易的法律或限制性法规的情况下维护好公共资源。她的研究很好地说明了为什么在政府控制之外运作的非正规和不受监管的经济，在一些村庄运作得很好，但在另一些村庄却是灾难性的。奥斯特罗姆特别强调的一个例子，是瑞士阿尔卑斯山地区托贝尔的绿色牧场和茂密的森林，一个巧妙的传统确保了对于森林的保护。森林是村庄冬季燃料的来源，当地人组成一个团队来砍伐树木，搬运木材，把木材堆成一堆，每堆都有一个数字。然后他们通过抓阄儿的方式来决定谁得到哪堆木材。因为每个家庭都不知道他们会得到哪堆木材，所以都会努力劳动，以确保每一堆木材都足够用来度过寒冬。同样，每个家庭也知道，任何过度砍伐都会反过来惩罚他们，因为这意味着来年冬天木材将会减少。这个不成文的传统与激励机制完美地结合在一起，村民既不拿多也不拿少，他们公平地分配并收获了木材。

在日本农村的部分地区，社区公共土地经常使用类似的规范来进行管理。奥斯特罗姆研究的另一个例子是坐落在富士山下湖泊周围的平野村、长池村和山中村。这些社区共享山坡上的森林，森林提供作为燃料的木材、可食用的野味、用于种植蔬菜的肥料（来自森林地面上的腐烂植物），森林还控制着山坡上水的流动以防止洪水泛滥和水土流失。其面临的问题在于，日本从 17 世纪开始经历了由建筑需求驱动的伐木热潮（不断增长的人口需要房屋、寺庙和神社，以及军事防御工事，都要大量使用木材），全国各地的森林迅速变成了荒芜之地，出现了更多的土壤侵蚀，因而山体滑坡也变得更加频繁。因此，村民想出了一个与当地环境相适应的自我约束制度。当地的传统规定了砍伐不同类型树木的确切日期，还限制了采伐窗口期的长度和可以同时参与砍伐的伐木工数量。所以，森林得以恢复，地面变得更坚实，村庄也得救了。

居住在达里恩的村民面临的问题是，他们要么通过进行有利于自身的自由交换而生存下去，要么通过耗尽他们的自然资源而失败。在这里，奥斯特罗姆的研究可以提供帮助，数十年的实地考察使她能够确定一系列支持自我管理的因素，并帮助阻止将森林和河流等公共资源置于危险境地的破坏性交易。划清环境资源的明确界限是有帮助的，因为它准确地划分了什么是私人的，什么是共有的，在议事厅或集会上举行的定期会议要允许村民友好地开展辩论和解决任何矛盾。相对稳定的人口也有帮助，这意味着声誉变得非常重要，在一个人们倾向于待在原地的地方，任何违背当地传统的人都知道他们将面临巨大的代价——在接下来几年里要面对他们邻居的怒火。

总体而言，社区经常保护共同经济资源的事实使奥斯特罗姆对不受监管的市场持乐观态度。不过，她也是一个现实主义者，她注意到，即使非正规的经济体系也很少完全没有规则，既需要"大棒"，也需要"胡萝卜"。例如，日本的村庄有非正式的森林巡逻员，他们在林地上巡逻，实施罚款（通常是以清酒支付），并可以在非砍伐时间没收砍伐树木的设备。奥斯特罗姆还发现，在其他情况下，猖獗的机会主义行为会限制一个缺乏监督和惩罚其成员权力的偏远社区的经济发展，而达里恩存在的问题恰恰是其中之一。

村庄的流动

奥斯特罗姆的第一条规则——应该有明确的环境资源边界——对达里恩起到约束作用。虽然达里恩峡谷的大部分地区允许公众进入，但它并不是完全免费的。巴拿马政府为恩贝拉、乌南和库纳部落保留了被称为原住民居住区的大片土地。虽然外来者有权在这些地区旅行，但公路的不完善，在有公路的地方确实存在的通行费和检查站限制了对资源的过度使用，并且还禁止游客在离开时带走木材、肉类或其他自然资源。木材是部落的燃料来源，出售木材所得的资金被用来支持其他重要开支，比如购买独木舟的舷外马达，以及为新婚夫妇建造房屋时所需的混凝土块和瓦楞屋顶。

为了确保邻近的村庄不会耗尽这些公共区域的木材，专属区域受到许可证制度的保护——规定了每个村庄可以砍伐和出售的木材数量。此外，还有占地 57.5 万公顷的达里恩国家公园，已经被联合国教科文组织列为世界遗产。任何人在这里都不能砍伐最原始的雨林，周围有一个用来避免混乱的保护缓冲区。从理论上讲，这种安排似乎是两全其美的，允许村民自我管理，对自己的土地自由支配，并以贸易上限作为支撑。

虽然理论上官方界限在达里恩可能有很好的效果，但实际上却没有，奥斯特罗姆的许多条件在这里都失效了。当地活动人士赫梅尔·洛佩斯解释说，峡谷并不是一个稳定的地方，而是一个充满人口流动和非法移民的地方。达里恩是一块磁石，是巴拿马唯一有全国各民族代表的地方。洛佩斯说，在这里生活时间最长的是非洲裔达里恩人，他们是获得自由和脱逃的奴隶的后代，社会地位很高，通常拥有或经营企业。散布在达里恩各处的小超市和街角商店都是由华裔巴拿马人经营的，他们是 19 世纪 50 年代被运往这里从事铁路建设和 20 世纪初开凿巴拿马运河的劳工后代。甚至有两个原住民部落也是相对较新的移民，恩贝拉人和乌南人都是在 18 世纪末从哥伦比亚西部迁徙过来的。那些关系比较松散的人包括游牧的牧民和定居者，他们是从北方迁徙来的农场工人。最新到达的是大批哥伦比亚建筑工人，他们在这里修建公路。

共享这片土地的民族之间几乎没有什么感情，非裔达里恩人拥有作为创始人自吹自擂的权利。他们和其他老牌当地人认为经营商店是低级工作，他们看不起从事这些行业的华裔巴拿马人。这种感觉似乎是相互的，在亚维萨的便利店，顾客把钱扔给店主，店主又把零钱扔回给顾客，在交易中没有微笑或寒暄。恩贝拉人和乌南人曾经属于同一个部落，但现在却分裂了，他们都声称对某些领土有使用权，这使他们成为竞争对手。每个人似乎都厌恶西班牙裔的农民和定居者。

　　奥斯特罗姆曾经观察到，在成功的不受监管的市场中，人们会进行合作。但是何塞·金塔纳说，在达里恩峡谷中从事农业或林业的人之间没有合作。他是当地人，拥有一辆四轮驱动的卡车，为亚维萨丛林深处的村庄提供租车服务。最近尼亚姆（一种类似土豆的淀粉状根类植物）的市场价格波动就是一个很好的例子，尼亚姆在 2016 年出现了短缺，农民每卖 100 磅①可收入 50 美元。何塞解释说，为了抓住这个机会，每个农民都种植了尼亚姆，这导致了巨大的剩余，从而将价格压低到了 9 美元。但是，100 磅的尼亚姆需要农民花费 2 美元进行挖掘和准备上市，再花费 2 美元将其运输到内河港口埃尔雷亚尔，另外还要付 2 美元给船长作为将其带到亚维萨出售的费用，考虑到工具和农民自己的劳动付出，9 美元的价格是不值得的，所以曾经是茂密丛林的田地里到处都是未收割的尼亚姆，被丢弃掉任其腐烂。

　　何塞解释说，问题不仅仅是缺乏社区精神，还在于达里恩各个群体都在积极破坏彼此的计划。当我们前往国家公园一个名叫皮吉巴沙尔的恩贝拉部落小村庄时，何塞自豪地朝自己种植了可可树的田地挥了挥手。这些树木再过 15 年就可以砍伐了，而卖木材的收益足以支付他的孩子们的教育费用。但他说，他必须在那之前看顾好这些树木，因为附近的任何人都可能砍掉它们。

　　何塞的担忧给我们上了一课——是什么导致了非正规市场的失败，而这直接来自奥斯特罗姆开创的经济学。即使是不受监管的自由市场也需要一个方向舵，一种社区精神，一种推动凝聚力的共同目标。如果缺乏这一点，就需要一些非正规的监管手段，比如日本的森林巡逻员。然而达里恩峡谷既缺乏凝聚力，又缺乏监督机制，当有人行为不端时，通过法律解决的可能性微乎其微，而邻居也不太可能介入。由于人口流动性太大，当地人往往不知道谁是做坏事的人，并且该地区有很多贩毒团伙和大量枪支，所以更为安全的做法是不要提出任何指控。

---

① 1 磅约等于 0.45 千克。——译者注

树木与枝干

就在皮吉巴沙尔村外，我们终于到了原始热带雨林。它令人着迷，水珠不断地从树枝和藤蔓上滴落，炎热的空气中充满了雾气。此时是正午时分，但这里却显得很黑暗，小路被穿透林冠层的细小光线照射得影影绰绰。地面很光滑，上面覆盖着一层厚厚的腐叶，很容易让你失去立足之地。虽然树根为我们落脚提供了些许稳定性，但我们很快就看到了第一条致命的长矛蛇，在那之后，几乎每个树根都变成了一条危险的"巨蟒"。经过两个小时的徒步，我们遇到了一个由塞缪尔·瓦尔德斯率领的专家小组，他们正在调查巴拿马一些稀有鸟类的栖息地。他说，对自然资源的破坏性开采始于一个矛盾的问题——缺乏伐木设备。像巨型木棉这样的树种，其叶子高高地耸立在树冠之上，可以超过 100 英尺高。这些和其他硬木树种都重得令人难以置信，需要专业的工具才能砍伐，并且只有大型车辆才能将其拉走，但拥有伐木权的恩贝拉村民只有小小的独木舟。恩贝拉部落的村长并没有租用设备或者联合其他村落一起购买设备，而是将他们获得的许可证卖给了专业的伐木公司。有了这份书面文件，伐木公司就有了在保留领地上进行作业的合法权利，他们可以迅速地在丛林深处修建通往最有价值的树种生长地点的道路。一旦到了那里，他们就应该遵守配额，记录下每棵被砍伐的树，并在树桩上留下编号标签。

这就是达里恩的悲剧所在，它不仅提供了非正规市场失败的教训，而且还表明，善意的规则和监管最终可能会放大所造成的损害。当地专家说，一个问题是伐木配额没有得到应有的遵守。当我们走过丛林深处的伐木区时，似乎每十个树桩中就有两个被贴上了标签。洛佩斯解释说，即使配额得到遵守，这个制度也会导致大量的浪费。伐木公司在森林中砍伐木材有重量上的限制，其结果是，达里恩的合法伐木者只拿走最直的树干和最好的木材，这样每棵树只有一小部分被使用，被砍伐树木的剩余部分则被扔在一边。配额制度的目的是保护森林，但结果却恰恰相反，因为伐木公司把这些大树的树枝（它们本身就是巨大的木头）视为垃圾。洛佩斯沮丧地说："走进森林，你就会看到这些树木的枝干躺在地上。"

随之而来的是木材贸易带来的一系列意想不到的后果，每一个都具有负面的影响。在丛林深处，我们发现了伐木公司修建的道路。它们不是我想象的那种狭窄的乡村小道，而是宽阔的加固型道路，便于大型卡车运载木材进出。每条伐木通道都像是一根扎在静脉上的针管，抽干了森林中的生命之血。随着茂密的丛林被摧毁，肆无忌惮的当地人很容易就能找到禁伐的珍贵木材，然后开着皮卡进出运木材。牧民们紧随其后，让他们的牛在以前是丛林的土地上吃草，并且不停地迁徙，这导致了这片森林的毁灭。

认识到森林砍伐的问题后，巴拿马政府从1992年开始实施造林补贴制度。种植树木的土地所有者将获得补贴信贷和减税，以提高木材种植园获取盈利的能力。新出台的《巴拿马第24号法令》将协调公共和私人利益，鼓励土地所有者种植更多的树木，以造福所有人。瓦尔德斯先生解释说，原始的经济手段起了作用，掀起了大规模的重新造林热潮。但该政策设计得很糟糕，只奖励了种植树木的土地所有者植树造林，而没有明确规定必须种植本地树种。他说："种植园并不是森林，现在我们有一个可怕的问题，那就是柚木树。"

在开车前往达里恩的路上要穿过一眼望不到头的柚木树种植园，深绿色的树叶看起来很自然，郁郁葱葱，非常健康。但在热带雨林中睡了一觉，见到当地人，了解柚木树的特性之后，我发现这种植物是令人讨厌的。柚木树并不是本地树种，而是从东南亚引进的。这种树的叶子丰满，蜡质层很厚，大小相当于一个大盘子。这意味着柚木树要从地面吸收大量的水分。在原始热带雨林中，当地的上层树冠有很小的叶子，可以形成多层的次生树冠，藤蔓和灌木丛可以在下面找到足够的光线来生长。相比之下，柚木树巨大的叶子完全遮蔽了阳光，当它们掉落并开始腐烂时，会释放出一种能杀死昆虫的酸液。在柚木树种植园停下来，你会发现树冠下面什么也没有，一片死寂。缺水、缺光、被酸液烤焦，导致这里的土壤干涸。地面看起来好像浇上了汽油，任其燃烧。

巴拿马柚木树的故事提供了更为广泛的经济学教训，一个看似很小的柚木树政策可能会产生巨大的影响。人造市场创造了一个非自然的森林，在《巴拿马第 24 号法令》补贴的刺激下形成的 7.5 万公顷重造林中，柚木树占了总面积的 80%。通过鼓励投资者购买柚木树种植园，政府释放了巨大的外部效应，这是柚木树种植者未曾考虑的公共成本，而这种外部效应是巴拿马人现在和未来通过环境退化所要承受的，这里面的问题远远超出了达里恩的人造柚木树市场。现代经济的许多问题，从过度使用化石燃料到银行资产负债表上危险的债务水平，都不是自由市场形成的，而是人为结果（化石燃料的过度使用和危险的债务水平都像柚木树一样得到了政府补贴的刺激）。对自由市场放任自流会造成损害，而对其进行干预又会放大这种损害。

巴拿马政府偶尔也会带来一丝希望的曙光，其 2015 年成立了一个新的环境部以监管该国的自然资源。但活动家和达里恩当地人担心该部没有实权。"巴拿马"这个词的意思应该是"蝴蝶多"和"鱼多"，但这并没有让住在城市的居民对绿色政策产生好感。近年来，政客成功地推行了明确的反绿色政策，他们认为环境保护不应阻碍经济发展。最大的伐木公司由当权的政客拥有，巴拿马现在向任何愿意对柚木树种植园投资 8 万美元的人出售公民身份。对于生活在这个充满蝴蝶和鱼的国度里的许多人来说，环境并没有什么分量。

最新的冒险家和海盗

名声很重要

对于我在达里恩遇到的许多当地人来说，最大的希望是能够开始以可持续的方式利用自然环境，并建立以生态旅游为基础的新经济。推销该地区的动植物是一个不错的想法，这里是地球上生物多样性最强的地方之一，至少有 150 种哺乳动物、99 种本土爬行动物和 50 种鱼类。鸟类多达 900 种，其中许多在地球上是独一无二的。邻国哥斯达黎加证明，在不破坏自然生态的情况下，将这些自然财富转化为就业机会和收入是有可能的。哥斯达黎加每年吸引 120 多万名生态游客，他们为远足、导游和观鸟买单，带来了超过 10 亿美元的收入。

　　它们之间的差距在于，达里恩是一张白纸。我在达里恩没有看到真正的游客，只有两个嬉皮士，他们的露营车停在亚维萨公路的尽头，还有一个在丛林深处寻找稀有鸟类的鸟类学者。很难获得详细的官方数据，大概在 21 世纪头 10 年的中期，巴拿马每年接待 240 万游客，其中只有 700 人参观达里恩国家公园。洛佩斯说，问题仍然在于声誉。他说的是对的。虽然这里是一个美丽的地方，但众所周知，FARC 所藏身的丛林不是一个可以让人放松的地方。为了从外来者那里赚钱，当地人需要让达里恩变得更加交通便捷而且安全。达里恩最近的探险队——穿越丛林的非法移民的经历表明，要实现这个目标仍然还有很长的路要走。

冒险家与海盗

　　所有前往美国的非法移民都从哥伦比亚边境的卡普尔加纳小镇进入达里恩峡谷。由于哥伦比亚军队和 FARC 之间的战斗，这个小港口以前是禁区，但在 2016 年签订和平协议之后，爱冒险的旅行者又回来了——一些二三十岁的美国人和巴黎人，他们留着稀疏的胡须和细发辫，还有一小群婴儿潮时期出生的游艇水手，他们的皮肤呈现出棕褐色，这是海上漂流几周后被阳光照射所致的。这些西方游客和当地人都穿着短裤和人字拖，也喜欢聚会。雷击顿音乐（雷鬼音乐和家庭音乐的有机融合）也渐渐流行起来。当地渔民早早出海，回来吃午饭，以便及时加入聚会。

　　在这样的背景下，非法移民则形成了鲜明的对比。他们更年轻，大多在 20 岁出头，头脑也聪明得多，穿着牛仔裤和长袖衬衫，头发也剪得很短。许多人都带着一个蓝色或黑色的小型军用背包，背包侧面的口袋里装满了薯片、饼干和罐装苏打水。在一个由追求阳光的波西米亚人和酗酒的渔民组成的小镇上，这些来自印度、孟加拉国、塞内加尔和喀麦隆的年轻人很显眼。他们从卡普尔加纳出发，在没有向导的情况下，在达里恩的丛林中开始漫长的生死跋涉，到达像巴霍奇基多这样位于巴拿马一侧的恩贝拉村庄。

自从苏格兰人在这里折戟之后，试图跨越峡谷就成了自杀式的冒险。正如我在达里恩了解到的那样，现在仍然是这个样子，所以我追问非法移民群体为什么要冒这个风险，为什么他们不到自己国家的大城市去找工作。来自旁遮普的一群人一致说："不可能，那里的腐败太多了。"他们说，找一份薪水更高的工作需要家庭和种姓的关系，无论多么努力地学习，他们在印度也永远不会活得更好。我在达里恩峡谷一侧的巴拿马遇到的尼泊尔人说，在他们国家问题更加严重。阿西姆说："我知道我明天、后天、大后天都可以有饭吃，可是下个月、明年我就不知道是否有饭吃了。"他的叔叔吉德坎是一位种植西红柿的农民，他对此表示赞同，尼泊尔随时可能会食物短缺。尼泊尔人喜欢英国，但他们说，英国很难进入。在申请加入廓尔喀遭到拒绝后，他们决定前往美国。就像那些被莱昂内尔·威弗对达里恩的描述所吸引到这里的不幸的苏格兰人一样，这些年轻人也受到了经济和对更加美好的生活向往的驱动。

从理论上讲，穿越达里恩峡谷在最近几年应该变得更安全了。哥伦比亚政府和 FARC 在 2016 年签署了和平协议，正式结束了武装冲突。政府对该组织进行了特赦，并达成了一项协议，即前 FARC 成员将不会被起诉。由于 FARC 成员没有理由躲在丛林中，危险也会随着 FARC 成员陆续离开该地区而消失。但是 FARC 成员也面临着经济挑战，而且是严峻的挑战。FARC 招募的成员中 40% 是妇女，她们通常很贫穷，而且从未受过教育。由于在丛林中生活了多年，FARC 成员几乎没有什么技能可以在哥伦比亚的正规经济中派上用场。他们也缺乏民众的支持，许多人认为，对 FARC 的全面赦免太过宽容，哥伦比亚最大的右翼准军事组织宣布不会遵守停火协议，将会继续追捕 FARC 成员。这意味着毒品和敲诈勒索等躲藏在丛林中的古老的非法经济很难被放弃。在哥伦比亚，用于制造可卡因的古柯的产量在 2010—2015 年一直在下降。但和平协议也承诺终止毒品贸易，随着这一协议的临近，当地农民在 FARC 的支持下争先恐后地生产最后一批经济作物，古柯的种植量翻了一番。

停火引起的经济波动意味着达里恩峡谷现在更危险了，基洛解释道。基洛是我们在丛林长途跋涉两小时后在护林站遇到的一个鸟类观察探查员，他是观鸟领域一位炙手可热的明星，专门帮助学者和爱好者找到非常稀有的鸟类。他是达里恩峡谷为数不多准备长途跋涉数日进入原始丛林最深处的人之一。基洛注意到了停火以来的变化，他描述了塞罗塔卡库纳山脚下的场景，这是一座位于巴拿马和哥伦比亚边境上的山。他说，停火之前，FARC 一般会在大型营地聚集，但目前小型的 FARC 营地如雨后春笋般涌现在山脚周围。自解散以来，FARC 已经四分五裂，各派系正在为了穿越峡谷运送毒品和人质而相互竞争。这一切都会引发混乱和暴力。我在亚维萨采访的当地人同意我的看法，虽然 FARC 的存在是一种拖累，但至少它是有组织的犯罪活动，其领导人在当地是众所周知的。现在丛林中的"山地人"更像是海盗，会伺机袭击。

达里恩最新的冒险家——来自世界各地的去美国寻求新生活的年轻人很容易成为目标。加甘迪普说，截至目前，在港口和机场发生的抢劫是最严重的问题，30 岁左右的他来自印度的旁遮普。当他们到达哥伦比亚边境时，他们已经通过了许多关卡。无论你从世界上的哪个地方出发，第一个障碍就是利用许多南美洲国家宽松的入境管制进入美国。尼泊尔人通过陆路前往新德里，然后飞往莫斯科，接着是马德里，从玻利维亚的圣克鲁斯进入南美洲。旁遮普人也前往新德里，但首先要飞往亚的斯亚贝巴，然后飞往巴西的圣保罗。从喀麦隆出发的路线途经尼日利亚和科特迪瓦，到达塞内加尔的达喀尔，来自塞内加尔的非法移民则直接飞往厄瓜多尔首都基多。这是一次昂贵的旅行，他们为此存了 2~5 年的钱。旁遮普人预计沿途将花费 2 万美元，其中 1 万美元预留用于美国和墨西哥之间的边境，在这些地方都需要用美元。

致命的达里恩

当最新的达里恩冒险家准备在卡普尔加纳徒步时，他们并没有被风险吓倒，而是采取措施保护自己。来自印度和尼泊尔的人往往是 4~8 人一个团队，在其他团队里的朋友和亲戚则在他们前后几天出发。这一串联系是至关重要的，他们携带智能手机，并使用 WhatsApp 交流有关路线的信息。那些来自塞内加尔和喀麦隆的人单独或成对前来，经常与一个更大的印度或尼泊尔团体合作，并没有任何帮派之争的迹象。当他们来到达里恩峡谷边缘的时候，这些移民已经跋涉 6 个星期了。旁遮普人已经跋涉了 21 000公里，而尼泊尔人则走了更多。经过路途中生活的磨砺，他们因为共同的目标而团结在一起，也都厌恶一路上遇到的哥伦比亚人，这些人在旅途中的每一步都试图抢劫他们。

移民的南美洲之旅的最后一段是徒步穿越达里恩峡谷，从卡普尔加纳到巴拿马达里恩另一侧的恩贝拉村庄巴霍奇基多大约有 50 公里的路程。如果你能做到，那么徒步旅行大概需要 4~8 天。在离开家乡之前，没有一个移民知道达里恩可怕的名声，但在路上他们逐渐发现了这一点。加甘迪普告诉我，在他们之前几周进去的一支队伍是如何经历这段路程的，从 WhatsApp 上传来的消息并不太好，4 个人进去，但只有 3 个人活着出来。他们知道徒步旅行是危险和艰苦的，所以在卡普尔加纳逗留了几天以做好准备，他们很高兴地谈论他们在旁遮普的长途跋涉、打板球和家乡的生活，但这也很难让人放松下来。我去看望那些被困在一间狭小招待所的人，他们很害怕那些在外面晃荡的长相凶恶的哥伦比亚人。

第三天，当我们正坐在那里吃饼干的时候，门突然被打开了，进来的是加甘迪普的弟弟辛格和三个朋友。他们都是 30~40 岁的男人，卷起裤管露出小腿，上面满是深深的伤口、划痕和虫咬的伤痕。他们在结束了 8 天徒劳无功的徒步后回到了镇里，在没有帐篷与防水油布的情况下，在丛林里睡了 6 个晚上。一名当地的哥伦比亚人曾向他们收取 150 美元的向导费，但当他们离开城镇几英里时，他便试图抢劫他们，然后让他们自己找路。当他们长途跋涉时看到了四具尸体，这些尸体背靠着树坐着，双臂交叉在胸前，有点儿像埃及木乃伊的姿势，闭着眼睛。我问他们这些人为什么死了，他们说没有食物与水就会死去。

市场的另一个失败

沿着移民线路在哥伦比亚丛林中走了一小段路后，你就会感受到这些人即将面临的险境。路面很光滑，上面覆盖着蛇状树根，微小的丛林螃蟹会在灌木丛中发出巨大而令人不安的响动。到处都是树叶滴下来的水，但是没有小溪可以喝水。在丛林里可以自给自足的想法在这里就是一个大笑话，我在四次不同的徒步旅行中没有见到一个水果。

市场的另一个失败之处在于，并没有办法通过付费来确保安全地通过峡谷。从尼泊尔经过俄罗斯、西班牙和玻利维亚到加利福尼亚的行程，无疑是地球上最长距离的非法移民路线，而且有一个危及生命的风险——需要徒步经过达里恩峡谷。年轻的移民有献身精神，并有资金来完成他们的行程，而当地人，无论是恩贝拉人还是前 FARC 成员都缺乏资金，但他们对丛林了如指掌，可以出售导游服务，从而让非正规贸易在这里开花结果。但在这个流动性极大的地方，声誉并不重要——交易都是一次性的。奥斯特罗姆担心的负面经济文化——机会主义、愤世嫉俗的行为和不信任在达里恩得到了充分体现。抢劫移民并让他们自生自灭，比把他们带到另一边更容易、更快。

任何合理的管理

苏格兰人曾经在殖民达里恩的计划中承诺，控制这片区域的人们只要能够进行合理的管理，都能变得极其富有。达里恩峡谷无论是在自然还是地理方面的潜力，都意味着它对今天的经济追寻者仍然具有强大的吸引力。尽管如此，今天的达里恩在很大程度上依旧是默默无闻的、被人遗忘的地方。历史上亚维萨曾经是繁荣的内河贸易中心，而今已不复存在。没有博物馆记录下这个令人难以置信的地方的历史，这里也很少有游客。达里恩——一个充满希望和机会的地方，从来没有真正发展起来。

如今，它是一个被经济失败弄得四分五裂的地方。破坏热带雨林的采伐木材市场正是早期经济学家担心的外部性问题，当人们不考虑他们行为的成本时，对市场就会造成损害。达里恩还展示了纠正这些问题有多难，这是一个非正规的、自我监管失败的地方，政府引导市场的官方行动（在这种情况下是指具有破坏性的柚木树补贴）弊大于利。而且，在失去了让每个人都过上更好的生活的安全通道交易的情况下，达里恩证明，至关重要的市场可能无法发展起来。达里恩最重要的教训是，提醒人们不能过度依赖市场，它们可能是具有破坏性的、极其难以纠正的，而且可能无法在最需要的时候出现。

当地经济学家洛佩斯说，在达里恩建立一种不过度攫取的经济模式是可能的，它将从基础设施投资开始，使亚维萨恢复以前作为经济中心的角色。有了适当的电力供应，工厂就可以建立起来并加工木材以获取更多的价值，这将有助于资助那些保护森林和丛林的护林员。这个计划是有道理的。恩贝拉的村长告诉我，他们签署的协议意味着无论是什么品种，他们都以每英尺 14 美分的"混合价"出售原木。但锯好的黄檀（一种红木）的批发价（每英尺 40~70 美元）比"混合价"高出几百倍，所以有人在此大赚一笔。如果恩贝拉部落控制了他们的供应链并出售成品，他们的回报率将会上升数百倍。为了达到同样的收入，他们只需要砍掉一小部分目前被指定用于砍伐的树木。

当我离开丛林深处的巴霍奇基多时，我意识到想改善这里的经济似乎还有很长的路要走。对于恩贝拉的村长胡安来说，满足住房的需求意味着必须以每英尺几美分的价格再砍伐几棵树才能为建设提供资金。几米之外，尼泊尔和喀麦隆的非法移民蜷缩在白色的防水帆布下，在悬而未决的状态中等待着。没有人会说西班牙语，也没有人帮忙翻译"食物""价格""公交车站""危险"等最重要的词语。接下来会发生什么还不确定，但至少他们挺过了达里恩峡谷中最危险的部分，而且从泛美公路沿河而下只有几天的路程。

在达里恩峡谷另一边的卡普尔加纳，旁遮普的跋涉团队还没到，我问他们家里的情况，加甘迪普说："我们的母亲很高兴我们参加了这次旅行。"他的朋友们对此表示同意，并描述了他们未来在加利福尼亚州、得克萨斯州和纽约州的生活计划。加甘迪普用智能手机给我看了他两岁女儿的照片，并说等他到了美国会把钱寄回去，以便他的妻子顺利完成护理学位。有了资格证书，他希望她能够带着孩子合法前往美国。

　　就像我在达里恩遇到的其他非法移民一样，这些人答应带我游览他们的故乡。贾斯敏德在描述旁遮普时说，美丽的国家，美丽的人民，糟糕的政府，并建议我去参观阿姆利则的金庙。由于国内缺乏经济机会，他们被赶进了致命的丛林，但他们仍然是爱国者，说起话来像一个导游专家一样。他们在达里恩是新手，他们询问我一旦通过达里恩峡谷最终可能会到达的巴拿马城镇的名字。我把地图给了他们，然后我们就道别了。

5 金沙萨：极度腐败打造最贫穷城市

在这片神奇的土地上，蔬菜和矿产的种类、价值和数量，与地球上那些最受欢迎的地区是一样的。

——维恩·洛维特·卡梅伦，《穿越非洲》
（*Across Africa*），1877 年

人们不在刚果工作，也不在刚果进行生产，刚果再也无法给它的子民提供食物和衣服了。

——约瑟夫·德西雷·蒙博托，1965 年

经济失败的独特案例

我们正坐在位于金沙萨郊区邦马士的圣保罗教堂院内的一家小咖啡馆里，50 岁出头的罗马天主教神父西尔万·蒙甘博说："我们这里的社会有三个层级。"他解释，顶层是那些担任部长和政府高级职务的人，他们在绿树成荫的贡贝工作，外国大使馆也坐落在那里，他们赚取的工资即使在富裕的国家也算是高薪，刚果民主共和国［以下简称刚果（金）］议员的月薪为 1 万美元，除此之外，还有许多津贴。中层是那些在私营部门有稳定工作的人，拥有自己公司的人或公共部门的工作人员，如警察和教师。这些人勉强度日，几乎没有安全感，所以他们把非正规经济作为后盾。

底层是那些没有正式工作的人，这是截至目前人数最多的一层。这个国家令人震惊的统计数据证实了这一点。刚果（金）的失业率在过去20年里不曾低于44%，大多数年份都保持在60%以上，在糟糕的年份，这一数字超过80%。对大多数生活在金沙萨的人来说，稳定的工作是不可能得到的，所以这些人依赖街头经济。他们做任何能想到的交易，做任何能做的生意。没有失业津贴，失业者也得不到住房方面的救助。他们能活下来真是个奇迹。

根据最新统计，刚果（金）有大约77%的人每天的生活费处于国际贫困线（1.9美元）以下。这里的极端贫困人口比世界上任何国家都要多，这一点毋庸置疑。来到金沙萨的第一天，当我步行前往市中心的市场时，一个大约10岁的女孩走了过来，她穿着一件捡来的女装，这件衣服对她来说太大了，她一只脚穿着凉鞋，另一只脚却穿着拖鞋。在铺在城市地面上的防晒漂白塑料层中，她发现了一个被丢弃的玉米，便扑了上去，狼吞虎咽地吃着玉米棒子上仅剩的几颗玉米粒。金沙萨到处都是流浪儿童和拾荒者，我很快就意识到，对这个城市的很多人来说，每天1.9美元的生活费是一个梦想，他们中的许多人一无所有。

金沙萨的贫困意味着这座城市成为经济失败的独特案例。就如同达里恩应该成为一个陆海贸易中心一样，金沙萨本该成为贸易的来源地，将食品、制成品和自然资源输送到全球各地。

自从在多塞特郡出生的探险家维恩·洛维特·卡梅伦于19世纪70年代穿越中非以来，人们都知道刚果（金）是一个具有无与伦比潜力的地方。卡梅伦在描述中提到，那里的甘蔗、棕榈油和烟草的品质都非常好，几乎所有地方都有能生产橡胶的藤蔓，以及丰富的煤炭、铜和黄金。刚果（金）拥有钻石、锡和其他稀有金属，有世界第二大热带雨林，还有一条年平均流量仅次于亚马孙河的河流。除了这些自然财富，这座城市还拥有许多有助于现代经济繁荣的特质：它与巴黎同处一个时区，这里的人说一种主要的欧洲语言（法语），人口年轻且不断增长。金沙萨不仅不应该是世界上最贫穷的城市，反而应该是最富有的城市之一。

世界正在走向城市化，对于那些关心未来的人来说，迫使一座城市走向失败的因素是至关重要的。然而，金沙萨有些神秘，大多数关于刚果（金）问题的报道都集中在东部戈马附近的战争，或者南部加丹加省周围矿区的欺诈和腐败。这些问题是无可比拟的。但金沙萨离这些地方都有几千英里远，我想了解这个城市居民的日常生活经济，想知道是什么阻碍了他们发展，他们需要什么才能成功。

到达那里几分钟后，事情就变得清晰起来。我在阿兹拉克疲软的市场上看到的那种经济困境，以及亚维萨的萧条贸易，都与金沙萨的故事毫无关系。这个城市的活力与贫穷都是令人难忘的。向南走到贡贝的大使馆和政府办公室，整个城市一片嘈杂。从靠近市中心的郊区班达尔和金坦波，到更远的像梅西纳和恩吉利这样非常贫穷的地区，场景都是一样的，每个地方的每个人都在拼命地谋生。人们在这个也许是世界上最为艰苦的城市里勉强度日，而其中一些人却过得很好。如果金沙萨像传说中那样富有韧性和具有创新性，为什么这里的经济如此疲软？

黄金法则

成为高层人物的"儿子"

33 岁的克里斯蒂安·姆庞戈已经在金沙萨的中心市场工作了几十年，他看上去不错，穿着也很不错。他坐在店铺外的塑料椅子上，穿着一件黑色马球衫，上面还有几块红色和绿色的布条，形状像火焰和藤蔓，一直延伸到胸前。这里的很多摊位都是空的，但从事食品批发业务的克里斯蒂安却很忙。顾客来来往往，订购了 20 千克大米、玉米和糖，这些货物是从阿根廷、泰国和土耳其进口到刚果（金）的。克里斯蒂安用他的母语刚果语温和地发号施令，让一群年轻的搬运工把麻袋拖到顾客的车上或附近的公共汽车站。

克里斯蒂安的成功是关于在金沙萨的艰苦生活中如何创造机会的第一课。他 11 岁时第一次来到这个市场，很快就找到了赚钱的方法。尽管靠近河流，金沙萨仍然没有适当的清洁饮用水供应。贡贝这个富裕的郊区面积很小，几乎各家都没有可以提供安全饮用水的水龙头。销售用小塑料袋装的纯净水是这里的一个主要产业，当时的克里斯蒂安想出了一个以低廉的价格批量购买纯净水的计划，他每卖出 20 袋纯净水就可以赚到大约 1 000 刚果法郎（约合 60 美分）。他一路高歌猛进，先是当了一名市场搬运工，然后开了自己的零售店，最后进入了更有利可图、更稳定的批发贸易领域。他在市中心积累了 22 年的经验，他很乐意解释自己是如何在这里取得成功的。他说金沙萨经济的第一条规则就是腐败。

他最关心的问题是税收，我遇到的每个人都有同感。从小摊贩到超市大老板，从体力劳动者到大学教授，每个金沙萨人都很厌恶当地的税收制度。按照官方规定，企业应该按月纳税。但现实情况是，金沙萨每天至少收一次税，许多地区既有上午税，也有下午税。这一比例很高（官方数据为 54%），但更有害的是所有额外的无证支付。一位经营咖啡馆和超市的老板解释说："每天我都要交税，我必须通过贿赂来换取我缴纳税款的收据，并被迫向税务官员提供一顿丰盛的午餐。"他向我展示了一式三份的每日付款收据，一年交了一千多次税。

在描述他是如何应对时，克里斯蒂安说："为了生存，我必须成为高层人物的'儿子'，一旦我发现有一位新的政府官员在监管市场，我就会打听他的名字，然后去看望他。了解他喜欢吃什么，他的妻子喜欢穿什么，甚至他的孩子们喜欢什么，我一定要把这些都给他。"了解某个高层人物是至关重要的，因为这里的税收就像非法传销，地方官员处在组织的顶端。当资金从他们手中经过时，组织里的每个人都会为自己留一点，如果你处在组织的底部，就会有数百名低级别的税务官员争相索要你的税金。克里斯蒂安的策略是，与那些接近顶端的人建立联盟，省去中间人，以节省自己的时间、金钱和麻烦。他说："如果我的计划成功了，我知道我的企业将会生存下来。但如果我没能让高层人物高兴起来，过几天我就要破产了。"

生来的韧性

这样的故事是令人不安的，因为人们很快就发现，现代金沙萨的人民通常依靠当地的非正规经济作为安全网。通过贸易、易货和交换来恢复经济活力的自力更生哲学在这里是如此普遍，以致它有了一个绰号"第15条"，这是对该国宪法一个虚构章节的讽刺性指代。这个系统也有一个座右铭——"自己设法生存"，通常缩写为"自己应付"或简单的系统 D。如果你想在这里生存，你就要为自己工作，依靠自己解决问题，因为国家不会帮你。几十年前开始流行的这些思想现在仍然是金沙萨所定义的社会精神。

菲菲·贝耶洛经营的小摊位展示了这个系统是如何运作的。她那个简单的摊位位于城市中心市场的边缘，有两张桌子，上面摆放了很多盘待售的新鲜鸡蛋，还有两把塑料椅子，一把给贝耶洛，另一把给她的单身员工，还有两把色彩鲜艳的太阳伞让这里的一切都能在阴凉下。贝耶洛女士40多岁，穿着十分得体，黑色丝绸上衣配着白色牛仔裤，还戴着一条金项链。她已经在这里卖了 15 年鸡蛋，在她和两个孩子的父亲分开时就摆起了这个摊位。虽然市场中心是受监管的，但在边缘地带，你可以很快摆个摊，或者找份工作赚点钱，贸易在金沙萨是一张安全网，她说："当生活变得艰难时，我来到市场上卖东西。"

这里的客流量使它成为一个绝佳位置，当我们谈话时，成百上千的人经过这里，但贝耶洛认为时局艰难。她解释说："这是一个只能勉强糊口的生意。"这些妇女在十年前每天大概可以卖出 600 个鸡蛋，但现在的需求量只有这个数字的一半，其中部分原因在于持续的通货膨胀。（2016—2018 年，金沙萨的房价上涨了 50% 以上。）一托盘 30 个鸡蛋的批发价最近从 5 000 刚果法郎涨到了 7 000 刚果法郎（从大约 3 美元涨到了 4.5 美元），这使摊位上每个鸡蛋的成本超过了 200 刚果法郎。人们带着期望而来。他们认为一个鸡蛋的价格应该是 200 刚果法郎，但是这个价格对卖鸡蛋的人来说就是亏损了。

贝耶洛在解释她必须支付的日常费用时表示，税收是另一个问题。这里的摊位费是 300 刚果法郎，根据当天负责收税的人的不同，销售税可能是 200 或 500 刚果法郎，再加上每天 100 刚果法郎的沙龙费（清洁和卫生费用）。因为每卖出一个鸡蛋只能得到很少的回报，所以需要每天卖出一两托盘鸡蛋才能赚到养活自己的钱。这是仅能维持生计的贸易，随着时间的推移，卖鸡蛋的人积累不到任何资本。贝耶洛说："我们这样做不是为了积累利润，而是为了挣到维持温饱的钱。"市场里的商人缴纳税款和清洁费只换来很少的服务。像贝耶洛这样的摊位不是永久性的，而是脆弱的流动摊位，他们付钱经营的场地只是肮脏轨道的边缘地带，沙龙费就是个大笑话。他们身后的道路位于金沙萨的市中心，看起来就像冬天的农家庭院，厚厚的泥浆可能有半米深。在一个拥有 1 000 万人口的城市里，污泥中混杂着塑料、纸张、金属丝、食物和人类排泄物，一只骨瘦如柴的公鸡正在从中啄食。每隔 100 码 [①] 左右就会在泥沼上铺设木板，这样人们就可以过马路了。

我跟这些卖鸡蛋的妇女说，由于服务质量明显很差，她们可以拒绝缴纳费用，要么通过讨价还价来降低纳税额，要么一直坚持到市场主管部门清理干净为止。她们摇了摇头，贝耶洛说："挑战税务官员是非常不值得的，每天的税额都定得很低，所以我们不能说没有钱，这些问题不值得我们花时间去争论。"这里的外国商人——黎巴嫩餐馆老板、经营电话商店的印度人、中国裁缝都同意这一点。税务员每天都会打电话来，如果你不照做就会给你带来麻烦，所以你必须付钱才能让他离开。

政府的角色需要一段时间才能够深入理解。这个国家往往被视为典型的"失败国家"，西方媒体的报道让人联想到一个缺席或被动的政府，让人很容易把刚果（金）的首都想象成一个有着腐朽的官僚体系、公务员职位空缺的地方。但金沙萨并不是这样的，在当地政府机构很兴旺，林荫大道两旁排列着无数部委的办公室，下班时数千名工作人员拥挤在一起。刚果（金）政府是活跃的，但也是寄生的，腐败的上层建筑经常直接与人民的利益相对立。这里兴起了庞大的非正规经济，建立在"第 15 条"基础

---

① 1 码约等于 0.9 米。——译者注

上的 DIY 文化就是对此的直接回应。

达里恩的失败归根结底是由于经济文化：短期主义、机会主义和缺乏合作。但在金沙萨的情况则有所不同，公众之间是相互信任的，如果把包括教师和警察在内的政府官员用反映不信任度的滑动刻度盘来衡量，那么税务官员一定是刻度最高的。历史在金沙萨产生了强烈的回响，经济上的不信任和自力更生的根源可以追溯到两个人的"遗产"，一个是外国的殖民者，另一个是本土成长的独裁者。

国王和弥赛亚

皇家骗子

金沙萨的基石是谎言和欺骗，这座城市是由亨利·莫顿·斯坦利建立的，他是一名出生在威尔士的记者和探险家，最出名的就是他的那个回应："我想，你是利文斯通博士吧？"1871 年，他在靠近现在的坦桑尼亚边界的地方发现了这位长期被认为已经死亡的苏格兰探险家。斯坦利于1874 年回到了中非，出版了一本关于他的旅行的书，这本书在欧洲很畅销。尽管没有在英国筹足进行第三次旅行的资金，他还是在 1879 年再次出发，这一次旅行是由国际非洲协会（IAA）资助的，这是一家由比利时国王利奥波德二世资助和控制的机构。国际非洲协会宣称，其目标是慈善事业和科学发现。斯坦利在各地修路，还在他路过的沿河设置轮船港口。他决心进入无法通行的地区，基孔戈部落的人称他为布拉·马塔里，也叫"碎石者"。斯坦利于 1881 年在现在金沙萨的地址上建立了一个贸易站，将其命名为利奥波德维尔。

比利时国王通过向更强大的欧洲国家承诺——他将与刚果进行自由贸易，进行土地开发，提供教育，最终实现独立——以换取他来保卫幅员辽阔的刚果自由邦的资格①。但这是他私人拥有的，而不是他的国家拥有的。斯坦利似乎接受了利奥波德二世对刚果自由邦的愿景，英国另一位中非问题知名专家维恩·洛维特·卡梅伦也是如此。卡梅伦长篇大论地讲述了奴隶制和象牙贸易的罪恶，支持利奥波德二世的"慈善事业"，并号召大家团结起来："让那些对科学研究感兴趣的人站出来，支持比利时国王进行统一和系统性探险的崇高计划。"

斯坦利并非圣人，他在书中吹嘘自己在与当地酋长作战时使用的恶毒战术，以及对下属的残忍对待。他也是在独立的非洲国家之间进行自由贸易的坚定支持者，后来成为废除奴隶制的活动家。但利奥波德二世是一个骗子和自恋者，他对人道主义进步、科学发现或自由贸易并没有什么兴趣，而是很快就试图通过象牙贸易来剥削刚果人民和他们的环境资源。最终，对一种新的工业材料——橡胶的需求为其带来了更大的收入。查尔斯·固特异在 1839 年发明了硫化橡胶，接着约翰·博伊德·邓禄普在 1887 年发明了橡胶自行车轮胎，米其林兄弟于 1895 年发明了汽车轮胎。利奥波德二世将殖民地的一部分出售给外国公司之后，保留了大约 2/3 的面积（这个面积是比利时的 50 多倍），这片私人领地由私人军队——治安部队来保护。

在治安部队的支持下，利奥波德二世的手下为刚果人设定了目标，他们强迫刚果人收集橡胶。随着最容易采摘的葡萄藤很快被摘完，定额制变得不可能实现，但治安部队不会让步，他们残忍地砍掉了任何被认为是不够努力的人的右手或脚，或者他们孩子的右手或脚。弹药是昂贵的，因此，治安部队的官员经常要求将一只手作为有人被开枪打死的证据。利奥波德二世统治下的刚果自由邦正在进行一场篮子中盛满人手的大屠杀，篮子中的人手变成了一种怪异的货币，这种货币作为努力工作的证明出现在交易场所。

可怕的谣言开始传到欧洲，1900 年，英国外交官罗杰·凯斯门特报告说，其罪恶的根源在于刚果自由邦首先是一个商业信托，一切都以商业利

---

① 刚果自由邦，由比利时国王利奥波德二世于 1844 年建立，1980 年被比利时政府接管，改成比属刚果。——译者注

益为导向。凯斯门特发表于 1904 年的报告被认为是最早的人权调查之一，到了 1908 年，国际压力最终迫使利奥波德二世将他的殖民地移交给比利时政府。那个时候，橡胶开采已经产生了 2.2 亿法郎（按 2018 年的美元计算，超过 15 亿美元）的收入，并为一场持续 20 年的建筑狂欢提供了充足资金，利奥波德二世对宫殿、喷泉和拱门的喜爱使他在比利时赢得了"建筑之王"的称号。对人口损失的估计各不相同，但最可靠的估计是，刚果自由邦约有 1 200 万人死亡，占该国人口的一半。

从危机到救星

比利时对刚果的控制一直持续到其 1960 年获得独立。为了方便钻石和铜的开采，比利时政府雇用当地人修建了连接主要城市的铁路和连接大多数城镇的公路网。但对刚果人的投资却少之又少，天主教教会提供了大部分的教育，直到 20 世纪 50 年代中期才建立大学。尽管如此，交通基础设施还是连接了这个国家，从文化上讲，金沙萨成了一个地区枢纽，拥有非洲中部一些最早的广播电台和最成功的录音棚。由于铺设的林荫大道、美味的食物和美妙的音乐，这座城市被称为"金拉美人"。一位资深餐馆老板回忆起他年轻时的这个城市说，金沙萨就像一块磁石，如果你有钱，当你在南非生病时，你会飞到这里的医院接受治疗，这里曾经是非洲最好的城市。

在独立后的一年里，金沙萨陷入了被称为"刚果危机"的政治动荡。这个国家开始分裂，矿藏丰富的加丹加和南开赛地区宣称成为独立国家。刚果（金）的首任总理帕特里斯·卢蒙巴和首任总统约瑟夫·卡萨武布来自不同的政党，他们拒绝尊重对方的权威。国外势力也采取行动破坏该国的稳定，受到钻石开采诱惑的比利时人支持分裂国家，而被视为苏联潜在盟友的卢蒙巴于 1961 年被捕，随后被比利时和美国政府资助的刚果士兵杀害。五年来，每一位新的领导人都做出了重大的经济承诺，但税收收入低于产生的支出，而央行又印了新的钞票来填补这一缺口，导致了高通货膨胀。1965 年 11 月，金沙萨陷入另一场政治僵局，军队首领约瑟夫·德西雷·蒙博托在一场和平政变中夺取了政权。

但是蒙博托没有遵循任何现存的意识形态，而是发展了自己的"蒙博托主义"（Mobutuism）。随着时间的推移，变成了一种由独裁政权支持的个人崇拜，使他牢牢地掌控了经济以及更广泛的社会领域。蒙博托采取了一系列他称之为"真实"的步骤，以消除殖民和西方文化对这个国家的影响。他用刚果语中的一个词——nzere，意思是"吞噬所有河流的河流"，想出了"扎伊尔"这个新的国家名字，货币也被命名为扎伊尔。城市和城镇的名称发生了变化——利奥波德维尔变成了金沙萨，斯坦利维尔变成了基桑加尼。时尚也是由命令演变而来的，男士们先是被要求，后来被强迫脱下欧式西装，换成无领外衣。欧洲的教名被禁止，总统将自己的名字改为蒙博托·塞塞·塞科·库库·恩本杜·瓦·扎·邦加，意思是"由于耐力和顽固的意志而不会失败的战士，他的一切都很强大，在从一个征服到另一个征服的过程中留下了火焰"。

"蒙博托主义"在早期是有益的，总统在1967年的夏天启动了以新货币为核心的经济计划。作为经济实力的展示，扎伊尔的发行价格为1 000刚果法郎，正好是美元价值的两倍。为了保护蒙博托的新货币，政府将通过提高税收来控制财政状况，尤其是针对汽车和香烟等奢侈品的进口。蒙博托的经济计划是有意义的，该计划得到了国际社会的赞扬。到1968年，通货膨胀率下降到只有2.5%，在蒙博托的强迫下，企业加薪10%或更多，公众的消费能力得到了提升，经济在一年内增长了8%。人们给蒙博托起了赞美性的名字：总统被称为"向导""领袖"，甚至"弥赛亚"。然而，在接下来的30年里，蒙博托的政策导致该国出现了比20世纪任何其他国家都严重的经济衰退。1960—2016年刚果（金）的GDP情况如图5.1所示。到1997年，总统计划的标志性基石——扎伊尔货币贬值了99.9%。总统在枪林弹雨中乘飞机逃到摩洛哥，由于患有前列腺癌，他不久就死在了那里。

取而代之的是卡比拉家族的统治，洛朗·德西雷·卡比拉在1998年的一次军事政变中接管了政权，但他在2001年被暗杀，他的儿子约瑟夫·卡比拉开始掌权。在18年的统治之后，由于长时间违犯宪法，约瑟夫·卡比拉终于在2019年1月下台，取而代之的是反对党民主与社会进步联盟的领导人菲利克斯·齐塞克迪。尽管失去了总统职位，约瑟夫·卡比拉仍然与他的联盟刚果共同阵线掌握着控制权，控制着84%的参议院席位、超过2/3的国民议会席位和总理职位。尽管卡比拉家族的影响是长期和持续的，但在金沙萨人的眼中，蒙博托是最理解金沙萨的人。蒙博托的经济使这座城市经历了两次暴力破坏，并催生了一种自力更生的文化，这种文化既引人注目，又弄巧成拙。

（2010年不变美元，从1960年为基数100）

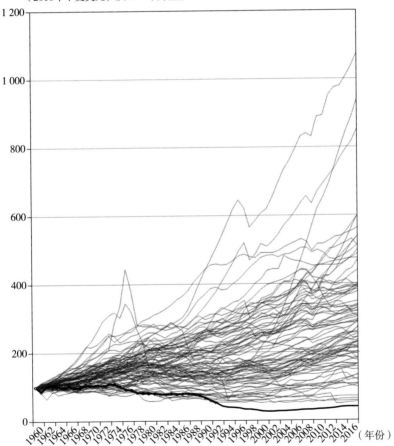

图 5.1　1960—2016 年刚果（金）的 GDP

注：黑色线是刚果（金），灰色线是其他经济体，刚果（金）处在最底层。

资料来源：世界银行。

毁灭的教训

蒙博托经历的第一次经济失败源于一项灾难性的农业政策，这导致刚果（金）这个粮食出口国，变得依赖昂贵的外国进口。其核心是国家控制农产品价格。当时的想法是，农民对价格的反应并不敏感，给他们很少的钱就可以获得从农村内部流向城市的主食（木薯、玉米、大米、山药）和工厂原料（棉花、棕榈油、棉绒）。随着农作物价格的降低，食品价格也会降低，这使企业家能够支付较低的工资，而不会引起工人的不满。随着国家的工业化，利润将会获得提升，可以用于再投资工厂和机器。

整个中非地区都在进行这种经济发展的尝试，但蒙博托把它发挥到了极致。玉米的价格被定为每公斤 2 美分，因此几块年产 625 公斤玉米的田地的年收入只有 12.5 美元。考虑到它的种植时间，每天的收益大约是 6 美分。随着产量开始下降，蒙博托诉诸强人策略，对未能完成产量指标的农民处以罚款和监禁。但农村家庭无法靠这些收益生活，因此停止种植这些作物。种植棉花的家庭数量从 1960 年的 80 万户下降到 20 世纪 70 年代中期的 35 万户，他们的棉绒年产量从 6 万吨下降到 8 500 吨。蒙博托的政策并没有确保金沙萨的亚麻布工厂获得廉价的原料，反而迫使他们从国外进口昂贵的亚麻。棕榈油、玉米和大米也出现了类似的情况。20 世纪 70 年代末，由于政府指定的价格太低，不足以支撑其收成，玉米在农村地里烂掉了。与此同时，该国持有的少量外汇不得不用于金沙萨的进口食品。

蒙博托的第二项经济政策几乎完全消灭了该国的工业。他的伟大构想是金沙萨将成为依靠因加瀑布大坝水电能源的制造业中心。因加瀑布位于首都金沙萨西南约 200 公里处，因加河的流量是每秒 4 200 万升水，仅次于亚马孙河，而且由于它离赤道很近，所以更可靠。大坝的目标是使用涡轮发电机，为金沙萨提供地球上任何一个主要城市中最便宜、最可靠的可再生能源。能源密集型的外国企业，例如铝冶炼厂将迁至金沙萨，金沙萨将在马鲁古拥有自己的钢厂。一套输电线系统将把电力输送到东南部的沙巴地区，这意味着扎伊尔的矿业也会蓬勃发展。

外国顾问，尤其是意大利和日本的顾问，蜂拥而至，为蒙博托的基础设施项目提供咨询。外国公司抢购合同来完成接下来的工作。为了支付蒙博托的账单，扎伊尔大量举债，计划利用国家矿业总公司的收入来偿还债务。同样，该计划也有一定的意义，总统抵押了一项资产，即采矿业，以投资于其他资产——大坝、电网和工厂。西方制造商雷诺、通用汽车和英国利兰都在金沙萨周围建立了汽车厂。一家德国公司建了一个巨大的水泥厂，新建的啤酒厂、纺织厂和烟草厂拔地而起。蒙博托把私人投资与他自己的更多投资匹配起来，为扎伊尔航空公司提供新飞机、升级机场，为国家航运公司提供现代化的油轮。制造业占到了全国产出的 11%。扎伊尔的地区竞争对手——尼日利亚的这一比例约为 3%。

弥赛亚和市场

蒙博托的政策从 20 世纪 70 年代中期开始瓦解，他早期的失败提醒人们多元化的重要性。早在 20 世纪 50 年代末，刚果（金）就同时出口农产品和矿产，因此外国收入有几个不同的来源。蒙博托农业政策的失败是由于扎伊尔的成功完全依赖于铜，他的计划实质上是押注收入将保持稳定，并为所有新投资买单。然而，这个赌注没有得到回报，全球铜价从 1974 年的每磅 2.2 美元跌至 20 世纪 80 年代中期的不到 1 美元，这损害了国家矿业总公司的收入。第一座因加大坝于 1973 年完工，第二座大坝和为矿井供电的输电线路于 1982 年竣工。由于政府缺乏维护的资金，大坝的容量迅速减少到承诺容量的一小部分。

马鲁古钢铁厂于 1975 年竣工，造价 2.5 亿美元（由意大利和德国公司出资）。该厂的总产能为 25 万吨，由于国内需求只有 3 万吨，预计将有大量出口。但蒙博托和他的外国顾问都没有考虑过铁矿石从哪里来。由于缺乏这一至关重要的投入，钢厂使用的是废金属，钢材质量低劣且价格昂贵。马鲁古钢厂的产量在 1975 年达到顶峰时也只有总产能的 7%，到 1980 年则降至 3%，在缺乏电力和原材料的情况下，在 1986 年产量为零。

金沙萨本应该是一个靠廉价电力运作的沿河工业中心，有些人甚至将其与德国的鲁尔相提并论。但它最终变成了一个被失败的投资项目包围的城市，一个不断停电的大都市，在这里以 10% 的产能运营一家工厂是标准做法。蒙博托的农业和工业计划的失败已经摧毁了这座城市，到了 20 世纪80 年代中期，该市的生活水平比总统开始掌舵时低了 3/4，金沙萨已经濒临崩溃了。

掠夺

让金沙萨的人们为他们记忆中这座城市最糟糕的几年命名，你得到的答案都是一样的——"掠夺"。在 20 世纪 90 年代初，这座城市被洗劫了两次，城市陷入混乱导致数百人丧生，生锈的工业基地化为乌有。他们是如此冷酷，以致形成了一种衡量其他一切的底线。在这两次事件中，都是国家公职人员——军队摧毁了这座城市的大部分地区。

对金沙萨的第一次掠夺发生在 1991 年 9 月。包括军队和警察在内的公职人员一直在忍受着政府无法支付他们工资的痛苦。起义始于市中心东南 25 公里处的恩吉利国际机场，并蔓延到主要的军营——科科洛营地。大约 3 000 名伞兵参与了暴动，砸碎玻璃进行抢劫，许多希腊、黎巴嫩和葡萄牙商人的商店成为袭击目标。不久之后，民众也开始加入，到了第三天，已有价值约 10 亿美元的财产被损坏或摧毁。随着金沙萨处于无政府状态，法国和比利时军队开始介入，让这座城市恢复平静，并疏散了外国人。当地人说，第二次抢劫更糟糕，它是由总统经济体系的基石——货币的最终失败引发的。刚开始的时候，蒙博托的货币非常坚挺，1 美元只相当于 0.5 扎伊尔。但只要有需要就不断印钞的做法导致了持续的通货膨胀，使货币变得几乎一文不值。到 1993 年初，1 美元相当于 250 万扎伊尔。

蒙博托又一次没有足够的资金来支付工资，他要求中央银行设计一种新的价值 500 万扎伊尔的高面额纸币，并印刷足够的货币来支付军饷。但在 25 年后，这种让货币贬值以支撑其政权的伎俩突然失效了。一个政治对手宣布蒙博托的新纸币将导致更高的通货膨胀，金沙萨的店主们对此赞同，开始拒绝接受新货币。发现他们的工资一文不值后，军队又开展了另一场更具侵略性的暴动，造成 2 000 人死亡，城市的工厂和仓库被摧毁。

法国驻金沙萨的大使被害，他国的外交官和国际机构的官员也纷纷逃离。这个国家已经脱离了全球经济。该国人均收入在 1970 年超过 1 000 美元，当飞机将蒙博托送往摩洛哥时，人均收入已经降到了 360 美元以下。

流动经济：潜规则与山寨市场

总之，在这个国家什么都可以买到，什么都可以卖。在流动的过程中，任何拥有公共职权的人都在非法地利用它来获取金钱、商品、声望或逃避义务。被公职人员承认的权利、子女入学的权利、获得医疗照顾的权利……都要缴纳这种税款，这种税虽然看不见，但却是大家都知道的，也都是大家所期望的。

——蒙博托·塞塞·塞科，1977 年

如何巧妙地偷窃

蒙博托对金沙萨还有一个经济遗产——对腐败的惊人看法。这位独裁者声称要谴责腐败，但却表示少量贪污也可以成为合法的收入来源。在一个没有反对派的国家，他的言论具有法律地位，他在发言中对公职人员如何从公共事务的"流动"（在蒙博托最初的法语中是"交通"）中获得好处给出建议。他给出了关于避免公众强烈抗议的戒律，他说："如果你想偷窃，就用一种巧妙的方式偷一点儿。"他并没有把这个建议放在心上，他积累了约 50 亿美元的个人财富，正如一位美国政治家所说，他设立了一个新的标准，所有未来的国际盗贼都必须接受这个标准。他穷奢极欲的顶峰是巴多利特，这是他在扎伊尔东北部的出生地附近建造的总统庄园。这个被称为"丛林的凡尔赛"的庄园有三座宫殿和一条足够长的飞机跑道，足以让他从法国航空公司包租的协和式飞机降落。他在巴黎进行疯狂的购物和牙科预约，著名的糕点师带着生日蛋糕被空运过来。在 1982 年的一次旅行中，他带着小圈子里的人去了佛罗里达州的迪士尼乐园，据称在旅行期间花费了 200 万美元，其中包括国际捐赠者的援助资金。蒙博托的理发师住在纽约，每两周坐头等舱去一次金沙萨，蒙博托在理发上估计每年花费 13 万美元。

喂马

把蒙博托的公共事务"流动"变成金钱的大师是这座城市的警察，他们无处不在：每个街角、每个交通枢纽、每个超市外面。他们看起来很时髦，戴着宝蓝色的贝雷帽，穿着长裤，天蓝色的衬衫上有肩章，左臂上戴着一个盾形的大徽章，中间是国旗上的金星。交警更引人注目，他们在制服上套着一件亮橙色的背心，级别高的交警戴着遮阳帽。金沙萨的司机需要警察，这里有一种开车如乌鸦飞翔的文化，这里的道路可能导致在高速公路上逆行或绕着城市的四车道环形交叉路口朝错误的方向行驶。但是警察的工资很低，每月大约 50 美元的工资意味着他们处于国际贫困线以下，他们花了很多时间寻找增加收入的方法，他们称之为"喂马"。

基本的诀窍是设置路障，我在这座城市的每一次旅行中都遇到过至少一次路障，有些则有很多次（在从贡贝到金沙萨大学的一次短途旅行中，我们被拦停了四次）。他们是低调和非正规的，一个小队通常由五六名强壮的警察组成，在一条主要道路上设置一个简易的金属栅栏，以确保车辆必须排成单行缓慢通过。任何人都会被拉到路边接受询问，并被要求出示证件，同时他们的车也会接受检查。在这个游戏中没有获胜的办法，即使司机的相关文件都准备好了，警察也可能出具额外的表格。一群出租车司机告诉我，即使他们的车状况良好，他们也会被告知车灯或后视镜"看起来可能很快就会坏掉"，并因此被罚款。罚款的金额是当场计算的，如果我们被（错误地）指控闯红灯，罚款便为从 1 000 刚果法郎（不到 1 美元）到 2 万刚果法郎不等。交涉大多是友好的，但事情也可能会变得很糟糕。有一次，一名警察似乎拉拢了一群当地的无赖，他们中的许多人似乎喝醉了，其中一些人有步枪，来负责管理一个大型路障。这似乎超出了金沙萨人所能容忍的范围，人们开始对警察大喊大叫，要求知道他们的制服在哪里，然后每个人都开车离开了。

这种罚款远远超过了金沙萨司机必须支付的小额款项。因为交警是如此有利可图，所以警队的其他部门都很想参与进来。2018 年夏天，一项新的法律禁止无标志的出租车上路，要求所有出租车都必须带有该国国旗上的红、黄、蓝三色。这给交警创造了一个机会，在法律生效后的日子里，任何开小车的人，包括我在内，都会被拦下，并被指控非法开出租车（警察无视外交官和援助人员，他们都开丰田兰德酷路泽）。因为不可能确切证明自己没有开出租车，所以大多数人都交了一小笔罚款才能重新上路。发现了这个宝贵的机会后，来自武装反应部队、身穿防弹衣并配备机关枪的特种警察分队，决定参与其中以帮助新法律的执行。他们的动机是获得收入，而不是道路安全，这意味着放弃他们所接受的训练和精良装备以及应承担的责任。金沙萨的交通税对警察产生的磁力效应表明，即使是低级的腐败也会因鼓励公共资源的不当分配而带来严重的代价。

DIY 的超大城市

对金沙萨人民来说，每天的挑战是避免税务官员、交通警察和其他方面强加的费用。要想出人头地，首先要从个人问候开始，在与任何政府官员打交道时，都必须用斯瓦希里语，这是一种植根于数千英里之外的东非语言。使用斯瓦希里语在金沙萨是一个信号，据说蒙博托偏爱说林加拉语的人，自从他去世后语言偏好转向了东方，来自远东地区的卡比拉家族任命了与坦桑尼亚和卢旺达有联系的部长、保镖和顾问。20 多年来，这种对东部的偏好已经渗透全州，以致即使部委里的低级别办事员或港口保安也会使用斯瓦希里语，或者会将其视为接近总统的标志。对话以正式的问候语 "Salama" 开始，官员们对此倾向于回答 "Pole Pole"，字面意思是 "慢，慢"，这在金沙萨意味着 "需要解释你在做什么，给我一些现金"。

有很多方法可以避开贪婪的税务官员，自由市场是这个城市最大的正规市场，是为了纪念洛朗·卡比拉以及庆祝蒙博托独裁统治的结束而建立的。约翰·克里司朵夫·卡布萨解释说，税收会影响摊位的建造方式，他是一个 30 多岁的裁缝，他的缝纫机用螺栓固定在一个从下面的木质桌面上切下来的长方形部分上。这意味着当他们不缝制衬衫或衣服时，可以把机器从桌子上抬起来，旋转 90 度，这样它们就不会再与工作台平齐，也不会固定在一个位置上。卡布萨说："当生意不景气的时候，我们需要证明我们没有在工作，如果我们不这样做，他们就会向我们征税。"当我们交谈时，他小心翼翼地把自己的缝纫机调到"关闭"的位置。

其他人则试图通过联合起来组成行会或协会来阻挠政府。在靠近市中心的繁华地段班达尔，一个公共汽车司机工会的领导人解释了他们的困难。随着刚果（金）货币的贬值，进口燃料的成本在过去一年里飙升，这意味着他们负担不起警方捏造的罚款。因此，他们组织了罢工，这使金沙萨陷入了停顿，直到公众的强烈抗议迫使警方让步为止。再往外走，马塔迪路往往是外来者到达金沙萨的第一个停靠点。这里最好的生意之一是卖床垫，年轻的企业家格洛德·南贝卡说，每个人都需要一些东西来睡觉。南贝卡以 10.8 万刚果法郎（约 7 美元）的价格出售一张双人床大小的泡沫块。他解释说："床垫销售商之间存在激烈的竞争，但他们会联合起来与税务官员作战，我们互相竞争，但税收可以打败我们。"形成合作意味着可以免于成为高额税收的受害者。这些创新战略最终是经济上的扭曲，反映出人们花时间想尽办法避开税务官员，而不是开车拉客人或向客户推销东西。

山寨市场

在金沙萨待了几周后，我开始意识到，整个地方就是一个巨大的市场。一条又一条的街道，一个接一个的地区，城市里挤满了小贩，所有城中村都相互交错在一起。下午这里的每个角落都很相似：太阳开始下山，灯光变成深橙色，各种摊位都冒了出来，准备迎接通勤高峰。没有平坦的道路，缺乏可靠的公共交通，以及警察路障引起的持续骚动，导致回家变得十分艰难。非正规经济通过把道路变成超市通道来促使城市运转。无论你住在这个城市的哪个地方，无论你在哪里工作，任何可以想象到的食物和衣服都可以在回家的路上买到而不用绕道而行。

在下午的交易中，没有一块土地是被浪费的。在每条路上都有妇女铺着毯子，上面摆着巨大的棕色木薯块茎，还有 chikwangue（一种用树叶包裹木薯而制成的面包）。这里有淡白色的咸鱼和黑色的熏鱼，还有种类繁多的水果。男人在车流和人流中穿行，提供袜子、领带、仿名牌牛仔裤和三件套西装。这里有成千上万的擦鞋匠，甚至还有更多卖水的人。其他小男孩则充当流动药剂师，提着装满药草和根茎的篮子，咀嚼这些药草和根茎可以防止感染。一些男人使用小木盒来提供价值较高的物品〔如 SIM 卡（用户识别卡）、电话或银饰品〕，这些小木盒集陈列柜、办公室和收银机功能于一身。

所有这些活动都被国家禁止，国家已经宣布这些山寨市场是非法的。但是就像扎塔里难民营的非正规市场和路易斯安那监狱的地下贸易一样，金沙萨的摊主对那些破坏他们基本需求的经济规则不予理睬。这就是为什么设计一个弹出式的摊位是如此重要，如果警察或其他政府官员来了，他们可以在一秒钟内消失，这样可以避免无论是正规的还是腐败的税收款项。在这场猫捉老鼠的游戏中，有数千名警察，还有数百万名商人，商人获得了胜利，这使金沙萨成为一个巨大的山寨市场。

妮科尔·布旺加和查伦·马塔多解释了盗版贸易商的生活，最好的经营场所是在正规市场附近或里面，以便最大限度地利用客流量。当我见到她们时，她们都 20 多岁，在自由市场里开了一家店。她们的经营设备包括三个大的圆形塑料洗涤盆和三个大袋子。每个袋子里都装满了黑色的泥炭，里面有一大堆蠕动的昆虫，它们被挖出来放在展示碗里出售。妮科尔说，这个行业的女性被称为"妈妈姿势"（Mama Pose），这是以她们出售的一种幼虫的名字而命名的（摆姿势的是棕榈象甲的幼虫，有成人的小手指长，但更胖，有一个小黑头和胖乎乎的白色身体）。她们还出售 makoloko——一种比拇指还大的巨型毛虫，以及更小、多毛、发光的 mbinzo。妮科尔示范如何用这种摆姿势的虫子来作为食物，她假装拔下它的头，挤出其内脏，然后在想象的平底锅里油炸它。她小心翼翼地不让蠕动的虫子被损坏，虫子又回到了盆里蠕动的团块里。

这些妇女解释说，卖虫子是一项很好的生意。这些虫子是一道美味佳肴，可以与洋葱、西红柿和香料一起油炸，以作为款待客人的菜肴。这反映出它们的美味以及稀缺性，它们的要价很高，一小勺蠕虫的价格是4 000刚果法郎（约合2.2美元）。卖虫子的业务知识——幼虫和毛虫的最佳来源是家庭传承下来的。妮科尔解释说："我父亲教会了我这种交易的运作方式，但它也很脆弱。"这些妇女从班顿督来到金沙萨为她们的虫子寻求更好的回报，她们住在该市最贫穷的社区之一马西纳。她们有9个孩子要抚养，其中包括正在帮助她们干活的妮科尔的小儿子尼尔斯。妮科尔说，她们来到这座城市，以为生活将会很轻松，但做"妈妈姿势"这行却很难。

她们面临的一些问题在任何经济体中都很常见。就在我们谈话的时候，另一群年长的女性对妮科尔发表了不友好的议论，并声称这个市场是她们的地盘。卖虫子是有季节性的，现在是6月下旬，也是最干燥的月份，日子尤其艰难。这些妇女解释说，她们的供应商从她们的家乡班顿督的树木上搜集虫子。班顿督大约在400公里之外，靠近开赛河。但由于土地干燥，现在很难找到虫子，这推高了批发价格，降低了她们的收益。

其他困难是金沙萨特有的，这源于该市扭曲的经济规则。这两位女士说，由于学校的考试，夏季对每个交易者来说都是艰难的时期。学校毕业证书的非正规市场对金沙萨的经济产生了影响。孩子们需要毕业证书，这为要求付费的学校创造了一个机会。随着家庭收入被转移到购买这些证书上，连锁反应是市场上的支出下降。妮科尔耸了耸肩说："人们觉得虫子的价格太高了，父母都给孩子喂米饭和豆子，直到能够买得起毕业证书为止。"

盗版商人在市场内经营可能会被处以重罚，因此这些妇女一直在提防着。就在我们谈话的时候，查伦四处张望，扫视着走道上的官员。为了避免罚款，她们需要移动起来，迅速将一盆盆幼虫倒回麻袋里，然后前往一个新的地点。这种销售方式是不稳定和不确定的，我问她们是否可以将生意正规化，在市场上获得一个正式的位置。她们都摇了摇头，她们只需要一个很小的经营地点。正式摊位每平方米每年将收取300美元（官方价格接近100美元，但回扣推高了价格）。然后还有官方的日常税收，用于取悦官方官员非官方的额外支出，以及给市场官员提供的廉价的虫子。

对于那些没有受过教育或没有熟练行业知识的人来说，最容易找到的工作就是以某种方式为通勤者提供服务。每天都有数百万的金沙萨人前往市中心，数以千计的人通过林加拉语中所说的 "ko teka ndambu-ndambu"（拆分业务）中的工作而获得收入。街头小贩购买了大型批发商的水、花生、纸巾、香烟，然后把它们分成小份，在上班族通勤途中进行销售。小贩生活的最底层似乎是专为女性保留的，她们的拆分业务是从睡袋大小的大麻袋里筛出 500 克重的木炭，然后装进小塑料袋里作为烹饪燃料出售。就像在市场边缘的盗版交易一样，这些小贩在金沙萨随处可见。在某种程度上，他们是经济交易大军的一部分，也是独来独往的劳动力，这种非正规行业的 80% 以上是由个体贸易商支撑起来的。

交易风险

更为先进的盗版商是通过帮助抵消刚果（金）官方货币的波动从而在金沙萨赚钱。外汇交易员在这里甚至比卖水的和擦鞋的小孩更为常见，你可以在任何正规商业机构的门口发现这群人在塑料椅子上坐着。在繁忙的马塔迪路上，外汇交易的负责人是一位 30 岁出头的男子——被称为"总统"的库塔米萨·帕皮修。像其他人一样，最开始他通过在街上卖纸巾从事拆分交易，攒钱买了他的第一部价值 15 美元的爱立信手机。他笑着说那是块"砖头"，但他的一位邻居很喜欢这部手机，出价 25 美元买了下来。不久，库塔米萨就建立了买卖二手手机的生意。事情进展得很顺利，他用赚取的利润上了大学。他说："但我不得不停下来，在我上课的时候，我的员工都在图谋我的收益。"后来他放弃了街头交易的生活，转而从事外汇交易。就像销售小包清洁水一样，这一行业也源于严重的短缺——缺乏稳定的货币。蒙博托时代失控的通货膨胀和快速的汇率贬值在现代金沙萨仍然可见。2016 年年中，1 美元可以兑换 900 刚果法郎，到了 2018 年夏天，几乎一半的刚果法郎价值蒸发掉了，1 美元能兑换 1 650 刚果法郎。

这给金沙萨的居民带来了一个问题，他们需要刚果法郎来支付包括税款在内的任何合法交易，但他们知道，刚果法郎随着时间的推移会迅速贬值。因此成千上万的外汇交易员促成了一种非正规的双货币体系。人们的钱包里既有美元，也有刚果法郎：美元是用来储存长期价值的，刚果法郎是用于小额日常交易的。例如，当购物者去市场或餐馆时，他们首先会停下来，从坐在外面的外汇交易员那里买一些刚果法郎。

外汇交易员解决了公众的货币问题，并通过优惠的汇率买卖来谋生（2018年夏天，大多数人以1美元兑换1 620刚果法郎的价格买入，以1美元兑换1 650刚果法郎的价格卖出）。他们的工作风险很大，需要持有大量不稳定的货币，因此他们会谨慎地管理自己的资金。库塔米萨说："我们试图将大约60%的资金以美元形式保留下来，作为缓冲。"为了衡量对于货币的需求，他进行了一项秘密调查，调查对象就是邻近的市场，他把自己假扮成想用美元购买商品的购物者。如果店主非常热衷于这样做，或者当他用美元支付会给他更低的价格时，他就知道肯定是美元短缺了。这个巧妙的技巧帮助他预测货币需求量，并计算应该持有多少美元和刚果法郎，这也使他能够最大限度地利用下午的高峰时段。

公私伙伴关系

罗马天主教神父蒙甘博说："在街上的底层人群中很容易看到非正规交易，但非正规市场也支撑着中产阶级的生活。"在说这句话时，他向国家运输办公室的大楼做了一个手势。这是一家负责铁路和河流运输的国有公司，该公司的总部是该市最大的建筑之一，位于贡贝主干道上的黄金位置，雇用了数千名金沙萨本地员工，他们上班的时候看上去很时髦。神父说事实是那些人拿不到工资，他教会的教友有时会被拖欠长达11个月的工资。各级腐败使税收系统漏洞百出，再加上一个庞大的不纳税的非正规经济体，刚果（金）这个国家已是千疮百孔。运输工人的困难与教师、医生和警察是相同的，他们的工资是几个月一发，在某些情况下是几年之后才能得到。

结果是，拥有全职合同的公共部门员工也倾向于有第二份工作作为后备选择。在金沙萨大学，一位讲师解释了学者们是如何开展第二职业的。如果没有工资，课程就会被取消，助理教授也会消失。年轻的教师并没有罢工，他们没有像在正常经济中那样坚持要求得到工资，而是在其他地方做一些第二职业的工作，这样他们就可以付房租和吃饭。在金沙萨，受高技能人士欢迎的第二职业包括为援助机构担任翻译或司机，这种职业组合有明显的收益和成本。有利的一面是第二职业提供了另一份收入，这在一个官方政府职位不可靠的城市中至关重要。不利的一面是技能和人才的又一次错配，大学讲师充当司机而不是教授学生，一个国家并没有最好地对其人力资本进行利用。

你可以想象一下，大学讲师兼职出租车司机，或者一个老师为了一张简单的考试证书而向家长收费，即使他不是骗子，也会被认为是一个狡猾的角色。金沙萨人明白这些事情不应该发生，但也认识到他们的城市经济需要一个更灵活的道德准则。站在城市中任何一个繁忙的路口，你都能看到它是如何运作的。

当汽车经过时，身穿橙色背心的交警会做一个微妙的手势——把四个指尖和大拇指放在一起，然后慢慢放到嘴边，就像吃了一团玉米粉或米饭，而另一些人则模仿从瓶子里喝水的动作，这些动作传递的信息很清楚："我饿了"或者"我渴了"。

有些司机对此视而不见，但许多人开车经过时，会微笑着伸手去掏塞在仪表盘里的一堆 500 刚果法郎的钞票，并透过窗户递给警察两张。警察会让交通停止下来以使车辆驶出或掉头，在金沙萨拥挤的交通中，如果没有外部援助，这样的行动是不可能实现的，所以这些钱花得值。公众明白警察的工资让其陷入了贫困，当民众被礼貌地要求这样做以远离路障的胁迫时，他们普遍乐于接受这种做法。

同样的现象也出现在金沙萨的学校里——非正规地将公共部门私有化。从宪法上讲，小学免费公共教育是一项普遍权利。但教师的工资比警察或军队的工资更容易削减，而且在掠夺年代，情况会变得更糟糕，以致在1992 年，厌倦了拿不到工资的教师们举行了罢工。接下来的两年被这里的教育工作者称为"洁白年代"：学校停课，没有考试，也没有高中毕业生。

在全国家长协会同意提高教师工资的情况下，问题得到了解决，并引入了一种由家长资助奖金的义务制度——激励成本。在金沙萨，教师的月薪约为80美元，这使得他们和警察一样，接近国际贫困线（有一类教师，也就是所谓无薪教师，根本不是由国家支付工资的）。家长支付的激励奖金确保了无薪教师的工资，普通教师的收入也从每月80美元提高到近250美元。这是对破败的公共服务的另一次非正规私有化，它提醒人们金沙萨的规则是如何运作的。不受家长欢迎的这些费用在2004年被正式禁止，但实际上每所学校都存在这种费用，而且是强制性的。

这种对公共服务的直接支付，解释了为什么金沙萨的人们不愿意缴纳常规税款，因为这些税款本应用于支付警察的工资和学校经费。即使在梅西纳这样最贫穷的地区，像妮科尔和查伦这样靠卖昆虫勉强维持生计的人，每年也要为每个孩子支付超过100美元的学费，而且她们的9个孩子中有8个正在上学。正如神父所说，他们的足智多谋是不可思议的。

政府的失败限制了人类的韧性

坏政府的代价

金沙萨的 DIY 文化比我在世界其他地方看到的非正规经济走得更远，这是一个覆盖整个城市的安全网。在教育、卫生、治安，甚至是清洁水方面，社会都依赖其来提供国家没有提供的公共服务。然而，像达里恩一样，金沙萨展示了建立在非正规经济基础上人类韧性的局限性。这座城市的情况表明，有些服务只有一个正常运转的国家才能提供，当这些服务无法实现时，普通民众将付出巨大的代价。

最明显的例子是最简单的公共基础设施道路。20 世纪 50 年代，刚果（金）有 14 万公里的可用道路，在金沙萨和主要城市之间都有可靠的线路。到了20世纪70年代中期，当公路网络降到2万公里时，道路办公室已经被称为"坑洞办公室"或"坑洼部门"。在两位卡比拉总统的领导下，这种下滑仍在继续，这个绰号也仍然存在。如今，刚果（金）仅有2 250公里铺好的道路，其道路网络比邻国要薄弱得多，而这些邻国都比刚果（金）小得多。

缺乏交通连接对经济造成了惩罚性的影响。金沙萨一家大型物流公司的董事总经理塞巴斯蒂安·屈什说："这里的对外贸易潜力比世界上任何一个国家都大，但这个国家甚至还没有完整的内部公路网络。"向刚果（金）第二大城市卢本巴希运送任何重型陆路货物，都意味着需要先将货物出口到安哥拉，然后利用安哥拉较好的公路，在靠近目的地的边境重新进口货物。如果刚果（金）公路足够可靠，那么运输里程是2 250公里，而现在的货物运输的路线将超过5 600公里，这需要一个月的时间，每个集装箱的价格是18 000美元。例如基桑加尼这样的城市，是通过河流与金沙萨相连接的，把货物运到那里比较便宜，但要逆流而上，还是需要一个月的时间。

其结果是一个简单的经济问题，这也是刚果（金）闻所未闻的丑闻之一。在全球范围内，作为现代贸易的主力，越来越大的油轮和节能卡车，已经年复一年地降低了运输成本。屈什先生解释说，由于缺乏港口和公路网来容纳它们，刚果（金）只能依靠空运。牙膏、洗发水、水果和蔬菜等价值低但很重的进口产品抵达该国后，通过飞机在各地分发，这就推高了价格。结果是，一个收入水平最低、贫困程度最高的城市，同时也是非洲生活成本最高的城市之一。刚果（金）的出口，必须通过这条昂贵的路线，没有竞争力，从而使国家缺乏外汇收入。政府的失败，以及它所提供的僵化的交通系统，使金沙萨陷入贫困。

交通状况是如此糟糕，以致这些成本从经济问题蔓延成为政治和社会问题。最近在金沙萨举行的一次企业家圆桌会议得到了国际捐助者的支持，来自全国各地的女性农民聚集在一起，讨论建立新的农业企业的建议，以及如何寻求投资者的资金。第一位出场的妇女在马西西山有一个小奶牛场，她提议扩大她的奶酪生产业务。该地区靠近东部的戈马，是一个牲畜业繁盛的地方，也是工匠们制作奶酪的地方。但是，她的建议却遭遇了冷场。其他农民，甚至是邻近地区的农民，都从未见过或听说过奶酪。除了航空路径之外，这个国家是如此隔绝，以致当地的农产品即使在很短的距离内也无法在国内流通，这导致这个国家的许多人对他们本国同胞的生活和工作知之甚少。

除了面临任何进口商品的惩罚性高价外，价格的波动也伤害了金沙萨的人们，特别是最穷的群体。在金沙萨城郊，我遇到了一群因小儿麻痹症致残的人，政府给了他们一小块土地来居住。这块地区宽约 5 米，长约 100 米，是一条狭窄的小巷，里面的房屋是用波纹铁皮搭成的，斜靠在邻近房屋的墙上。每个住宅都只比一张床稍大一点，一个开放的下水道与之平行。像金沙萨的其他人一样，这里的人们也是自食其力的，男人当裁缝，女人装木炭。当被问及他们需要从政府那里得到什么来改善他们的生活时，他们清单上排在首位的是稳定的价格。夏洛特·玛塔莉就住在这个地方，她一边坐在地板上筛一大堆木炭，一边解释通货膨胀的害处。她给我看了她之前每周买的大袋木炭，然后将其分拆成数百个小包装，作为烹饪燃料在街上出售。她解释说："价格可能会在一夜之间上涨，所以有时我们会发现自己的一小包木炭卖得太便宜了。"木炭装袋商的利润非常微薄，如果发生这种情况，夏洛特在供应商那里就再也买不起下一袋木炭了。通货膨胀残酷地侵蚀了一群几乎一无所有的人的经营资本。我们是在工作日会面的，当我们讨论社区面临的挑战时，一群友好的孩子跑来跑去嬉戏着，他们错过了上学的机会。

奇迹与灾难

现代的金沙萨是一场每个人都应该知道的灾难。自 1960 年刚果（金）独立以来，没有一个国家会比这里在人均 GDP 方面表现得更差，而人均 GDP 是衡量经济发展的最佳指标。考虑到这个国家和这个城市的潜力，它无疑是现代经济学最极端的失败案例之一。然而，这座城市绝不是一个萧条的城市，它是一个充满活力、熙熙攘攘的地方，在我们思考自己不确定的经济未来时，它提供了可能有所帮助的两种新视角。

第一种是对非正规的力量，如地下经济或盗版经济持乐观态度。金沙萨表明，人类交易、交换和建立市场的愿望可以远远超越小村庄、难民营或监狱的范围，它可以横跨伦敦大小的特大城市。尽管规模完全不同，但我访问过的与金沙萨最相似的地方是扎塔里难民营。金沙萨的人民，先是对殖民者，然后是对蒙博托和卡比拉家族失望，已经开始依赖于自发形成的小贩和零工就业经济。与遭受自然灾害或逃离战争的人们一样，在金沙萨，人们对食物和住所的基本需求也面临困难，这里的原因是贫穷，人们只能利用非法的盗版市场作为一种自然防御。其不同之处在于，这个邪恶的政府持续的时间太长了，以致出现了一种国家私有化，在公民和国家雇员之间进行了直接的、微观层面的交易。在金沙萨，有组织、非正规的经济深入生活的各个领域，即使最以市场为导向的国家也将其视为公共职能或国家职能。就其广度和深度而言，非正规经济比我们想象的要大得多。

但这座城市，就像达里恩峡谷一样，对这一切的局限性发出了警告。当像警察和教师这样的公职人员要求人们直接掏钱时，这种自力更生、进行非正规交易、躲避腐败和贪婪的税务人员的文化是完全理性的。出于同样的原因，当政府官员和教师长时间无薪工作时，向他们所监管的居民收取少量费用，或向他们所教孩子的父母要求增加收入，都是很自然的。但这些让金沙萨陷入了两难的境地：对政府的不信任意味着人们依赖于盗版交易，但不具备对这些交易征税的能力意味着缺乏资金来资助公共服务和基础设施，而这些可能会提高人们对政府的信任。一个更加合作的系统肯定会带来更好的结果，但正如经济学的囚徒困境表明的那样，这可能是不可持续的，而且可能会无限期地陷入负面循环。金沙萨摧毁了自由市场自然反弹或拥有一些自我修复的财产的观念，一个城镇、城市或国家可能会陷入僵局并停留在那里。

其结果是一个特大城市却只拥有村庄级的基础设施。这个城市拥有1 000万人口，位于世界上最可靠的河流岸边，却缺乏清洁的水、灌溉系统和适当的排污系统。在一个有可能实现丰厚利润的自由贸易，并有潜力成为廉价水电驱动的制造业中心的城市，政府的失败导致很少的出口收入、带有惩罚性的高昂进口成本、摇摇欲坠的电网和轮流停电。

在一个现代的河港，我遇到了阿道夫·基特和他的朋友帕皮，这是一对衣着光鲜的商人，在条件合适时他们会启用名为"平价"的聪明计划。基特解释说，当金沙萨出现供给短缺或政治动荡时，价格就会飙升。他举着一小瓶水作为例子，这瓶水可能价值 4 000 刚果法郎（超过 2 美元，大约是正常价格的四倍）。在河对岸的刚果（布）的首都布拉柴维尔，价格更加稳定（中非法郎被六个国家使用，并相当成功地与欧元挂钩）。当价格出现差异时，这些人会带着美元过河，用美元兑换布拉柴维尔的中非法郎，并购买成捆的牛仔裤或衬衫。一旦回到金沙萨后，这些人就将衣服卖给小贩，然后迅速将他们收到的波动较大的刚果法郎兑换成安全的美元。

跨河贸易商都是非常精明的商人，牛仔裤在金沙萨可以卖到 20 美元，但在布拉柴维尔只需要 8 美元，所以带着 100 美元过河，他们可以在一天内把钱翻一番。综合看来，两种货币、过河和金沙萨的不稳定加起来是一个很好的商业机会。但当我问这些人他们能否做得更好时，比如把货物从金沙萨运到布拉柴维尔来增加利润，帕皮说："不，这总是单向的，金沙萨没有布拉柴维尔需要的东西。"

6　格拉斯哥：工业革命发源地的没落

格拉斯哥曾与伦敦争夺钢铁造船业，与利物浦分享巨大的美国贸易，这里市民的活力使其成为英国的第二大城市。

——斯潘塞·沃波尔爵士，《英格兰史》
（*A History of England*），1878 年

苏格兰的死亡率一直远远高于英格兰和威尔士……尽管与英国其他地区相比，这种无法解释的高死亡率在苏格兰的所有地区都存在，但格拉斯哥及其周边地区的死亡率最高。

——戴维·沃尔什，《历史、政治与脆弱性：
对苏格兰和格拉斯哥高死亡率的解释》
（*History*，*Politics and Vulnerability*：*Explaining
Excess Mortality in Scotland and Glasgow*），2016 年

幽灵之河

人生的开始

格拉斯哥的造船工人是一群意志坚强的人，但即使他们中最坚强的人，在看到一艘大船下河时也会激动不已。来自戈万的 74 岁老人吉姆·克雷格说："我不在乎别人怎么说，当你看到自己建造的船滑入克莱

德河时，你会有一种巨大的成就感。"戈万位于格拉斯哥中心以西，曾经是英国造船业的中心地带。克雷格出生在埃尔德公园路，离费尔菲尔德造船厂的主大门只有几百米远，他的父亲曾在这家造船厂做锅炉工。1959年秋天的一个星期五，他离开了学校，在接下来的星期一，也就是他15岁生日那天，他开始在费尔菲尔德造船厂工作。他在造船行业干了半个世纪，当过勤杂工、学徒、焊工、工头，最后当上了经理。他也周游了世界，最后一份工作是在匹兹堡的一家造船厂。他说他喜欢在国外工作，但和所有造船工人一样，他的心仍然留在费尔菲尔德，这是他的第一个或者说是"母"造船厂。他说："无论你在世界上走到哪里，你总是对你工作的第一个造船厂怀有感情。如果有机会，你就会回到那里。这是一种强烈的依恋感，因为你的'母'厂给了你人生的起点。"

克雷格当时可能还不知道，年轻的他是给全球经济带来革命性变革的格拉斯哥造船工人团队的最后一批人之一。就血统而言，这些造船厂是神圣的，因为正是在克莱德河畔发明了蒸汽动力和钢铁船体航运，也正是克莱德建造的巨型船只在1870—1910年推动了第一次贸易全球化。就对现代经济的持久性影响而言，很少有城市能与格拉斯哥竞争。底特律的汽车可能给交通带来了革命性的变化，但格拉斯哥的轮船创造了我们今天生活的相互联系的世界。当克雷格在1959年开始工作时，克莱德河上游有8个大型船厂，它们之间有一千年的历史。但十年之内，大多数都失败了。

如今，当你在克莱德河畔漫步时，你看不到任何正在建造的船只，除了两个船厂外，其余都消失了，剩下的只有在飞机库进行的小规模军事活动。唯一可以看到的船是格伦利号，这是一艘245英尺长的钢铁船体大船，于1896年在这里下河。对跳上船的游客和在甲板上赛跑的孩子来说，这艘船的中等大小和过时的技术描绘了一幅强大的克莱德河工业的虚假图景。19世纪末，世界上1/5的船只，包括长度超过350英尺的最先进的蒸汽船都是在这里建造的。现在河的南岸还留有失去的工业所剩下的伤痕，船只在装船和装配时曾经停靠的码头上长满了杂草，办公室是废弃的，窗玻璃是破碎的，还有满是涂鸦的红砖墙。

格拉斯哥是一个极端的经济体，因为在20世纪没有其他城市经历过如此严重的衰退。要明白这一点，就得考虑高潮和低谷。在 19 世纪晚期，格拉斯哥被视为"帝国第二大城市"，在许多方面开始超过英国首都——在艺术、设计、建筑以及工程、创新和贸易方面领先于伦敦，有些人甚至称它为"现代罗马"。然而一个世纪后，造船业消失了，失业现象普遍，在格拉斯哥郊区的卡尔顿，男性的平均预期寿命只有 54 岁（在斯威士兰，27% 的成年人患有艾滋病，男性的平均预期寿命是 57 岁）。从"现代罗马"到落后于撒哈拉以南非洲的地方，格拉斯哥从欧洲最好的城市变成了最麻烦的城市。格拉斯哥的故事——成功城市如何走向失败——是很重要的，因为我们中的很多人都生活在城市。1950 年，全球只有 30% 的人口居住在城市，但如今我们中超过一半的人生活在城市，到 2050 年，全球 75% 的人口将居住在城市。在很大程度上，理解一个城市经济的脆弱性就是理解未来的风险。我访问了格拉斯哥，会见了那些还记得这座城市强盛时代的人们，他们可以直接解释是哪里出了问题。

格拉斯哥的衰落

弗吉尼亚·唐斯家族

关于格拉斯哥曾经如何领导欧洲的例子，可以参考一下人们的艺术品位。在 20 世纪之交，"印象派"这个词受到了污蔑，评论家们说那些画看起来像是没有完成的，而且技法低劣，印象派画家被欧洲大陆的顶级艺术学校拒之门外。然而一小部分艺术商人支持他们，因为其代表了从古代具象艺术迈向现代艺术的一步，创造了许多现在认为是艺术史上最重要的转变。亚历山大·里德是格拉斯哥人，他于 1877 年开设了自己的第一家画廊，他是主要商人中最有影响力的人之一。他向格拉斯哥商人出售了大量的画作，结交并支持了很多重要的艺术家（凡·高一生只画了两幅英国公民的肖像画，而且都是关于里德的）。1902 年，德国主要的评论家建议那些对艺术感兴趣的人跳过伦敦直接去格拉斯哥。

如果说艺术是普遍规律的一个特殊例子，那么从科学和工程到文学和文化，在其中任何一个领域，这座城市都是创新的发源地，它改变了我们看待世界的方式。我们用来测量温度（开尔文）和电力（瓦特）的单位取自格拉斯哥发明家的名字。除了顶级艺术之外，该市的许多剧院还以支持安东·巴甫洛维奇·契诃夫和亨利克·易卜生富有挑战性的新作品而闻名。这是一个联系紧密、人口稠密的城市，出行也十分便利，这要归功于1896年世界上第三列也是最先进的地铁的开通。1927年，当地的一位发明家将伦敦的摄像机连接到格拉斯哥中央酒店的屏幕上，创造了世界上第一个电视转播。

格拉斯哥在国际贸易的推动下实现了较大发展，作为一个港口，它的地理位置在英国是最好的。在苏格兰西海岸顺风的情况下，从格拉斯哥航行到弗吉尼亚州和马里兰州等美国殖民地比从伦敦出发要快得多。在18世纪中期，当地的商人会买下所有的消费品，然后把它们赊销到美国，种植园主则会把烟草送回来以偿还这些债务。坎宁汉、格拉斯福特和施皮尔斯等少数家族控制着这个市场，他们拥有遍布殖民地的连锁店。像约翰·格拉斯福特和亚历山大·施皮尔斯这样的人成了欧洲最重要的商人，他们被赋予了与身份相称的称号，包括"烟草大亨"和"弗吉尼亚·唐斯"。

格拉斯哥轴心：从烟草到造船

美国的独立削弱了格拉斯哥对烟草贸易的控制，并摧毁了"弗吉尼亚·唐斯"家族，但这座城市的经济才刚开始崛起。烟草商人对格拉斯哥的基础设施进行了投资，深挖并清理了克莱德河。有企业家精神的格拉斯哥人将业务多元化，开发出以蒸汽驱动的动力织布机，以快速而廉价地制造亚麻布。从亚麻布贸易中获得的金属加工和蒸汽技术方面的专业知识，再加上河流通道的改善，催生了格拉斯哥第二大世界领先的贸易——船舶制造业。

虽然烟草最初使格拉斯哥富裕了起来，但却是船舶制造业把它变成了工业革命的超级大城。船舶制造业的利润十分丰厚，格拉斯哥每年生产

200 多艘新船，其中包括英国、荷兰和土耳其政府委托的海军舰艇。到了19 世纪 60 年代末，克莱德河畔已经有 2 万名工人。格拉斯哥是世界领先的创新之都，到处都是就业机会，因此赢得了越来越多的喝彩，吸引了越来越多的企业家和投资者。1888 年格拉斯哥举办国际展览会时，有近 600万人参加。这比整个苏格兰的人口还多 20%，其中包括来自世界各地的游客。格拉斯哥似乎注定要成为 20 世纪最伟大的城市之一。

神圣的三位一体

与此同时，在格拉斯哥以南 300 英里的地方，剑桥大学一位 40 多岁的名叫阿尔弗雷德·马歇尔的经济学家正在写《经济学原理》，这本书后来成为经济史上最具影响力的著作之一。

马歇尔是一位高度技术化的理论家，但他又想让自己的学科更加通俗易懂——被看作"研究人类日常生活事务的学科"。因此，他首先把自己的论点用数学方程表达出来以确保严谨性，然后用现实生活中的例子替代所有的公式。一个关系到许多人生活的重要问题是，为什么企业选择在特定的城镇扎堆？马歇尔认为，从历史上看，这些地方之所以成为某一特定行业的专门场所，是因为它们靠近一种原材料。例如，费尔菲尔德以刀具而闻名，它的砂石质量很高，这可以用于制造砂轮。但是更好的交通工具的出现使这些联系变得松散，他说，这意味着工厂不再需要紧挨着它们赖以生产投入的矿山或森林。重工业的业主可以在任何地方落户，但他们往往选择靠近某个专业化工业城镇的其他工厂。马歇尔认为，这种集聚是由三种力量推动的，今天被称为集聚的"三位一体"（见表 6.1）。

表 6.1　城市经济学：阿尔弗雷德·马歇尔的三种集聚力量

劳动力队伍	集聚使招聘变得更容易。一家与世隔绝的工厂的老板发现很难招聘到熟练工人，一个拥有专业性产业的城镇可以提供一个稳定的技能劳动力市场
技术溢出	集聚促进创新。在集中的工业城镇，技术随着新想法被他人采纳并与他们自己的建议相结合而传播和放大

供应链	集聚使生产投入更加便利。一旦有一家工厂投入运营，附近的相关贸易商就会成长起来，位于附近的其他工厂离工具和材料供应商更近

资料来源：阿尔弗雷德·马歇尔，《经济学原理》，1890：221-5。

在某种程度上，这三种力量是显而易见的，训练有素的劳动力队伍、创新的技术和可靠的供应链对工业城市的企业是有利的，这是一个常识。但这些力量以一种微妙的方式影响着一座城市，它们不会让一家企业特别受益，也不会有任何一家企业负责生产它们。正如马歇尔所说的，它们有点儿隐蔽在人们的视线之外，一个专业城镇的产业是无处不在的，以至于当地的孩子"不知不觉"就学会了它们。在任何一个工厂之外，它们都是属于整个城市或城镇的财产。从经济学的角度来说，马歇尔提出的三种力量都具有"外部性"。在达里恩峡谷，外部性意味着自由贸易造成了损害；而在格拉斯哥的繁荣中，外部性则创造了巨大的价值。

在达里恩峡谷，当一名伐木者决定砍伐一棵树，但没有考虑到这个决定会对其他重视热带雨林的人所造成的影响时，就会产生外部性。由于一群伐木者都以同样的方式行事，这种外部性放大了一些负面的东西，其结果是环境退化的程度远远超出伐木者的想象。但外部性也可以是积极的。想象一下，一个船厂老板正在考虑在克莱德河岸的哪个位置建厂。通过选择在戈万建厂，可以对其他船厂产生一系列积极的影响：竞争对手可以雇用下岗工人或挖走最好的工人，该船厂可以模仿和改进新来者的技术，并在新的供应商提供原材料时获益。就像个人伐木者没有看到他造成的全部损害一样，个体的船厂所有者也没有意识到这种积极影响的程度。结果是放大了一些积极的东西——每家企业都可以从劳动力、技术和供应链中受益。利益建立在利益的基础之上，这使格拉斯哥这样的城市比任何个人计划所设想的都要强大得多。

集聚在行动

与格拉斯哥的人交谈，就是为了理解马歇尔所说的一个行业"无处不在"是什么意思。在戈万出生的历史学家科林·奎格利说："造船业深深植根于这座城市的身份之中，过去很容易定义和解释这座城市的生活。"这条信息的意思很简单："欢迎来到格拉斯哥，我们在这里造船。"奎格利先生带我参观了戈万，指了指那些早已不复存在的船厂、剧院和电影院。在这个城市的正中央，我们到达了一个叫作戈万的十字路口，路口中央有一个铁制的纪念碑。在这个曾经是英国造船业中心的地方，戈万的座右铭出现了："没有工作就没有一切。"

戈万当然有马歇尔所说的劳动力队伍，那里的人知道如何努力工作。20世纪50年代，标准工作时间为一周6天，总计48小时（"周末"一词传统上指的是周六午餐时间）。这是一个宗教城市，很多人会在周日休假去教堂做礼拜，但每周工作7天以赚取加班工资也是很常见的。男孩在他们的主要工作岗位上每周工作5天，他们的母亲在每周五都会收到未开封的工资包，他们还可以做额外的工作来赚取可以自己保留的现金。吉姆·克雷格在造船厂上班前，在工作日早上送牛奶，周末帮他叔叔送煤。在其全盛时期，克莱德河上的造船业雇用了10万名工人，男人和男孩每周工作60个小时都是很普遍的。

格拉斯哥也是技术如何通过模仿和改进进行扩散与放大的最好例子。1801年，世界上第一艘蒸汽船夏洛特·邓达斯号在克莱德河下河。这艘船是木制船体，有蒸汽动力的桨轮，长度为56英尺，能够以每小时6英里的速度行驶。随着蒸汽动力水运的概念得到证实，世界上第一艘客轮——彗星号很快就出现了。1818年，罗伯特·威尔逊建造了第一艘金属船，这也是第一艘依靠船尾动力推进的船。这艘小船是重塑全球贸易的大型船只的祖先，它有一个合适的大名——火神号。

克莱德河沿岸造船创新的精细化是阿尔弗雷德·马歇尔第二种集聚力量的例证，并使格拉斯哥领先其他城市数十年。1814年，当在克莱德建造的蒸汽船玛格丽号驶往伦敦时，它被描述为一个"不同寻常的幽灵"，在伦敦引起了巨大的震动，因为泰晤士河上从来没有人见过蒸汽船。以造船业为核心，大量的附属产业如雨后春笋般涌现，这是马歇尔对专业化城市的第三种解释。这些造船厂需要大量原材料。随着向迅速扩张的造船厂供货，格拉斯哥的金属和煤炭公司的数量不断增长。造船也刺激了轻工业，1837 年，加拿大人塞缪尔·丘纳德在富有的格拉斯哥人的投资下成立了自己的公司，成为豪华旅行业的先驱，丘纳德轮船公司的海报上宣传着从格拉斯哥到纽约和孟买的迷人旅程，在曼哈顿，居民们被吸引前往格拉斯哥和苏格兰的"浪漫之地"。虽然这些游轮远远超出了格拉斯哥工人阶级的承受能力，但这些豪华游轮为木匠和地毯装配工，以及销售家具、玻璃和餐具等产品的公司创造了数千个就业机会。

戈万造船厂的吉姆·克雷格回忆道，格拉斯哥造船工人的生活并不都是艰辛的。当下午五点半汽笛响起，标志着费尔菲尔德船厂白班的结束，戈万便会慢慢地停下来。当地的警察都是来自高地的大块头，他们必须叫停路面交通和有轨电车，因为过一会儿街道上就会挤满穿着大衣、戴着平顶帽的工人。对于许多人来说，第一站就是酒吧。吉姆回忆起他的一些同事最喜欢的场所：1 号是麦克酒吧，2 号是哈里酒吧。他的名单上有 17 家酒吧，还有 4 家电影院，它们门前总是排着长队。如今，这一切早已不复存在。

当薪水很低的时候，格拉斯哥人会精打细算，他们把钱存起来买重要的东西，比如，许多工人阶级家庭都会有一件质量好的乐器。有很多百货商店在戈万大街出售奢侈品，如今，这条路是商业街消亡的一个鲜明例子：有几家用木板封住窗户的便利店、一家博彩公司和一家日晒店，剩余的空间被慈善商店或社区项目占用。很难相信，这里在 20 世纪 50 年代是一个可以买到貂皮大衣的地方。

格拉斯哥的衰落

正如马歇尔所说的那样，格拉斯哥对所有现代城市的警示是：任何"无处不在"的经济效应都会带来严重的问题。在达里恩峡谷，负外部性恶化了环境，伤害了每个人，但又不能特别归咎于任何人。因此，几乎没有采取什么措施来减少这种效应。然而在正外部性的情况下，逻辑是颠倒的。劳动力队伍、技术和供应链的好处惠及城市中的每个人，但没有人特别负责维护它们，格拉斯哥显示出的风险是保护这些条件的措施太少了。

死亡来得很快。按吨位计算，英国造船厂在1947年制造了全球57%的新船。第二次世界大战的结束是件好事，德国和日本的造船厂被摧毁了，在战争中失去客轮和油轮的盟国需要新的船只。和平的海洋意味着全球贸易的蓬勃发展，对货船的需求也随之增加，全世界商船队的运力在1948—1965年翻了一番。但克莱德河畔的船厂没能抓住机会，开始失去市场份额。到了1962年，英国在全球船舶制造业的份额仅为13%，到1977年，该行业已被收归国有，成为英国造船公司，但该公司很快就倒闭了。两个世纪以来世界一流的船舶制造业在不到20年的时间里轰然倒塌，最后变成了一个国有企业的躯壳。马歇尔的三种集聚力量给我们的教训是，当一家公司在一个城市建立时，它会为所有其他公司创造看不见的利益。与之相反，每当一家公司离开一个城市，那就意味着劳动力的减少，技术创新缩减，供应链更加薄弱，这些都会影响留下来的每一个人。合乎逻辑的结论是，一个城市应该极其严肃地对待任何会损害该地公司利益的事情——包括外国竞争。

英国严重低估了来自海外的威胁。在某种程度上，这是由于未能认识到亚齐最近表明的一些情况，即实体基础设施可以迅速重建，而且一旦重建，往往会比以前有所改善。汉堡和不来梅的船厂在英国的"千架轰炸机"空袭中被摧毁，日本在长崎的重要船厂也在第二次世界大战中被摧毁。但这些竞争者战后迅速进行重建，并在此过程中对它们的船厂做出了巨大的改进。

日本的新船厂使用的是干船坞，这种方法是在一条河旁边的凹槽里建造船只，一旦船准备下河，凹槽就会被灌满水。在克莱德河，轮船仍然建造在有倾斜度的河边滑道上，因此格拉斯哥的造船工人不能使用水平仪，而必须使用一种特殊的工具来调整所有的东西，以适应船的倾斜度。日本的新船厂也大得多，使它们能够更大规模地运营，并实现成本节约。日本开始赢得合同，这降低了格拉斯哥的市场份额。

克莱德河曾经是一个创新中心，但这里的工人却被旧技术困住了。外国竞争者开发了新的焊接方法来连接船体的各个部分，而克莱德船厂通常使用耗时、昂贵和沉重的铆钉。1965年，英国政府派遣了一个部长级代表团去日本对该国的造船新设施进行考察，他们的发现让人坐立不安，位于大阪以西 100 公里处的相生船厂的工人当年每人建造的船舶吨位为 182 吨，这是一个典型的英国船厂的 22 倍。

曾几何时，造船业中最好的想法在格拉斯哥自然地涌现出来，工头只要抬头看看克莱德河岸，就知道他们的竞争对手在做什么。但是现在这个行业已经国际化了，克莱德的船厂没有对重要的变化及时做出反应。客户的需求转向了由柴油发动机驱动的长途货船和油轮，而不是格拉斯哥著名的燃煤蒸汽船。航空旅行的出现和对大规模移民的限制，意味着对大型客轮的需求下降，而大型客轮是克莱德河船厂的另一个专长。所有这些趋势早在几年前就有迹可循了，虽然公司有职业经理人，但格拉斯哥的管理人员通常是来自车间的男性，他们在当前的工作中表现出色，但在跟踪外国最新技术或发展方面却不是专家。

船厂所有者也未能进行恰当的再投资，他们虽然获得了可观的股息，但只将不到 5% 的利润投入到新机器和新技术中（相比之下，汽车制造商的再投资比例超过 12%）。造船厂在应该投资前沿技术的时候却被榨取了资金。克莱德河沿岸传播的思想曾一度引领世界，但是现在整个城市都已经过时了。

呼叫邓禄普

英国历届政府也发挥了作用，在糟糕的经济基础上实施了灾难性的产业政策。船舶制造业如同一个烫手山芋一样被扔向政府部门，产生了大量的研究和报告，但很少有创新的想法。由于无法决定如何做，政客们在 1965 年成立了一个独立委员会，该委员会由雷伊·格迪斯担任主席。该委员会没有航运方面的专家（格迪斯是轮胎制造商邓禄普的常务董事），委员们也没有参观过造船厂。经过数月的深思熟虑后，他们提出了一个宏大的想法，即试图利用一种名为"分组"的政策来模仿规模较大的日本船厂。格迪斯的结论是，像英国克莱德河这样的区域有太多独立的船厂，它们应该通过强制合并而形成更大的集团。每个造船商都可以保留自己的地盘，但他们会表现得好像他们是一个更大集团的一部分。

即使就其本身而言，这个计划也毫无意义。威斯敏斯特的官员所迷恋的日本船厂是大型的单一场所，格迪斯的计划只是为现有的设施重新贴上标签，称它们为企业集团。格拉斯哥是这方面最极端的例子，1967 年 11 月，由费尔菲尔德、亚历山大·斯蒂芬、查尔斯·康奈尔、约翰·布朗和亚罗船厂组成的上克莱德造船厂成立。重新贴上标签的基础设施看起来一点儿也不像日本的大型船厂，这些独立的船厂并没有变得更大，它们之间的距离仍然有几英里远。常识告诉我们，这并不是实现规模经济的方式。

与日本大型船厂竞争的唯一方法是建造一个设施，这可以是一个公共设施，各个船厂可以根据赢得的合同竞标租用此设施。除此之外，根据马歇尔关于在成功的城市中，公司之间具有溢出效应的观点，格拉斯哥需要出台政策以重新点燃该市已枯竭的正外部性，开展一项大规模的培训和设备投资计划，以创造一批熟练的劳动力，这些劳动力可以再次在前沿造船技术中发挥作用。

然而这些都没有发生，在四年的时间里，上克莱德造船厂花费了纳税人 7 000 万英镑，但却没有实现格迪斯所承诺的效率。1969 年夏天，该集团已经濒临破产，依靠政府的救济艰难度日，直到 1972 年才解散。随着船舶制造业的衰落，格拉斯哥的失业人数大幅上升，从 1947 年的几乎为 0 到 1966 年达到 11.8 万人，1983 年达到 9.6 万人。如今，格拉斯哥有 5.9 万户家庭（占总人口的 1/4）的成年人没有工作，这一比例远远高于英国的平均水平。

贫困与死亡

卡尔顿的故事

55 岁左右的克雷吉是土生土长的卡尔顿人，这是格拉斯哥东区的一个区域，记录了这个城市最低的平均预期寿命。克雷吉在伦敦路与威尔士街交叉口附近的一户人家长大，此地也位于该区的正中央，他还依稀记得失业对该地区的影响。在他的童年时代，东区是一个热闹的地方，你会一直很忙，你虽然很穷，但你一直在工作，你的父母也会给你找一份工作。1972 年克雷吉开始在巴拉斯水果市场工作，然后在当地的小酒馆卖柴火和晚报，后来他在当地的面包店找到一份工作。他的朋友也在幼年或青少年时期就开始工作，一些人制作雅各布奶油饼干，另一些人则制作泡菜罐头。

克雷吉和他的同伴在 1978 年年满 16 岁，但那时一切都改变了。马歇尔的第三种集聚力量——企业对一个城市的供应商和相关产业网络的影响，已经把痛苦的船舶制造业的损失传递到了整个格拉斯哥。位于伦敦东区的帕特海德锻造厂本来是克雷吉的天然雇主，在鼎盛时期，曾有 2 万名工人在那里工作，其中许多人为造船厂制造钢铁部件。但是由于造船厂的衰落，锻造厂也在 1976 年倒闭了。威廉·阿罗尔爵士于 1872 年建立的达尔马诺克工厂曾是基础设施建设的先驱，该厂制造了用于将火车机车吊到轮船上的巨型"泰坦"起重机，工厂苦苦支撑，制造了数年的钢桥，但在 1986 年倒闭了。随着该地区历史悠久的雇主消失，对克雷吉和他的许多朋友来说，20 世纪八九十年代的大部分时间都是由失业、酒精和海洛因来定义的。

在戒毒十年之后，如今的他在戈尔巴尔斯的一个戒毒中心做戒毒顾问，这里是克莱德河以南的另一个贫困地区。该中心在我拜访时非常繁忙，这反映出格拉斯哥严重吸毒者的数量越来越多。当克雷吉回忆起他吸毒成瘾的过程时，他反思了生活在卡尔顿的人们的低期望。他的父亲是一名屋顶修理工，克雷吉说："他是一个性格强硬的人，可能会有暴力倾向，他努力工作，努力喝酒，努力争斗，所以很容易就死了，卡尔顿的平均死亡年龄真的很低。"他的父亲和叔叔都在 55 岁去世，他的姑姑在 56 岁去世。

格拉斯哥的黑暗之谜

酗酒、吸烟、不良饮食习惯和缺乏锻炼，这些糟糕的慢性因素都缩短了格拉斯哥人的寿命。这座城市建在烟草上，帕特海德和达尔马诺克（卡尔顿东端隔壁的郊区）最近的数据显示 44% 的人在吸烟，其中包括 36% 的孕妇。格拉斯哥酗酒导致的死亡人数是苏格兰平均水平的好几倍，而苏格兰的平均水平本身就高于欧洲标准。格拉斯哥山峦起伏，绿意盎然，绵延数英里的自行车道提供了绝佳的视野，但在较贫穷的地区，超过 1/4 的成年人受到残疾的困扰。在工作日的下午，在一条从市中心向东延伸的历史大道——绞架门（Gallowgate）上，到处都是站在酒吧外吸烟的失业男女，许多人都用拐杖和齐默式助行架撑着身体。

第二组更严重的因素——毒品、暴力和自杀是格拉斯哥 50 岁以下人群的主要"杀手"。2016 年，该市记录了 257 例与毒品有关的死亡事件，死亡人数占总人口的比例远远高于英国其他地方。苏格兰地区每年因毒品死亡的人数如图 6.1 所示。除了吸毒死亡的统计数据外，格拉斯哥的自杀率和谋杀率都远远高于苏格兰的平均水平。男性是最危险的，占自杀人数的 69%，占与毒品有关的死亡人数的 70%，占谋杀案的 75%。克雷吉挺过了吸食海洛因的岁月，但是对其他格拉斯哥男人来说，毒品、暴力和自杀是致命的。

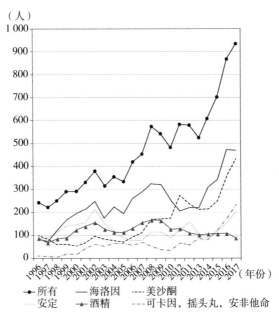

图 6.1　苏格兰每年因毒品死亡人数

资料来源：NHS（英国国家医疗服务体系）。

这些因素都与经济贫困有关。贫困对健康影响的统计分析是格拉斯哥的另一项创新，这可以追溯到 1843 年对霍乱疫情的开创性研究。今天，格拉斯哥拥有 61 个微观区域的深入数据。统计数据显示，在卡尔顿、戈尔巴尔斯和戈万等受工业损失打击最严重的地区，人们的收入较低，失业的可能性较高，因此他们更有可能吸烟、酗酒、吸毒并英年早逝。换句话说，工业本身的消亡最终是一种经济上的失败，这在很大程度上解释了为什么格拉斯哥的人这么早就离世了。

但这种纯粹的经济解释并不能完全说明格拉斯哥人的过早死亡问题。看看利物浦和曼彻斯特是解开这个谜题的一种方式。这些城市在当地被视为格拉斯哥的同辈，都是西海岸的大城市，都有共同的工业历史、爱尔兰人和宗教遗产，以及历史悠久的足球队。这三个地方相似的观点在更严格的统计比较中得到了证实，从就业到饮食，从收入剥夺到毒品的所有数据都表明，这三个都受到去工业化打击的地方是非常相近的。然而，有一项统计数据引人注目，格拉斯哥过早死亡的比例比利物浦和曼彻斯特高 30%。对经济和社会贫困的深入研究并不能解释这个谜团，如果把所有因素都考虑进去，格拉斯哥人仍然离世太早了。

这个超出卫生专家解释范围的过量死亡数据是在 2010 年被发现的——每年死亡约 5 000 人，这被称为格拉斯哥效应。它被认为是在大约 50 年前出现的，而且随着时间的推移会变得更糟糕。早期死亡之谜暗示了一些隐藏的因素，这些破坏格拉斯哥的因素在大多数研究中被忽略了。从逻辑上讲，这种破坏性的力量肯定会让这里的人们变得脆弱，但对曼彻斯特和利物浦的人们则伤害较小。无论隐藏的因素是什么，它在 20 世纪 70 年代开始产生影响。

隐性资本

整合、监管与风险

与经历过格拉斯哥衰落的人的讨论使我确信，格拉斯哥之谜的解决方案在于这座城市鼎盛时期出版的一本书，这本书由一位贫穷的法国学者埃米尔·迪尔凯姆所著，经济学家对此书却不屑一顾。在一位挚友结束了自己的生命后，迪尔凯姆下定决心了解法国的高自杀率。在经历了数十年的战争后，这个国家在 19 世纪末蓬勃发展，在艺术和科学方面取得了巨大的进步，经济快速增长，实现了和平。但是，伴随着"美好时代"而来的是另一个令人难以理解的统计数据——自杀人数激增。所以迪尔凯姆着手找出原因，并在 1897 年出版了专著《自杀论》。这是社会学的一本基础性著作，也是一种被忽视的思维方式的根源，这种思维方式有助于解释格拉斯哥的问题所在。迪尔凯姆所发现的模式过于强大，以至于自杀不能完全归咎于集中于个人环境的典型解释——抑郁或债务。数据显示，自杀率不仅是一个国家的抑郁或负债的个人的总和，还是一种源于更深层次问题的社会现象，他称之为社会的"疾病"或"感染"。这种现象的原因通常是缺乏"社会融合"，在人们设定个人目标的地方自杀率会更高——如果他们的计划出了问题，他们会感到冷漠和绝望。相比之下，他观察到人们通过团队精神团结在一起的社会更强大，因为大家的目标是一致的。当这些地方出了问题时，就会有一种对每个人都有利的相互精神支持。正如阿尔弗雷德·马歇尔所说的有益的经济力量可以无处不在，对于迪尔凯姆来说，这种保护性的安全网是城市中每个公民所共享的东西。

卡拉布里亚效应

为了弄清这与格拉斯哥的消亡有何联系，我们需要在迪尔凯姆的基础上进行一项开创性的现代研究，我们在意大利做一个短暂的迂回。意大利在 1970 年从罗马下放权力，成立了 20 个新的地区政府议会，使之能够控制从卫生、教育到公共工程和经济发展的一切事务。美国社会学家罗伯特·帕特南认为这是一个需要跟踪的有趣实验，于是他开始在意大利全国各地进行自驾游，沿途采访了数百名官员和公民。

新一届地方政府的表现千差万别，代表艾米利亚－罗马涅大区的政客和公务员做了每个人都希望做的事情，开创了促进贸易和保护环境的创新性法律。市民对他们的政治家感到满意，经济也实现了蓬勃发展，意大利南部的"脚趾"卡拉布里亚则是另一个极端。在这里，政府官员除了拿薪水之外几乎什么都不做（官员们很懈怠，帕特南常常找不到人接受采访）。在经济方面，卡拉布里亚是欧盟地区发展水平最低的地方，当地一些村庄里的卡拉布里亚人仍然住在石屋里。1990 年，意大利内部分化严重，最强大的地区与德国竞争，最弱的地区则陷入了贫困。

为了深入了解意大利的两极分化，帕特南遵循了迪尔凯姆的理论，搜集大量数据来补充他在全国各地旅行时所听到的个人情况和故事。他发现了社会交往水平的巨大差异，艾米利亚－罗马涅大区及其北部邻近地区有丰富多彩的社会生活，有数以千计的足球、徒步旅行和狩猎俱乐部，人们一起组团观鸟或读书，当地还有合唱团和乐队。除了丰富多彩的社会生活，人们也积极参与公民活动，参加公民投票，阅读当地报纸以对政治家进行问责，并建立信用合作社，向那些需要资金的人提供贷款。在意大利北部，人们说他们感觉自己与一个更大的群体联系在一起，在迪尔凯姆的"整合"雷达上，该地区应该会得分很高。

意大利南部的卡拉布里亚、坎帕尼亚和西西里是一个让人联想到浪漫画面的地方：崎岖的海岸线，和蔼可亲的渔民与农民在橄榄林里畅聊。事实上，帕特南发现的却是一团糟的村庄和城镇。几乎没有公民活动，也没有社交俱乐部或运动队，大多数人并不关注当地新闻，也不参与投票。他们做出的决定是短视的、自私的，而且常常是腐败的。卡拉布里亚人使用的令人沮丧的谚语让帕特南感到震惊，其中包括"行为诚实的人会得到悲惨的结局"。不出所料，像北方信用社这样的非正规经济支持机制在南方那些信任度很低的村庄里是闻所未闻的。

帕特南据此得出的结论是：一个社区的福祉，包括它的民主和经济，取决于"社会资本"。北方的俱乐部、团体与社团反映并产生了信任、奉献和接受恩惠的文化规范以及参与公民生活的传统。总而言之，这些传统、非正规机构和文化规范，也就是北方的社会资本，推动了贸易和政治的繁荣，并使一些特别的支持方案成为可能，比如向有需要的人提供紧急贷款。相比之下，南方几乎没有社会资本，而是依靠一种被称为"非道德家庭主义"的破坏性文化规范来运作的，这是一种行为准则，它要求你尽可能地为你的家人攫取一切，并欺骗你的邻居。

迪尔凯姆和帕特南提到的问题——因为没有参与更广泛的团体或项目而感到无方向、缺乏整合性、无助和孤独，正是许多格拉斯哥人在被问及他们的城市的衰落时所谈论的问题。最令人惊讶的是，这不是在讨论工业衰落时出现的，而是在拆除他们的传统公寓时出现的。

格拉斯哥失去的资本

另一个公寓的故事

当你在戈万寻找一位研究公寓生活的专家时，似乎所有的线索都指向了琼·梅尔文，她的名字经常出现在图书馆、当地博物馆以及当地历史团体中。琼现年 93 岁，是一位有着清晰记忆的老戈万人。她通常会戴一条丝巾，用胸针或纽扣系在一起，还有一头浓密的白发。当我们第一次见面时，她说："我对造船了解不多，但我知道有关公寓生活的一切。"

格拉斯哥的住房在英国是独一无二的，它也是城市外来者地位的另一个反映。1707—1901 年，格拉斯哥的人口从 1.3 万增长到 96 万，这在英国是增长最快的，因此需要一种量身定制的建筑。传统的格拉斯哥公寓有三四层楼高，由砂岩建造，公寓共用一个前门，楼梯间与厕所也是共用的。许多房子都很小，包括"单向房"（一个供全家人做饭、吃饭和睡觉的房间），以及稍大一点的"一室一厨型房"。大人睡在洞穴床（一种折叠式睡柜）中，孩子则睡在地板上。公寓式居住模式意味着格拉斯哥的人口密度高得令人难以置信，1860 年，每英亩有 330 人，这几乎是现代最拥挤的城市——是孟加拉国达卡市人口集中度的两倍。

格拉斯哥的公寓名声很差，以拥挤、肮脏和公共厕所而闻名。然而，当你参观这座城市时，你就会发现公寓的故事可能还有另外一面。一些原有风格的公寓保留了下来，房子很漂亮，用昂贵的砂岩建造，有很高的天花板和很大的窗户。在公寓生活的格拉斯哥人一致认为过度拥挤是一个问题，但仍然对他们的建筑津津乐道。除了人口稠密之外，公寓也是众多俱乐部、团体和社团的所在地，这里有乐队、足球队、基督少年军团体、摄影和自行车俱乐部。在戈万，六月的第一个星期五举办的夏季集市吸引了大批人，花车在警察管乐队的带领下沿着大街游行。当地历史学家科林·奎格利回忆说："游行似乎永远都在进行。"这座城市的每一处都有自己独特的活动和庆典。

琼·梅尔文解释说，这里鼓励邻居在彼此的生活中发挥作用。大楼里刚出生的婴儿会引得其他小孩在楼梯上转来转去，他们在急切地等待着洗礼礼物，新父母会把它给他们遇到的第一个与新生儿性别相反的孩子。一位戈万人回忆起奖品时说："你会得到两块涂了黄油的硬饼干，中间夹着一个用防油纸包裹的先令。"邻居的婚礼甚至更好，因为新郎的父亲会在街上扔几个一便士或三便士的硬币，以造成孩子们争先恐后地抢硬币的"婚礼混乱"场面。

除了知道邻居的生活发生了什么，你还知道在公寓楼里人们对你的期望是什么，每个人都有坚守的角色和责任。在许多公寓楼里，清洁近乎是一种痴迷的行为，妇女们轮流擦洗临近的瓷砖地板，每逢星期五晚上房子大扫除时，全家人都参与进来。一个严格的轮流洗衣制度规定了该轮到谁去使用位于公寓大楼后面共享区域内的公共洗衣房。妇女们经常会在别人的洗衣日帮忙，虽然今天很多人都在谈论共用厕所的恐怖，但格拉斯哥的人们往往会回忆起这些公共设施的一尘不染。

砂岩村庄

格拉斯哥的公寓生活说明了为什么社会资本具有真正的经济效应。琼·梅尔文所给出的描述表明，信任和互惠是非常重要的。琼解释说，公寓的入口处往往有两把锁：一个是大大的笨重的"死"锁，需要一个巨大的钥匙来打开；另一个是较小的硬币大小的锁，对应一个小钥匙。但那些大锁从来没用过，琼说："那些大钥匙放在抽屉里都生锈了。"包括琼的房子在内的许多公寓，钥匙在没人在家的时候是留在门上的。而在其他的公寓里，钥匙系在一根穿过信箱的绳子上，这样任何人都可以拿到钥匙。虽然在英国门不上锁一度很常见，但格拉斯哥的规范更进了一步：门不锁意味着你信任你的邻居，钥匙留在门闩里意味着你在邀请他们进来。

大门向人们敞开着，邻居会挤进彼此的厨房，他们有时会借用一些面粉、盐、黄油，并留下一张便条说他们把东西拿走了。归还是不一定的，但人们预期这笔交易是互惠的。这从根本上改变了公寓楼的经济结构，虽然每个家庭可能只租一个单向房或一室一厨型房，但如果需要的话，他们可以穿行整座大楼。形式上是一些小的私人空间集合，实际上变成了一个更大的半公共空间。

与吉姆·克雷格这样的造船工人交谈，令人惊讶的一件事就是听到就业是多么不稳定，即使在经济景气时期也是如此。现如今，哀叹服务行业的"随叫随到"或"零工"合同，并将其与制造业曾经提供的稳定工作进行比较，成为一种时尚。但这种观点是乐观的，克雷格说，除非你有一份罕见的"员工"工作，这可能只占到了劳动力的 1/5，否则造船工人都是随叫随到的工人，只有在有船要造的时候才会受雇。这种影响在下河当天表现得最为明显，船厂工人和当地人会聚集在一起，庆祝这艘船驶入克莱德河，但这种庆祝是短暂的，也是苦乐参半的。如果是在早上下河，那么幸运的人下午就会回到另一艘船上工作，不幸的人则会被解雇。

许多男人不用通勤，因为船厂旁边的街道两旁都是密密麻麻的公寓楼，因此工人中午就可以回家吃午饭了。邻里之间广泛的非正规网络有助于男性找到工作。许多像克雷格一样的人从事着"父子式"的工作——儿子给父亲当学徒。这意味着一艘船的合同的终止至少减少了两份收入，这对一个家庭造成了沉重的打击，但是关于其他船厂的信息很快就从"楼梯上"的邻居那里打听到了。克雷格说，在费尔菲尔德下岗的人很快就会听说在克莱德河下游斯蒂芬造船厂的工作机会，或在上游的哈兰和沃尔夫船厂的工作机会。这种技术劳动力的流动池，也是持续的人才市场，这正是阿尔弗雷德·马歇尔所提出的推动城市成功的第一种力量，它直接依赖于社会资本。

女性负责家庭预算，并依靠其他规范来管理家庭不稳定的收入。其中一些非常简单，如果一个女人的丈夫失业了，她会收到公寓邻居送来的周到的食物包裹，里面装着面包和汤。琼·梅尔文解释说，其他包括典当等的运作方式则更为复杂。考虑到造船工作的波动性，典当行的服务——将贵重物品换成现金，并同意手头宽松后再换回来的协议是有用的。这种做法很普遍，到处都是典当行，但也有它的问题。首先，一些家庭缺乏典当行接受的抵押品；其次，即使他们的物品最后被典当行接受了，但若被其他人看到典当结婚礼物或儿童乐器也会感到尴尬。因此，一听说一个男人失业，邻居们就会把自己可以典当的物品（常见的是一套新的亚麻布）借给他家，然后由另一个邻居将物品典当。通常情况下，一栋公寓楼会有一个经常典当物品的人，他在典当行那里信誉良好，而且不怕被人耻笑。一个邻居提供抵押品，另一个邻居负责典当，而陷入困境、资金不足的那个邻居则得到了资金。

戈万的金融科技

正如罗伯特·帕特南在意大利乡村所发现的那样，格拉斯哥公寓住户之间普遍的信任支持了独特的金融创新。另一个传统是一种被称为"家族"的借贷系统。一个典型的"家族"包括 20 个成员，需要持续 20 周。产品的价值通常在 2 英镑左右，成员每周将支付这个金额的 1/20。在每个周末，会从帽子里抽出一个数字来决定哪个成员获胜了，获胜者可以得到 2 英镑。这是没有风险的，你只能赢一次，所以每个人都可以在某个阶段得到相应的回报。这是一种创新的方法，可以一次性得到一笔钱而不需要承担债务，而且这种方法之所以有效，是因为邻居们相信，每个人都会支付钱款，而组织者也不会逃跑。

"家族"是一种不会输的彩票，也是一种金融魔法。那些早期中奖的人得到了 2 英镑的一次性付款，这相当于一笔小额无息贷款。那些最后中奖的人不会损失任何钱，他们发现这是一个有用的承诺手段，也是一种每周锁定一些现金的方法。除此之外，"家族"的成员通常会根据需要修改结果，琼说："你可以交换你的数字，以确保需要钱的人更早得到钱。"

除了格拉斯哥的劳动力市场和当地创新性的金融手段，这些规范和传统还提供了一种社会安全网。在安奈林·贝文强迫英国医生成为国家医疗服务体系的雇员之前，去看职业医生意味着要付钱。琼·梅尔文回忆道："下午6点前是1先令9便士，之后是2先令6便士，医生问的第一件事就是：你有钱吗？"① 每个家庭都尽量避免医药费支出，女性开发出了各种治疗疼痛的药物。这种文化在1948年英国国家医疗服务体系建立后持续了很长时间，而且在一个孩子出生时就更凸显出来了。住在公寓楼里的妇女充当了邻居的助产士。大多数孩子出生在家里，通常是在厨房地板上。这个安全网络延伸到了外部，这里的住户经常允许无家可归的人——"大厅里的流浪汉"睡在楼梯间里，在格拉斯哥寒冷的冬夜，遍布整个公寓楼的煤火给人以温暖的慰藉。

在社会资本处于低谷的意大利南部，罗伯特·帕特南发现公民生活已经瓦解为"非道德家庭主义"，人们以一种愤世嫉俗、短视的方式生活着，只为了自己的利益，或者为了他们直系亲属的利益而行动。对我在格拉斯哥采访的许多人来说，公寓楼生活的故事则是截然相反的极端，这正是迪尔凯姆认为的那种"相互精神支持"，以及就像一个大家庭一样的安全网。科林·奎格利回忆道："你就是你邻居的孩子，成年人会去帮助或惩罚邻居的孩子，就好像他们是孩子的父母一样。"另一个当地人告诉我，在后院发生意外后，身上有割伤和瘀伤的孩子会跑进公寓楼找一个"保姆"来处理，当然自己的母亲是最好的，但任何母亲都会帮忙处理。琼·梅尔文回忆起一次这样的事情时说："我跑过去找我的姑姑，的确，她不是我真正的姑姑，但她们都是我在楼里的姑姑。"

与时俱进——重塑格拉斯哥

继烟草和船舶制造业之后，塑造帝国第二城市的第三种力量就是格拉

---

① 1先令9便士略低于今天的9便士，2先令6便士约为今天的12.5便士。

斯哥市议会。私人住房市场在 19 世纪是失败的。由于土地所有者建造的房屋太少，房东会宁可留下 1/10 的空置房，也不降低租金来填满这些房子。到了 1895 年，格拉斯哥城市改善信托基金已经介入，建造了 46 栋公寓大楼，包括 415 个住宅和近 100 家商店。该信托基金还建造了第一批可出租的非营利性住房，这是迈向社会住房的第一步，社会住房将成为英国福利国家的基础。

激进的措施还是不够，1914—1915 年短短一年间，格拉斯哥部分地区的房租上涨了 25%，约 2 万名租户举行了罢工活动。（戈万的激进分子玛丽·巴伯领导的反抗者以关系紧密的社区作为优势——一名妇女充当瞭望者，手持铃铛摇响警报，任何接近的法警都会遭到面粉炸弹的攻击。）1915 年的租户罢工引发了一场住房革命，到 1939 年，格拉斯哥市议会提供了约 17% 的住房。在第二次世界大战之后，格拉斯哥市议会成为占主导地位的建筑商，私营企业每建造 50 套住房，它们就建造 2 000 套住房。格拉斯哥市议会也开始做出具有远见卓识和未来主义气息的建筑与设计决策，到 20 世纪 70 年代中期，除了俄罗斯以外，没有哪个城市的住房建设得到政府的大力支持。

这与胆怯和落后的船舶制造业政策形成了鲜明的对比，英国首屈一指的城镇规划师帕特里克·阿伯克龙比爵士和土生土长具有远见卓识的罗伯特·布鲁斯提供了这个想法。一个代表团被派往马赛，参观由勒·柯布西耶建造的革命性的新高层建筑。格拉斯哥市议会也决定建造摩天大楼，从 1960 年开始，有 300 多座摩天大楼拔地而起，大部分到 1968 年完工。红道小区由 8 个大厦组成，可容纳 4 700 人。它们高达 30 层，是欧洲最高的住宅楼。在此期间被分配到新家的当地人还记得当时的兴奋之情，从单间公寓搬到高层公寓就像"中了彩票"一样。

在格拉斯哥市议会把格拉斯哥变成高层公寓城市的同时，也还在继续扩建——在卡斯特米尔克、德鲁姆扎佩尔、伊斯特豪斯和波洛克建造了新的房屋。这些开发项目位于该市四个象限的外围，被当地人称为"四大"外围，初步设计可容纳近 15 万人。第一批家庭在 20 世纪 50 年代末搬到了周边的住宅区，当时造船业还很发达，与高层住宅一样，当地人记得搬到这些住宅区那令人兴奋的时刻，那里有更多的空间，还有自己的花园和独立厕所。

资本的失败

恢复船舶制造业的经济计划是缓慢、退缩和温和的，其中还有当时应该发现的经济缺陷。住房规划则有所不同，这个国家最优秀的人才推动这座城市朝着激进和现代化的方向发展，狭窄的公寓楼被拆掉，先进的塔楼和周边的住宅区拔地而起。在戈尔巴尔斯地区，每一栋维多利亚时代的公寓楼都被拆毁了，在其他地方，绝大多数公寓楼则被夷为平地。船舶制造业的损失一直是一团糟，拆迁是有意为之，资金充足且计划周密。

事后看来，这些安置计划就像一个快速破坏社区结构的处方。搬过来的人很少通过房产中介机构，98% 的新居归市议会所有，人们可以心血来潮地搬来搬去。"四大"外围的小区意味着社区被分散到了格拉斯哥的各个角落，打破了邻里关系，为那些在中心工作的人创造了长时间的通勤之路。卡斯特米尔克的高楼成为一首著名民歌的主题，这首歌悲叹母亲和在楼下玩耍的孩子的分离。最重要的是，这里多年来没有到市中心的公共汽车，从经济与社会的角度来说，这里创造了一群陷入困境的人。

住房计划还揭示了一个尖锐的新政治观点，即地方贸易、商店和非正规社区经济在一个地方的结构中所起的作用。格拉斯哥最早涉足公共住房领域暗示了贸易的重要性，比如有的公寓会专门为商店留出一层的空间，但这种观点在 20 世纪 60 年代就消失了。"四大"外围的小区是购物沙漠，它们有数百条街道，但没有商业街，这意味着要花很长时间去城里才能买到基本的生活用品。这里对酒吧的态度更加直白，戈尔巴尔斯是一个有 4 万人的中心公寓区，在其建筑被拆除之前，大约有 200 家酒吧。为了容纳 3.4 万名搬迁者而在德鲁姆扎佩尔建造的外围小区则一家酒吧都没有。

结果是灾难性的，由于缺乏持续的投资，格拉斯哥的高楼大厦很快就破败不堪。又由于不受家庭欢迎，居民们表示感到与世隔绝和孤独。20 世纪 90 年代初，地标性建筑开始被拆除。外围小区也同样糟糕，1991 年，格拉斯哥的一张贫困地图显示，其四角有黑色斑点，这些外围小区则被标示为最荒凉的地方。帮派文化在格拉斯哥历史上十分盛行，伊斯特豪斯这个地方之所以被选中，是因为周围有绿油油的农田，市中心的孩子们曾经在学校组织的旅行中到那里去呼吸新鲜空气。20世纪90年代，伊斯特豪斯的情况非常糟糕，以至于外国政要纷纷到访，看看他们国家的社会住房开发项目应该避免什么。

科林·奎格利回忆起他小时候住的公寓被拆除的情景说："他们拆掉我们房子的那天，我哭得很伤心。"琼·梅尔文的女儿桑德拉·凯恩在讲述自己儿时居住的房屋被毁的经历时，描述了一种"挥之不去的悲伤"。琼回忆起最近一次和她最后一个健在的兄弟乔治一起去老家特彻尔山的旅程。那里的公寓、街道和商店都没有了，她的孩子们就读的学校也被夷为平地。只留下了过去的遗迹——曾经标志着街道尽头的一根旧灯柱，除此之外没有别的东西来纪念他们之前的生活，他们就站在旧灯柱旁边一起拍了一张照片。

亲爱的绿色之地

很难证明雄心勃勃的住房政策解释了神秘的"格拉斯哥效应"，但其模式肯定可以解释。与格拉斯哥很相似的城市曼彻斯特和利物浦都经历了急剧的去工业化过程，但却没有经历过同样程度的强制重新安置或房屋拆迁。格拉斯哥曾经是一个钥匙可以留在门上的城市，最近的调查显示，认为人们可以互相信任的格拉斯哥人的比例要低于利物浦或曼彻斯特。格拉斯哥曾是一个出生、婚礼和死亡都是公共事件的地方，如今格拉斯哥近10%的人感到被孤立和孤独（英国的平均比例为4%）。这些感觉都与导致人们死亡的糟糕行为——酗酒和吸毒有关。这是一个复杂的故事，也是一个活跃的研究领域，间接证据是强有力的，当地人的故事更引人入胜。

格拉斯哥更广泛的教训是，城市经济中有许多我们看不到、数不清或无法衡量的价值。引领一个城市成功的强大经济推动力，也就是阿尔弗雷德·马歇尔所说的集聚外部性是无处不在的。从这个意义上讲，它们就像埃米尔·迪尔凯姆提出的"相互精神支持"，也就是那种支持一个经济体成功并有助于缓和其失败的非正规扶助。这些东西都不是私人所有的，它们是城市里每个人共享的。所有这些东西都不能精确测量，它们都存在于哲学和一个城镇的传统中。格拉斯哥这个名字的意思是"亲爱的绿色之地"，它向未来 3/4 的人将居住的城市发出了警告：当一股经济力量可以共享，却又看不见，而且很难衡量时，说明你在保护它的方面做的事太少了。

英国船舶制造业始于格拉斯哥，戈万是它的心脏，费尔菲尔德是领先的船厂。这座城市的成就改变了现代世界，但现在早已不复存在。尽管如此，戈万造船厂的工人吉姆·克雷格仍然感到自豪和忠诚，并决心保持乐观，他告诉我一项在克莱德河上修建一座新桥的计划，这座桥将连接萧条的戈万商业街和格拉斯哥富裕的西区。在我们讨论这个计划时，克雷格解释说，过去过河要容易得多，他拿出智能手机找了一些小渡船的照片，这些渡船曾在费尔菲尔德的全盛时期载着通勤工人渡过克莱德河。

克雷格的手机相册里装满了他孙子孙女的照片，其中还有他建造过的大船的照片。他在诺西女士号客轮的照片前停了下来，这是一艘为铁行轮船公司制造的 588 英尺长的客运渡轮，于 1987 年在戈万下河。他说："那是一艘很棒的船，我们打败了建造它的'双胞船'的日本造船厂，它操作起来就像一颗宝石。"克雷格还放大图像以展示其细节。后来我查了查这艘船。这艘船现在改名为约克骄傲号，这艘格拉斯哥式的船仍然在赫尔和鹿特丹之间航行，最多可容纳 850 辆汽车。它将于 2021 年完成服务使命，这是英国建造的最后一艘大型客轮。

未来：经济的明天

7　秋田：银发之都

长寿真好。

——日野原重明，1911—2017 年

比赛变了

秋田的冬季严寒多雪，整个城市像覆盖了一层厚厚的白毯子。日本足球协会（JFA）总部外面的足球场被大雪覆盖了起来，只能看到每隔 100米左右从雪里冒出来的生锈门柱。足球在这里是一项夏季运动。JFA-70 联赛是为 70 岁以上的球员举办的比赛，队员们正在大楼里仔细回顾上一个赛季，并规划下一个赛季。83 岁的足球队主教练菅原勇感慨道："当你管理一支足球队时，你会收到很多信息，以及很多电子邮件，最后我不得不买了两部手机。"他指着桌子上的两部智能手机说："一部是有关足球事务的，另一部是和我女朋友使用的。"

这支球队和教练在一起踢了 60 多年的球，他们反思了自己的踢球风格是如何随着年龄的增长而改变的。73 岁的铃木俊悦是球队的明星前锋，他说："比赛变了。"菅原先生点了点头，用手指在空中比画出一条线，那是球从球场后方到达前锋时可能形成的弧线。接着教练却突然用手臂在胸前画了一个 ×，他说道："不！不可能了。"他看起来很伤心。铃木补充说，在 JFA-70 联赛中，球员无法用力踢球，所以长传球是不可能的。由于没有人能跑得很快，所以短距离和高度准确的传球是联赛成功的关键，这能够让球队保持控球并保存能量。

菅原说："当你老了，生活也会发生变化。你会改变你的目标。"和主教练菅原一样，铃木也是一位鳏夫，他说："你的计划变得更小、更简单了。现在最重要的事情，最主要的目标，仅仅是活着。"他们说，任何能让你养成习惯的事情都是好的，并提到他们是如何在每星期三和星期日进行两次训练的，除了参加联赛，他们每年还要参加三场锦标赛。菅原指出，最重要的是沟通，并近距离向我展示了他的智能手机。这是一款面向老年人的简易设备，只有四个大按钮：电子邮件、联系人、电话和短信。如果一名球员没有参加训练或比赛，他的队友就可以立即与他取得联系。足球队是一条生命线，铃木说："因为对我们这样的人来说，真正的危险是自杀。"

在日本，秋田被认为是一个有点儿闭塞落后的地方。这里是一个农业地区，以温泉、毛茸茸的白狗和清酒而闻名，丰富的降雪保持了这里的凉爽。秋田也是日本人口老龄化程度最高的地区，当地人口的平均年龄超过53岁。秋田是日本第一个半数以上人口年龄在50岁以上，1/3以上人口年龄在65岁以上的地区。在来到秋田几分钟后，你就会意识到这些统计数据没有说谎，当地的火车司机、售票员、游客信息中心的工作人员、餐厅就餐的夫妇，以及侍者、建筑工人、出租车司机、仆人和厨师，都可以很明显地看出来年纪很大。

从人口统计资料来看，秋田在人口老龄化方面正处于前沿，成为引领未来趋势的城市。世界正在快速地进入老龄化社会，许多国家都紧随秋田的步伐。韩国目前的老龄化程度落后于日本，但是人口老龄化的速度更快，到2050年，这两个国家的城市都将与今天的秋田相似，人口的平均年龄将超过53岁，1/3以上人口年龄将超过65岁。在此期间，中国作为世界上人口最多的国家，人口的平均年龄也将从35岁上升至近50岁。在西方，意大利、西班牙和葡萄牙的情况比较突出，30年内也将出现类似秋田的人口统计情况（英国和美国的人口老龄化速度较慢，但这两个国家老龄化经济的趋势都很明显）。巴西、泰国和土耳其也在迅速进入老龄化社会。唯一没有出现这种趋势的地方是较贫穷的国家，比如刚果（金）。今天世界上约 76 亿居民中有 85% 的人生活在一个平均年龄不断增长的国家里。图 7.1 显示了联合国统计和预测的 1950—2100 年 20 个主要国家的 65 岁以上人口占总人口比例的数据。

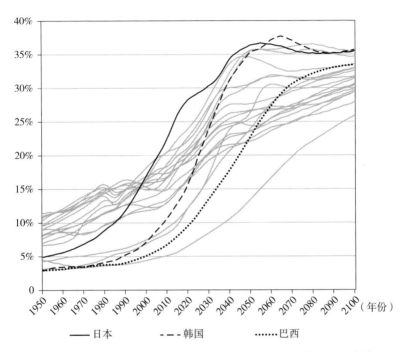

图 7.1 联合国统计和预测的 1950—2100 年 20 个主要国家的
65 岁以上人口占总人口比例的数据

我们正在走向一个类似秋田的世界，这个事实引起了相当大的焦虑。老年人的需求产生了公共成本——主要集中在养老金和医疗保健方面，而这些都需要国家财政的支持，这无疑将带来经济压力。国际货币基金组织警告称"各国存在未富先老的风险"。我前往秋田与当地年长的和年轻的居民交谈，探讨在这种极端的经济下人口老龄化如何影响他们的生活。我不仅想看看人口老龄化如何影响政府财政，而且想看看人口老龄化如何验证本书前两部分提到的正在运转的更深层次的经济结构。在不久的将来，我们的老龄化社会是会促使人们合作、利用非正规和传统的方式来解决经济问题，还是会促使人们进行生存斗争，从而弄巧成拙并以失败告终？

超老龄化社会

有两个因素正在推动世界走向一些研究人员所说的"超老龄化社会"。第一个因素是人的寿命。根据世界卫生组织的数据，1960 年，全球婴儿的平均预期寿命为 52 岁；到了 2016 年，这一数字到已上升至 72 岁。同时世界卫生组织发现，在其保存数据的 183 个国家和地区中，每个国家和地区的人均预期寿命都有所提高。日本更长期的数据也反映了它是如何引领这一趋势的，1900 年，在日本出生的人平均预期寿命为 45 岁，今天的平均预期寿命是 84 岁。

另一种看待这一变化的方式是极为长寿人口的数量。日本政府从 1963 年开始跟踪记录百岁老人，在那一年共发现了 153 个百岁老人。那时候，当地媒体会经常报道活到 100 岁的人，这些老人还会收到一个纯银的特制清酒杯。到了 2016 年，日本 100 岁或以上的公民数量已经上升至约 6.5 万人（见图 7.2），还有很多 80 多岁和 90 多岁的人十分健康，这就意味着，到 2040 年，日本政府预测的这一数字将达到 30 万人。如今，在日本活到 100 岁已经不再成为当地媒体的焦点了，用来庆祝的纯银的特制清酒杯现在已经变成镀银的了。

第二个推高一个地方人口的平均年龄的因素是低出生率。这里出现了另一个全球转变，世界卫生组织的数据显示，自 1960 年以来，日本的出生率下降了 40%。日本的这一趋势可以从长期数据中看出，1900 年日本人口总量约为 4 400 万人，有 5 个孩子的家庭很普遍，这一年出生的婴儿有 140 万人。到了 2015 年，日本的人口总量增长了约 2 倍，达到 1.27 亿人，但是大家庭已经变得罕见了，这一年出生的婴儿就更少了，仅有 100 万人多一点。秋田不仅是老年人占比最高的地区，而且是日本儿童占比最低的地区，这里 15 岁以下的人口比例只有 1/10（相比之下，在纽约，年龄在 15 岁以下的人口数量大概占到当地人口总量的 1/4）。当出生率下降时，能拉低平均年龄的婴儿、蹒跚学步的幼儿和儿童数量就更少了。因此，当一个国家的家庭少生孩子时，这个国家就会开始步入老龄化社会。

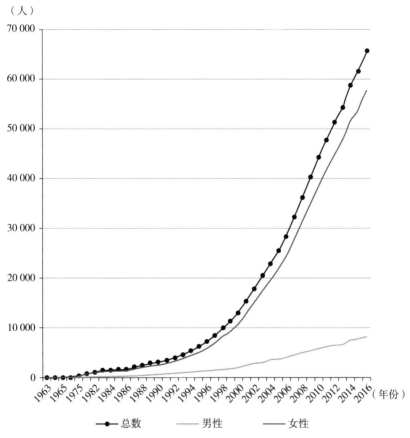

（人）

图 7.2 　日本百岁以上老人的数量（1963—2016 年）

资料来源：日本老年人健康和福利局。

老龄化的冲击

我在秋田郊区的一个"休闲与学习"社区中心遇到了石井清子和她的朋友高杉静子。石井今年 77 岁，但看上去很年轻。她身穿一件巴塔哥尼亚夹克，脚踩登山靴，肩上挎着一个快递袋。在带领我们参观中心时，她指了指一个用来举行活动的宽敞的大厅，大厅的墙上挂满了当地人上课的照片——跳舞、吹尺八（一种传统的木笛）、读诗、辩论和烹饪。这是一个适合所有年龄段的人活动的场所，不仅仅是对老年人开放，但是可以看出照片中每个人的年纪都很大。这里就像秋田的许多郊区一样，都是由高龄者，即老年人来主导的。

石井说："一个主要的问题是我们没有起到榜样的作用。"她一边带领我们前往举行正式会议的一座古老的塔式建筑，一边诉说着人口老龄化所带来的挑战。这座建筑是一种日本和室风格的传统结构，有着半透明的拉门，以及用作地板的稻草榻榻米垫子。它也为老年人进行了一些改造，到处都是小暖炉，非常暖和，在低矮的中央桌子周围还有四把椅子，她说："老人们不用再跪坐了。"石井回顾了自己的生活，以及退休给她和整个社区带来的困难，她说："我们没有想到会活这么久，因为我们的父母大多很早就去世了。"

这是我在日本遇到的大多数老年人都持有的看法，这也反映了一个事实，即许多老年人都超过了他们父母活到的年龄，多活了 20 年甚至更久。日本的人口数据显示出了惊人的长寿。日本当前这批百岁老人出生时，男性的平均预期寿命为 44 岁，女性为 45 岁（这批百岁老人的父母出生于19 世纪末，活到 60 岁就被认为是一项壮举）。但随着卫生、医疗和收入方面的巨大改善，在他们有生之年的平均预期寿命大幅增长，因此对这一群体的寿命预测出现了严重的偏差。他们的寿命远远超过了他们自己或相关统计人员的预期。铃木俊悦是当地 70 岁以上足球队的明星前锋，当我问他是什么让他对自己的高龄感到惊讶时，他的回答很简单："所有的一切，我都不知道我能活这么久！"

人口老龄化所带来的冲击是日本面临的所有问题的核心，也可以用经济学中较有影响力的"生命周期假说"来解释。20 世纪 40 年代，犹太裔的意大利经济学家弗兰科·莫迪利安尼在 30 多岁时，开始关注一个人的储蓄倾向在他们的一生中是如何变化的。莫迪利安尼认为，当时主流的经济理论都没有考虑到这样一个事实，那就是人类不喜欢生活方式的大幅改变，因此会采取措施来避免这种波动。所以，他与博士生理查德·布伦伯格合作提出了一个新的理论。他们的想法是从成人生活阶段开始的，将其划分为"依赖""成熟""退休"阶段。他们认为，收入在这些阶段会有很大的变化，而我们对于衣服、食物、燃料和娱乐的需求与愿望则要稳定得多。个体所面临的经济挑战是规划好未来并做好准备，无论收入是上升还是下降，储蓄和借贷都应该以一种平稳的方式确保他们的支出能够满足需求。

这一模型对个体的预测很简单。"依赖"阶段是指在成年早期仍在学习或工资较低的年轻人通过借钱来满足自己的需求。然后在工作的黄金时期，也就是莫迪利安尼所说的"成熟"阶段，收入高于支出，每个月都会存下一些节余。这笔钱可以让一个人过上舒适的退休生活，虽然在退休期间收入可能会大幅下降，但可以动用自己积累的资产来维持生活方式不变。由于收入和支出遵循这些可预测的模式，所以一个人一生的财富看起来就像一个驼峰，经济资产先是积累起来，后来又消耗掉了。

把数百万以同样方式行事的个体放在一起来考虑整个系统时，莫迪利安尼的模型做出了更为微妙的预测。一个关键的发现是，那些公民有长期退休计划的国家将会更富裕——既有高储蓄率，又拥有更多的财富储备，这是因为民众都为晚年生活做了准备。由此得出一个更悲观的教训是，那些最终退休时间比计划退休时间长的国家，其财富水平将很低。虽然长寿通常被认为是一件好事，但生命周期模型显示，预期寿命的意外增长会对个体和整个经济造成冲击。

在日本，许多人的退休时间比他们想象的要长得多。现在的工人65岁退休，但在20世纪40年代国家养老金建立时，退休年龄是55岁，这甚至高于当时日本男性的平均寿命，因此，人们通常在退休前就死亡了。1920年出生的人可能在1940年开始工作，并期望在1975年退休，然后享受几年的退休时光。但随着许多日本人开始活到90岁甚至100岁，他们的退休时间实际上长达35年或45年。他们中的一些人的退休时间比他们工作的年限还长，也可能比他们父母的寿命还长。许多老年人都没有想到自己会活这么久，在他们之前也没有上一代人为他们铺路。这也就不奇怪了，他们中几乎没有人为此做好打算。

养老的紧张关系

高杉说："依靠国家的养老金勉强维持生活也很艰难。"在日本，平均每月的养老金收入约为 1 700 美元，但由于根据终身贡献来计算，许多老年人（尤其是女性）的月收入远低于 1 000 美元。尽管按国际标准衡量，这依然算是不错的，但是如果考虑到日本高昂的生活成本，情况就不一样了，而且日本超过一半的养老金领取者没有其他固定收入来源。在过去十年中，依靠福利生活的养老金领取者的数量几乎翻了一番。有研究表明，近 1 000 万的养老金领取者可能生活在贫困之中，许多人都没有私人储蓄金。有 17% 的日本老年人已经用完了他们所需要的按照生命周期模型预测的"驼峰"资产，完全没有积蓄了。高杉说，尽管天气寒冷，但在秋田，许多养老金领取者仍然种植蔬菜来售卖，以此来赚取一点额外收入。

问题在于，日本的养老金既太低又太高。秋田的高龄者在退休后都过着精打细算的日子，一边攒钱，一边耕种。长寿正在给日本政府的财政带来巨大的压力。1975 年，社会保障和医疗保健支出占到该国税收收入的 22%；到 2017 年，由于老年护理和养老金的推动，这一比例已上升至55%。到 21 世纪 20 年代初，这一数字将达到 60%。换个角度来看，1975年将近 80% 的税收用于日本所有其他的公共服务项目，比如教育、交通、基础设施、国防、环境和艺术，但随着与老年人相关的支出增加，这意味着税收中只有 40% 留给了其他公共支出。在预算方面，人口老龄化正在吞噬着日本。

这是一个国际上普遍存在问题，韩国、意大利以及所有其他继日本之后迈向超老龄化经济的国家都将不得不去面对此问题。人口老龄化对整整一代老年人来说都是一个冲击，他们并没有做好准备，他们的养老金也需要补充。年轻人将为此付出代价，这将加剧年青一代和老年一代之间的紧张关系。

日本是一个检验代际团结的有趣地方，因为"尊重长辈"的观念在这里并不完全适用。在日本传统文化中，人们对长者应该是尊敬的，中国儒家礼法的核心支柱——孝的概念，也要求孝顺和尊重长辈。还有一些古老的规范幸存了下来，比如对朝代宗族的保护。在这些规范中，对父母的感恩和对长辈的关怀被给予了极大的重视。敬老不仅是礼貌，而且与古老的历史和哲学紧密相连。

在类似秋田这样超老龄化的地方，有很多机会向老年人表达敬意。在当地的一所大学里，我和一群学生讨论他们对人口老龄化的看法。我发现尽管是全日制学习，但许多学生要么是与祖父母住在一起，要么花了大量时间在照顾他们。当地公交车上的"银色座椅"表示年轻人要给老年人让座；另一个是"公交币"，秋田的高龄者可以使用一块面值为100日元（约合80美分）的代币在县内的任何地方乘坐公交车旅行。

但是，各年龄群体之间的摩擦开始加剧。你能听到的一些抱怨都是日常生活中的小事，比如众所周知，老年人是马路上的一个威胁，另外一些对老年人的失望可能更为严重。一名学生说："他们去医院只是聚在一起坐着聊天，而且他们没有考虑到这样做的成本。"这是一个很常见的抱怨，秋田的学生说了与此有关的一个笑话。问：为什么今天老年人不在医院？答：因为他们生病在家。然后他们带我熟悉了一下经常出现在常见短语中的汉字——"世代间格差"，意为"世代""之间""差距"——日文意为代际不公平。秋田的年轻人意识到老年人带来的成本，也知道他们是那些被期望为老年人买单的人。

新的词语正在出现，离孝顺所要求的尊重还差得很远。"老年人"一词已被改编成"老年痴呆"（一个高龄的老年人）或"老人问题"（与老年人有关的问题）；"加龄臭"是衰老的味道，特别适用于男性老年人；而"有臭味儿"是表现得像个老年人。年轻人可能会在争吵中称他们的朋友为"四角"（一位迟钝的老人）。女性老年人也会受到歧视，"肥胖主义者"是指令人讨厌的中年妇女，她们在百货商店打折时会非常用力地挤到前面，但在乘坐公交车回家的路上却会要求年轻人给她们让座。在日本，家庭护理可能是长达数十年的负担，因此女性首先抱怨出现了"护理地狱"。

许多术语都是在过去20年里首次创造或普及的，也是人口老龄化对代际凝聚力真正考验的众多迹象之一。另外一个是人们对养老金的态度，日本的养老金体系建立于1942年，与大多数国家一样，采取的是现收现付制。这意味着没有单独指定的资金储蓄起来，相反，工人的贡献会立即用于支付老年人的养老金。现收现付养老金是一项代际协议，年轻人支付今天的养老金是期望他们退休后也能得到同样的待遇。

随着日本国内一个普遍讨论的话题——"世代间格差"日益升温，这一体系正在变得支离破碎。那些四五十岁的人已经享受不到那么慷慨的制度了，我所遇到的年轻人期望进一步削减支付，这样他们每个月只需付 1.5 万日元（约合 140 美元）来支持这项福利，但他们怀疑，当他们退休的时候是否会获得该项福利。他们的怀疑不是没有道理的，绝大多数发达经济体都计划通过削减支付金额和提高领取养老金的年龄来减轻养老负担。欧洲国家率先采取了行动，意大利、西班牙和德国都削减了养老金的价值。捷克和丹麦作为最具前瞻性的国家，已经将其最年轻工人可领取养老金的年龄分别设定为 70 岁和 72 岁。

这些改革则意味着在接下来 30 年左右的时间里，许多国家的养老金体系都将要求年轻人出资支持这一制度，而人人都知道 2050 年的养老金制度将远不会那么慷慨，所以很难让人们对公共政策产生信心。日本官方统计数据显示，超过 2/3 的人并不相信养老金制度会覆盖他们退休后的生活，而年轻人对此的担忧则更为严重。就目前而言，英国或美国的学生很少考虑养老金问题，但是对于我在秋田大学里遇到的学生来说，这却是挥之不去的问题。正如一位名叫佐佐木的 20 岁年轻人所说的那样："养老金问题一直在我的脑海中萦绕。"

其中的风险在于，人们会选择退出养老金体系。一般来说，日本雇员通过工资自动支付养老金，而个体经营者则直接缴费。1990 年，超过85% 的人缴纳了养老金，但到了 2017 年，只有 60% 的人这样做了，而这一数字在年轻人中已经下降到了 50% 以下。与此同时，政府进行了一项长期调查，针对社会贡献和代际和谐问题发放问卷来调研社会连带关系。调查结果显示，年轻人对日本的看法远不如老年人积极。对于一个建立在责任和集体主义观念上的国家来说，这是令人担忧的趋势。

家庭幸福感降低

除了两代人之间的焦虑外，人口老龄化还在日本引发了两性之间的紧张关系。战后的日本家庭，男女老少都有各自的角色。妻子掌管着家庭预算，决定家庭的维持、修整和保养事宜，并逐一将其记录在家用账本上。女性要确保孩子们在学校里表现良好，还要为晚上的私人课程做预算，因此得到了"教育妈妈"的绰号。

所有这一切都需要资金支持，这也是为完美丈夫——"工薪族"中的一员所设定的目标。作为超级可靠的工薪族，他的任务要么是在大企业保有一份稳定的工作，比如日经 225 指数中的成员企业本田、三菱或奥林巴斯，这样的工作是非常理想的；要么是成为一名官僚。一旦进入了角色，工薪族就要坚守岗位，在每年的 4 月 1 日要进行效忠公司的宣誓，而跳槽则被认为是对公司不忠。工薪族将通过年功序列获得晋升，通常在使用这一制度对绩效进行评定时，考虑的是服务年限而不是业绩。找工薪族这样稳重的男人作为丈夫受到了追捧。一位年近七旬的妇女回忆起自己的青少年时代说："我只想要一个工薪族丈夫。"

今天，工薪族的概念正在瓦解。石井说："我们有成功人士的榜样。他工作时努力挣钱，在闲暇时可以喝酒、打高尔夫球和唱卡拉 OK。"我遇到的所有高龄者都认同这个说法，工薪族的职责是工作，在闲暇时间也会从事与工作相关的事情。工薪族工作的时间很长，一天工作 16 个小时是正常的，周末也经常被强制性的"休假日"占据，比如需要和同事一起露营。由于工作占用了太多的时间，所以工薪族很少在家里露面。

工薪族和他们的妻子还没有为几十年后的退休生活做好准备。我听说工薪族漂泊不定，一位老人这样描述道："公司里的朋友并不是真正的朋友。"还有一些人很孤独，他们的生活缺乏社交网络。退休后的妇女说，丈夫们在家里无精打采，几乎没有什么爱好，他们也不会或者不愿意做饭，这让她们非常恼火，并想出了用来谴责他们的新词。退休的男人被描述为"sodaigomi"（一个很难处理掉的大垃圾袋）或"nureochiba"（秋天落下的腐烂的叶子，粘在鞋子上让人生厌），他们的妻子抱怨着"丈夫退休压力症"。在过去的 25 年里，老年人离婚率激增。

足球队员铃木说："对男性来说，保养得好很难。"当一个人没有可以依靠的人脉时，孤独便成为一种风险。他说："这就是为什么这么多在我这个年龄阶段的人选择了自杀。"主教练菅原回忆起一位非常聪明的高中同学，他的这位同学后来成为一名工薪族，并将毕生的精力都奉献给了公司。他说："他工作太努力了，没有真正的朋友，而且他太投入于激烈的工作竞争中了。"两个武士的生平就是生动的一课，他说："织田信长既聪明又胆大，但他是个独来独往的人，在年轻的时候就被谋杀了。德川家康结交了很多盟友和朋友，他活到了 70 多岁。"太多的日本男人活成了织田信长，看重个人主义，拼命地争取升职。活到老不仅仅是存一笔退休金，你也需要投资重要的社会资产，比如朋友、体育。球队成员对这位年过八旬的领导者赞不绝口，铃木总结道："作为一个男人，你必须在工作上全力以赴，但你也需要有私人生活。或者和朋友在一起什么也不做，或者做一些蠢事，或者谈话聊天。"

自杀与孤独死

日本人讲究礼节、注重礼貌的声誉实至名归。秋田的会议是从鞠躬、握手、交换并仔细查看名片开始的，在更加正式的介绍之前，通常会有大量的感谢、倒茶以及交换礼物的环节。寒暄并不是为了掩饰尖锐话题，在对一位老人进行了 10~15 分钟的采访后，你的脑海中往往会出现两个词——"自杀"与"孤独死"。这两个词已经成为这里的老年人日常用语的一部分。在秋田，如果你超过 70 岁，那么在你所认识的人当中，很有可能最近就发生了这样的事。

20 世纪 90 年代中期，自杀在日本成为令人担忧的普遍现象。自 2005 年以来，预防自杀成为日本公共卫生政策的主要目标。政府出资设立咨询服务和心理健康热线在一定程度上可以帮助解决这个问题，所搜集的大量的自杀数据揭示出了最新的自杀模式（人们自杀的方式发生了变化，例如，烧木炭产生一氧化碳的自杀事件减少了，混合浴室化学品来制造致命的硫化氢气体的自杀事件增加了）。另一个新趋势是老年人自杀率的上升，2016 年 50 岁及以上人群中自杀的人数超过 1.2 万人，占比远高于其他国家。大多数自杀案例当事人的年龄在 50~69 岁，而且绝大多数是男性。秋田在这方面也是一个极端，它既是日本人口老龄化最严重的地区，也是官方公布自杀率最高的地方。

老年人的实际自杀率可能要高得多，因为许多人在结束自己生命时都是悄无声息的，他们的尸体可能几个月甚至几年都没有被人发现。2016 年估计有 4.6 万人孤独死，其中绝大多数是老年人，而且这一数字被认为还会迅速上升。许多孤独死都被怀疑是自杀，这两种现象现在如此普遍，以至于出现了专门处理善后事宜的公司。西村正树是其中一家专业公司的主管，他表示这是一项复杂的工作，既要处理行政事务（收集死者的物品和文件），还要进行专业的清洁工作（使用一种秘密混合的化学物质来去除异味和污渍）。

西村所在的公司每个月平均要处理 5~6 起孤独死事件，初夏是公司业务最为忙碌的时段，因为高温下的尸体所散发出来的恶臭会让邻居有所警觉。他说孤独死的人当中，有的是因为自杀，较为典型的是 50~70 岁的单身男性，通常都是离婚的人。他指出这是一个危险的年龄段，由于人们通常能活到 90 岁或以上，那些 70 岁以下的人被认为是年轻的，所以很少得到国家或同伴额外的关注和支持。他说，人们根据找到的遗书或者一些证件资料发现这些孤独死最常见的原因似乎是贫穷。

消失的村庄

全球出生率下降的趋势意味着整个国家的人口规模开始缩小。与人口老龄化不同的是，这一趋势并非处处可见，美国、英国和法国略高的出生率和外来移民推动了人口持续增长，但这一趋势将重塑全球许多国家的面貌。日本作为世界潮流的引领者，人口规模在过去十年里一直在下降，其人口总量在 2010 年达到 1.28 亿人的峰值，而在 2019 年则降至 1.26 亿人。南欧更是如此，意大利、西班牙和葡萄牙的人口规模在下降，德国的人口规模将在 2022 年开始减少，韩国将在 21 世纪 30 年代初开始下降。秋田作为日本老龄化经济的前沿地区，人口下降的趋势已经持续了超过 25 年，这为未来提供了一个有价值的窗口。

藤里的主要商业区就是日本农村地区的人们称为"百叶窗街"的地方。这里的每家商店都关门了，窗户上都拉着整齐的金属卷帘门。从门口上方褪了色的字母能看出其中一家是面包店，另一家是鞋店，马路对面是一家倒闭了的女装店。再往前走到主干道就到了一个岔路口，那里有一个停业的加油站和汽车修理厂。

藤里位于秋田市以北约 90 公里处，坐落在日本白神山地巨大的毛榉森林的边缘，森林将秋田与其邻近的青森县隔开。藤里是一个走向衰落的地方，这里 10 年前的人口接近 5 000 人，但现在只有 3 500 人，成为日本人口消失最快的地方之一，这一人口数字在未来 20 年将下降逾 40%。由于顾客太少，商店都关门了，只有一家旧货商场还在营业，出售并回收巨大的显像管电视、生锈冰箱和文件柜，这些东西在 15 年前就已经过时了。当我在街上徘徊寻找市政厅时，一位老妇人正好骑着自行车经过，她要去郊外的现代车库，那里正在出售一些基本的家庭用品。日本人对此也有一个新的称呼——"购物难民"。

61 岁的佐佐木深美是这个小镇的镇长，一生都住在藤里，他职业生涯的大部分时间都是作为当地的官员，他在 2016 年底升任了镇议会主席。他满脑子想的都是这个小镇不断减少的人口，他对此了如指掌。他打了个响指，他的助手便跑过去拿藤里的人口统计数据。这些统计数据非常详细，按照 5 年一组对这个小地方的居民进行了分组划分。佐佐木表示，他的首要目标是确保当地学校每个年级至少有 20 名学生，每 5 年至少有 100 名学生，但数据表反映出了问题的严重程度。藤里这种头重脚轻的情况很危险，这里有数百名 90 岁以上的老年人，但 5 岁以下的儿童只有 77 名。除非人们带着蹒跚学步的孩子搬到这个村庄来，否则镇长在未来几年也无法实现他的目标。

秋田农村的一些地方甚至在走向灭绝。深冬的八木泽是你所能想象到的最美丽的如画般的风景，村庄坐落在群山之间，一座冒着气泡的木桥将村庄分隔成了两个部分。当地的导游森本先生说，这个村庄曾经有200多人，但现在只剩下15个人。许多房子都用木板封住了，还有一些废弃的房屋暴露在大自然中。八木泽大型的中央建筑是一所学校，坐落在河边的黄金地段，但学校已经停课了。在离得最近的上小阿仁村的图书馆里，保存着60年前八木泽的照片，夏天村里正在举行运动会，至少有17名儿童参加。而今天却一个儿童都没有。

金粉一代

如果说脾气暴躁的老工薪族成了秋田的笑柄，那么另一个人口统计群体则变得非常受欢迎。商店老板、当地政客和餐馆老板经常提及有孩子的家庭在维持一个村庄或城镇活力方面所起的重要作用。他们都兴高采烈地谈论着"养育孩子的一代"，二三十岁的年轻夫妇就像这里的"金粉"，他们的消费支持了当地的商店，他们的孩子让当地的学校能够继续办学。

藤里是秋田长寿盛行的地区，有52%的人口年龄超过了65岁。镇长正在想办法抵消长寿给当地带来的成本。他说："我想让人们工作到75岁。"并提到引进土豆工厂来促进镇上老年人的就业以增加收入。但作为镇长，他最大的努力是让藤里的生活尽可能地吸引年轻家庭。他的计划涉及教育，包括投资幼儿园，将一座废弃的建筑改造成一所高中。镇长在住房方面也有规划，他想要找出可以让年轻夫妇廉价购买或免费分配给他们的废弃房屋。由于意识到当地缺少雇主，镇长把希望寄托在那些能够远程工作的人们身上，并希望加强镇上的无线信号来支持远程工作。

然而，从日本人口结构变化的原始计算可以看出，这个项目注定是要失败的。藤里是一个不错的地方，附近的白神山地是东亚最大的原始森林，也是在地球其他地方看不到的各种鸟类的家园，并且有美丽的徒步旅游路线和吸引游客的天然温泉。但是日本人口规模不断减小的事实，意味着全国各地有许多美丽的村庄正在逐渐消失。最近的一份报告显示，如果按照目前的趋势持续下去，在未来的 21 年内将有 869 个村镇"消失"，占全部村镇总数的 50%。为了吸引年轻人来到这里，镇长面临许多竞争，从其他地方的经验来看，情况也都不是那么令人乐观的。

随着人口的急剧下降，本州岛南部的津和野在吸引年轻工人方面更加卖力。我在东京会见了津和野的代表宫内英子和平桥健二，宫内 50 多岁，他给我看了一些统计数据，数据显示，1980 年这个小镇的人口是 13 400 人，到 2015 年已经下降到 7 600 人，他说："多年来，人口规模下降了 11%。"为此，他们在东京设立了名为"津和野中心"的营销办公室，以宣传这座城市的优点。他们投资设计了很酷的标志和一个漂亮的网站，并开展了新闻宣传活动，旨在吸引对城市生活幻想破灭的年轻人到镇上来。他们取得了一些成功。31 岁的平桥厌倦了东京的拥挤，他搬到了津和野。他称赞这里的住房便宜，社区关系紧密，而且不用每天通勤。宫内笑着说："你看，我们取得了一些成功，去年我们的人口规模只下降了 8%！"

减少疼痛

藤里和津和野等地区的主要担忧是，学校和医院等公共服务越来越难以维持，这使村庄合并成为日本农村的热门话题，而且政府鼓励人口规模不断减少的地区进行合并。这也是意大利和葡萄牙在不久的将来要关注的政策，那里废弃的村庄也已经开始成为公众关注的焦点。一位当地人说，合并是一个好主意，如果城镇和村庄共享公共服务，比如公交车、学校和图书馆，那么更多的公共服务就有可能继续保持下去。

秋田面临的问题是拟议中的合并总是失败，一个基本的分歧在于新的地方应该叫什么名字。这里小镇的名字都蕴含着重要的历史或自然因素。在从藤里回来的路上，我开车经过了井川（樱花）、长垣（长脸）和五城目（五座城堡）。合并的城镇通常是将名字的汉字组合在一起，这会出现一些不好听且意义不大的名字。比如，秋田附近的潟上市是由昭和、饭田川和天王三个镇合并的，它的名字是一个由汉字混杂起来的合成词，没有真正的意义。一位当地人很失落地告诉我："老城镇的名字很有意义，这些新名字让人伤感。"

当地的对抗和社会等级也阻碍了农村地区的合并。按照这里的传统，那些建立了这个地方或者通过打猎和捕鱼来养活当地人的村庄与家庭是这个地区里社会等级较高的。例如，八木泽是著名的猎熊人之家，之所以得到高度重视，是因为他们有能力提供熊肉，以及提供由熊的尸体制成的传统药物。来自这些家庭和地方的人拥有巨大的影响力，尽管这些影响力是非正式的，但他们可以推迟镇长和官员们制订的合并计划。

另一个困难则是来自债务。负债累累的村庄往往热衷于合并，而那些财务状况较好的村庄则希望保持独立。上小阿仁村是八木泽附近的一个较大的村庄，在未来20年里，这里的人口规模将减少40%，当地准备将其与另一个村庄合并，但债务使它成为一个没有吸引力的合并对象。最近提出的一项合并计划是将藤里与其他五个小镇联合起来，以白神山地森林的名字命名并创建一个新的聚居地。但是，除了名字、债务和权力的差异外，即使秋田最小的村庄，彼此之间也存在各种各样的文化和传统差异，每个村庄都有特定的神灵和舞蹈，节日和食谱，最后合并还是失败了。一直以来这些地方的学校班级规模都比较小并打算关闭，当地的医生正在撤离，更多的店主也在关闭商店。

市场失灵

随着日本最古老的村庄逐渐消失，在其他地方被视为理所当然的政治和经济结构也开始失败。从地方政治来看，藤里镇长雄心勃勃的想法从某种意义上说是合理的，因为东京在过去40年里寻求权力下放，地方当局被赋予了更多的自治权，比如在地方层面做出一些税收和支出的决定。但在另一种意义上，这又是一个白日梦，因为当一个村庄或城镇即将消亡时，宏伟的改革愿景也就变得毫无意义。当一个地方的人口规模缩小时，政治便无关紧要，这种想法正在吞噬地方民主。在整个日本，2015年地方选举中有1/5的席位由于缺乏候选人而无人问津。尽管权力下放受到热烈的支持，但许多村庄现在仍然缺少具有参与意愿的政治家，因此完全放弃地方民主的提议正在考虑之中。

在那些正在消失的地区，重要的市场也停止了运转，也许最好的例子是房地产。秋田空无一人的村庄绝非个例——日本有 800 万个"鬼屋"，废弃土地的面积超过 4 万平方公里。而最近的一项研究发现，预计到 2040 年，荒野的面积将增加一倍，届时它的面积将相当于奥地利的国土面积。另一项研究表明，曾主要出现在农村的"鬼屋"现象，近年开始在主要的大城市出现，"鬼屋"的数量在 15 年内可能占到所有房屋数量的 35%，这一结果与 10 年前英美出现的房地产市场暴跌或低迷大不相同。这并不是说日本的房价已经下跌，而是由于这些房子没有人住，所以根本没有价格，也就是说再低的价格也卖不出去。在根本没有交易的情况下，价格的概念就变得无关紧要了。日本部分房地产市场已经完全冻结了。

当地人反映，在秋田正在消失的城镇和村庄里，百叶窗街道和"鬼屋"营造出了一种悲痛和哀悼的氛围。70 岁的退休老人金谷胜说"丢掉传统很难"，他住在秋田海边的一个小村庄里。他说他所在的小村庄里至少有五处房屋被废弃了，尽管他对未来感到担忧，但作为家里的长子，他有一个特殊的职责——墓参、祭拜和维护家族的祖坟。由于这项责任重大，即使村庄在迅速地变小，长子也很难搬离。即使最终做出了离开的决定（去找工作或者去上学），长子也可能会感到深深的羞愧，以至于他们常常拒绝告诉孩子这个家庭最初是从哪里来的，因此农村的根源彻底被切断了。正如金谷先生所说："应对长寿没什么问题，但应对一个地方的末日就难多了。"

在不久的将来，类似秋田的人口老龄化也会在其他国家的人口统计数据上反映出来。老龄化经济带来了新的紧张关系，不仅是对政府预算的担忧，还有丈夫和妻子之间、年轻人和老年人之间的压力，而这些都将是包括韩国和中国在内的其他国家可能要经历的局面。部分原因在于低出生率，此外，老龄化经济也带来了一种强烈的失落感，这类似在格拉斯哥看到的情况。在意大利和葡萄牙，城镇和村庄开始变小甚至消失。尽管存在这些担忧，老龄化经济还有另外一面，在日本人口老龄化最严重的地区旅行，你会发现一个全新的、令人惊讶的、有积极视角的世界，基于此甚至可以定义未来经济的趋势。

金色，不是银色

尽管我对养老金领取者的贫困感到担忧，但我在秋田遇到的退休的高龄者，却很少担心自己的低收入。石井在提到第二次世界大战后所经历的苦难时说："要记住，今天的老年人是'战争的最后一代'，他们经历过真正贫穷的生活，饥肠辘辘，吃不饱饭。"当你穿过秋田的乡村时，你会意识到凑合使用和修理文化是基因中与生俱来的，木制的房子是用薄木板、厚木板、胶合板拼接的，20 世纪 90 年代生产的丰田汽车，在小心谨慎的车主的照料下，如今依旧缓慢地运转，熠熠生辉。有人告诉我，老年蔬菜种植业务是一项主要活动。即使最不起眼的房子也有像样的花园，大多数花园都由巨大的金属框架支撑，上面覆盖着厚厚的透明塑料膜，这是一个相当大的温室。

就像本书前文中提到的经济体一样，秋田是另一个非正规经济发挥作用的地方。这里的许多老年夫妇完全可以自给自足，他们遵循诚实守信的准则，把温室里的水果和蔬菜带到当地的车站（路边的休息站）售卖。秋田的这些市场上有很多当地的美食，"爱情小偷"是一种介于西红柿和李子之间的水果，据说它的酸甜味道会偷走品尝它的人的心；还有一种用这种水果制成的果酱，被称为"面颊爱好者"。在每个盒子的旁边，卖家都会留下一张图片，那是一幅由数百名年过八旬的农民的照片组成的拼图。

生活从 75 岁开始

百元夏绘说："我很高兴终于成为一个真正的老年人。"百元刚刚 75 岁，这意味着她已经成为所谓后期高龄者中的一员。在日本，后期高龄者与初期高龄者是不同的。我从秋田南下，拜访了一群在东京北郊埼玉县艺术中心工作的演员。百元说剧院里角色的竞争非常激烈，因为她的很多朋友和竞争对手都比她年纪大，能成为"后期"老年人俱乐部的一员就像是一种奖励。她说："活到 75 岁或 75 岁以上是我们的自豪。"

在埼玉表演与在英国乡村礼堂的老年业余戏剧中心表演是两码事。公司的艺术总监和埼玉艺术基金会负责人小川幸子与渡边博史说，表演很受重视。这要从公司的名字开始说起，这家公司名为"埼玉金"。由于日本的老年人受够了不断使用"灰色"和"银色"来指代他们的头发，所以在给剧院命名时，他们刻意避免任何带有屈尊俯就或传达出二等身份感觉的词语。这里的设施都是一流的，全部是拉丝混凝土和抛光钢材，让人想起了伦敦的南岸。

最为重要的是，艺术资历是毋庸置疑的。金剧院是由蜷川幸雄于 2006 年创立的，作为日本最受好评的戏剧导演之一，他在伦敦上演了许多戏剧，并于 2002 年获得了大英帝国勋章。蜷川于 2016 年去世。他想让那些有着丰富生活经验，却被身体和精神上的缺陷困扰的老年演员来尝试演戏。这些戏剧中所有的演员年龄都在 65 岁以上，而他们所演的戏剧也因高质量，在近年代表着金剧院在巴黎和布加勒斯特进行了巡回演出。埼玉县的主剧院可容纳 750 多人，而且经常坐满。

百元说："我来自一个戏剧世家，但从来没有演过戏。"她坐得笔直，像受过专业训练似的，一直保持着完美的姿势。她的父亲是一位著名的歌舞伎演员，经常参加巡演，所以她很少能在家里见到父亲。因此，她年轻时就决定永远不与演员交往，一心要找工薪族丈夫安顿下来。她笑容满面地说："我的梦想实现了。"她的丈夫久本是日产的一名工程师。但当她的丈夫退休后，她变得有些焦躁不安。她说："生活似乎缺少了一些东西。"于是她重返舞台。

男演员高桥清今年 90 岁，他戴着一顶下垂的黑色无檐小便帽，穿着一件很显年轻的羽绒服，叠起来可以当作毯子来给膝盖保暖。高桥曾在日本军队服役，后来在盟军占领日本的情况下工作，他身上有一种叛逆的气质，这也使他退役后成为一名技术人员，他说："我是靠赌博赚钱的。"今年 81 岁的富谷洋一是另一个重要演员，他是一名工会成员，在退休前从未演过戏，但现在是剧团里的明星，他把自己的成功归因于年轻时的激进主义——站在车站喊政治口号。他说："我很快就能记住台词，并能参演所有最好的角色。"

埃玉县的演员最引人注目的不是他们在商业上多么成功，而是这些来自不同背景的人们都开启了一个崭新、成功的人生阶段，这是在他们退休十年或更长时间后开始的。高桥 65 岁退休，75 岁开始演戏；富谷 60 岁退休，70 多岁开始演戏。就像秋田 70 岁以上的足球队员一样，他们的目的是有目标地变老，培养新的爱好，迎接新的挑战。表演是一项他们想要继续的新职业，所有老年演员的目标是尽可能多地出现在舞台上。记忆力和移动灵活性是两个限制表演的因素，高桥说："我知道我的极限和我不能扮演的角色，但是我记得我的台词……而演戏是一种活下去的方式。"他拄着拐杖慢慢走着。

重塑老年

"把年龄从一个令人害怕的东西变成一个值得珍惜的东西"，这个想法就是山本亮所在的房地产经纪公司背后的理念。该公司定位是 R65（65 岁以下者不适用），参考的是仅限成人观看的电影的 R18 分级制度。就像青少年渴望过 18 岁生日一样，山本亮希望以达到高龄的身份作为授予特权的门槛。这位 27 岁的企业家最初是一家房地产租赁公司的员工，很快他就发现了一个问题，但这无疑也是一个机会。房东非常害怕老年人自杀和孤独地死去，因此他们拒绝把房子租给退休人员。房东的担忧是真实的，当一个房客去世后，房东需要花时间才能找到新的房客，而孤独死给这栋建筑增加了负面影响，使其很难再租出去。在给 200 个房东打电话后，山本亮发现只有 5 个房东会考虑把房子租给 80 多岁的客户。

山本亮说这是一个很大的市场失灵，积极、可靠的老年人想要租房的原因有很多：更接近孙辈；离婚后想换个小一些的房子；或者只是简单地想要搬离需要维修的传统木屋，搬进不需要维修的现代公寓。因此，山本亮给数千名房东打电话，并建立了一个新的数据库，记录下来那些愿意接受高龄者租户的房东。接下来，他组织了宣讲会，向业主介绍老年租户的好处。他说房东的想法已经过时了，即使是75岁的老年人，现在也可以在一处房产里独立生活十年或更长的时间，这意味着他们比学生或年轻人更为可靠，也少了很多麻烦，因为学生或年轻人在四五年之后就会搬走。每当山本先生说服一位新房东把房子租给老年人且符合房东的利益时，他的数据库就会增长。

这位年轻的企业家还建立了一种早期预警系统，用来发现孤独死的迹象。他说："你无法百分之百地发现孤独死，但可以发现一些迹象。"他的同事仔细地寻找客户摔倒或身体不适的蛛丝马迹，屋外堆积的报纸，或是铺满落叶的小路，都会让人警觉。山本亮说，要想真正帮助人们，就需要了解他们家里发生的事情。他的公司考虑在出租的房屋里安装摄像头，这个想法被认为太超前，但是想要依靠电子移动传感器在屋子里有不寻常的安静时发出警报，这需要在安全和隐私之间取得恰当的平衡。当老年租户支付房租时，R65团队会打电话表示感谢。打电话是一种礼貌，也是检查是否有人支付的一种重要方式，由于养老金收入和租金支付通常都是自动的，这样一个人就可能在其去世几个月后，仍然收到养老金并把它花掉。

日本人口老龄化的冲击推动了需求、品位和需要的快速转变。面对这一切的自然经济反应就是适应改变，这在秋田随处可见。从男士小便池可以看出不同的年龄阶段，男孩的小便池通常比较矮，而男人的小便池是正常高度的，还有第三种类型的小便池，小便池的周围有一个架子可以帮助老年男性保持稳定。秋田的自动取款机旁边的墙上伸出来一个小的绿色塑料夹，这是一种固定拐杖的装置，当你输入密码时，可以把你的拐杖固定在那儿。汽车的保险杠和引擎盖上都贴着五颜六色的贴纸，有橙色、黄色、薄荷绿色和赛车绿色的，形状就像是有四片叶子的三叶草，这是"老年驾驶员的标志"，提醒人们是高龄者在开车。贴纸本身也做了调整，以前是两种色调，黄色和橙色，代表着"秋叶"或"落叶"。后来参考春天和夏天，增加了两个色调的绿色，这是对老年人活力的一种认定。

与加拿大的人口总量一样

人们对老年人面对的代际不平等和不公平感到担忧，解决他们面临的问题正在创造大量的经济活动。日本 75 岁及以上的高龄老年人有 1 300 万人，这一数字超过了瑞典（900 万人）、葡萄牙（1 000 万人）和希腊（1 100 万人）。加上年轻一些的初期高龄者（年龄在 65~75 岁），这一数字达到 3 300 万人，几乎和整个加拿大的人口总量一样多。老年消费支出接近 120 万亿日元（约合 1 万亿美元），与墨西哥或印度尼西亚的经济规模相当。换句话说，如果由日本老年人组建自己的国家，他们将能够在二十国集团（G20）中占据一席之地，这将决定全球经济如何运行。

这为年轻人创造了机会，就像山本亮和他的专业房地产经纪公司一样，他们正在挖掘日本人所说的"银发市场"。我遇到的许多学生都在展望未来的工作和生活，他们将为老年人提供商品和服务。来自秋田的 19 岁的石冢光说，她想成为一名企业家，经营一家能以某种方式帮助老年人的企业。来自东京的梶原健治发明了"近距离"电视机顶盒，孙辈可以通过智能手机直接操作祖父母的电视机。有一些公司提供专业高尔夫球杆（更容易击中球），可以减轻臀部疼痛的特殊鞋子，适合老年人的食物（更容易咀嚼），老年健身俱乐部，用来陪伴老年人的玩具娃娃，以及老年人视频游戏。日本老年人口规模的持续增长不能仅仅被认为是负面的，因为他们本身就是一个庞大的消费群体。

由于这些新生意的出现，日本的年轻人和老年人之间正在形成新的纽带。日本的许多单身人士住在"共享住宅"里，这种可容纳 15 名或更多居民的公共建筑是 20 世纪 90 年代外国游客为了避开日本复杂的租赁规定而建设的，自此以后就受到了当地人的欢迎。目前，这种建筑在日本约有3 万个。山本亮说："每个共享住宅都有自己的理念，有的喜欢花钱，有的想要省钱，有的喜欢艺术和时尚，有的喜欢安静。"这些迷你社区有一种集体的伦理、目标或美学，共享住宅的广告上都设定了明确的目标，带有学习英语、减肥和创业字样的房子都是受欢迎的。

山本亮说，对共享住宅理念、目标或精神的遵守是很重要的要求，甚至比租户的年龄更为重要。（他的室友年龄 27~62 岁不等。）能够积极促进两代人生活的新型共享住宅正在建立。石井清子介绍了秋田"单身母亲共享住宅"的兴起，这种住宅里住的是单身母亲和她们的孩子，还有一些共享的"祖母"。这些老年妇女并不是她们的亲属，通常是寡妇或离了婚的人，她们帮助单身母亲照顾孩子，只需支付较低的酬金作为回报。老龄化社会无疑造成了日本两代人之间的紧张关系，但它也在建立新的纽带。

日间护理中心

菊池和子是赌桌皇后，她也很清楚这一点。她穿着一件裁剪得像便服的薄丝绸外套，上面印有黄色、蓝色和红色的鲜艳蝴蝶，头发染成了榛子棕色，涂着深红色的口红，戴着有颜色的眼镜。她和三个朋友坐在一起，无论是在打牌还是在谈话中，她都占据主导地位。我首先问了她们的年龄。"不知道，我 60 多岁时就忘了。"她快速回答道。她的朋友熊川洋子小心翼翼地透露她已经 87 岁了。她的朋友尖叫道："你告诉我们你 82 岁！"菊池后来告诉我，她今年 86 岁。我接下来问她们多久在一起玩一次，她笑着说道："哦，不是很频繁，只是每星期二、星期四、星期五和星期六。"女士们都沉浸在一场重要的麻将游戏中，轮流将白色的"瓷砖"（有点像多米诺骨牌，但更小、更厚）放在她们面前桌子上的绿色粗呢布上。游戏结束时，桌子中间会自动打开一个大洞，玩家们将牌推至前面让这些白色"瓷砖"掉进去。洞门关闭后，桌面会震动一会儿，接着每个玩家面前都会弹出一排新的"瓷砖"，这样新的游戏就又开始了。墙上的排行榜显示，菊池是这家游戏室所在地区得分最高的玩家。

这个老年玩家用来打发大量时间的房间，看起来介于非法地下酒吧和内华达州赌场之间，进来的大厅很小，墙上有一个金属键盘。输入密码后，门就会打开，里面的装饰也变了，波尔多红的毛绒地毯，巧克力色的墙纸，上面印有金叶图案，玩家的软座上则铺着奶油色的人造革。在装饰上很有当地的特色，一面墙上是弹球机，当银球在里面弹来弹去时，会发出哗哗声、钟声和蜂鸣声。房间的另一侧是一张巨大的 21 点牌桌，两位上了年纪的绅士正在那里打扑克，一个穿着黑色丝绸马甲的年轻赌台管理员则在那里发牌。一名女服务员在房间里穿梭着提供大玻璃杯的饮料。在房间的一侧，一扇半掩着的房门里露出了一张按摩床和一叠整洁的白毛巾。大楼外停着一队黑色面包车，车窗是有色的，侧面印着"拉斯维加斯日间护理中心"字样，这些面包车在等候着将在这里玩了一天的玩家送回家。

这是政府出资建设的日式风格的日间护理中心。该中心的负责人和设计者森薰说，它是根据美国的大型赌场设计的。森薰西装笔挺，办事有条不紊，他去拉斯维加斯做了一次调研，仔细记录了那里的情况。然后，他把日本日间护理中心依法必须做的所有事情与他在恺撒宫和百乐宫看到的东西融合在了一起。这里的赌场管理员都是合格的护理员，坐在后面看起来像是收银员的人正在输入医疗记录。有一扇带有密码的地下酒吧风格的大门，因为老年痴呆症患者经常有想要离开的冲动。按摩师实际上是一位理疗师，而那些装在厚实诱人的玻璃杯里的鸡尾酒则是果汁或药物补充剂。

在活动中提供基本的医疗需求保障并创建一个有明确目标、竞争和社会互动的环境氛围，这种方法很聪明。这个地方就像一个真正的赌场，而不是老年人居家打牌的场所。唯一的区别是赌博在日本是非法的，因此这里所有的交易都是使用"拉斯维加斯元"进行的。来这里的老年玩家每天都会收到这些虚拟币，他们用来玩麻将、21 点和弹球机（这里的工作人员说，计算可以很好地训练他们的大脑）。他们必须通过完成任务来赚钱，比如拉伸手指、锻炼肩膀以及完成训练大脑的拼图。除此之外，这里没有其他玩具或噱头，21 点的桌子是永久固定在那里的，又重又宽，弹球机就是你在东京游戏厅能看到的那种机器。森薰说："这里所有的设备都是专业级别的。"

竞争的价值

森薰介绍说，日本至少有 5 万家日间护理中心，人们可以从当地的清单中选择去哪一家。老人们前期要支付 10% 的费用，其余 90% 的费用由政府承担。对于拉斯维加斯日间护理中心的母公司 ACA Next 来说，这种主题式的护理中心运转良好，备受当地居民的欢迎，他们正计划在全国范围内大规模地推广这一概念。

拉斯维加斯日间护理中心的玩家年龄都很大，已经到了后期高龄者阶段。比如，有一次在玩 21 点的时候，一位女士开始摇晃起来，赌场的一位护理员冲过去把她抱到床上并测量了血压。老人们专注于自己的游戏时非常机敏，看起来很开心。开办这种护理中心的公司对游戏治疗的益处深信不疑，公司的宣传册里也全是关于改善认知功能和沟通的事实与数据。森薰称，"为锻炼而花钱"的收入计划是有好处的，这里的居民每天锻炼超过 40 分钟，远高于全国平均水平。游戏玩家看起来都很聪明这一事实无疑很重要，日间护理中心是使朋友和竞争对手印象很深刻的地方，值得支持。

对于整个日本来说，真正的考验在于成本。老年人长期护理是社会保障预算激增的原因之一，而且有理由担心这一负担可能会很快会进一步飙升。未来几年，日本将需要数百万名护理人员，但人们却在极力试图避免找到这种被称为"3K"的工作——这个词源于"污い"（kitanai）、"危険"（kiken）和"きつい"（kitsui），大致可以翻译为肮脏、危险和吃力。招募足够多的日本年轻人来做这份"3K"工作可能会导致工资账单和政府支出呈螺旋式上升。

森薰表示："我们需要让护理成为一份更有吸引力的工作。"他认为，对任何日间护理中心的经理来说，关键的挑战是留住员工。在拉斯维加斯日间护理中心，护工们的工作既普通又乏味，比如帮助老年人上厕所。但他们也花大把的时间在玩游戏上，负责 21 点牌桌的年轻管理员似乎玩得很开心。工作人员仔细地为具有类似认知功能的玩家配对，许多玩桌上的玩家都非常专注，几乎不需要看护者。菊池和子的桌子沸腾了，当我告别的时候，这位年过八旬的麻将高手把我叫到她的桌子旁，从她的眼镜上方看着我说："告诉我，如果英国的老年人没有拉斯维加斯，他们可怎么办？"

护理机器人

当生命进入最后阶段时，许多人已经无法仅用日间护理，而是需要全职的护理和观察。在这方面，日本面临着另一个紧要时刻，后期护理通常需要一对一，比如给病人喂食，把他们从床上抱起来洗澡。这是另一个很难招聘到人员的"3K"职位，但即使不是这样也很难看到工作人数的增加。预计到 2040 年，对日本医务人员中的个人护理人员的需求量将增加四倍。其他国家也将面临类似的需求，意大利、西班牙和葡萄牙 65 岁及以上人口的数量在 2020—2030 年将增加 320 万人，目前这个年龄段中约 20% 的人需要全职或兼职护理，这就意味着将需要 64 万名新的护理人员。但这些国家的劳动年龄人口规模都将下降，因此可能根本没有足够的人员来提供定制化的后期护理。日本的发明家、医护人员和护理人员都在问的一个问题是：个性化护理是否真的需要由人来提供？机器人是否可能就是答案？

东京银翼医疗中心的病人年龄与金剧院的演员和拉斯维加斯日间护理中心的游戏玩家相仿，唯一不同的是，他们已处于生命的后期阶段。他们患有阿尔茨海默病和其他形式的痴呆症，正在接受治疗。田子菜子已经 90 岁了，她瘫坐在轮椅上，对面的桌子和她的眼睛一样高。桌子上放着一个白色的海豹形状的毛绒玩具。田子几乎没有牙齿了，视力也很模糊，但她微笑着而且很健谈。我问怎么称呼她的宠物，她说："孩子，它是我的孩子！"她向前探出身子，从桌子上抓过海豹，把它放到膝盖上，她的脸上容光焕发，就像圣诞节收到礼物的孩子一样。

田子口中"孩子"的真名是帕罗，它是一个价值 5 000 美元的昂贵玩具。2009 年，由政府支持的智能系统研究所开发的帕罗机器人成为首个辅助治疗机器人，换句话说，帕罗可以让患者恢复得更好。在海豹的皮毛下、胡须尖上、鼻子上都有微型传感器，通过这些传感器，里面的计算机可以评估抱着它的老人的行为并对其做出反应。如果好好对待它，机器人就会发出悦耳的声音和动作，比如，咕咕叫，轻轻扭动，但如果受到撞击或掉落时，它会后退并发出更尖锐的声音。这有助于对抗突然爆发的愤怒，而这正是痴呆症的症状之一。

在田子旁边，还有两位 90 多岁的妇女在和她们自己的帕罗玩。虽然这些海豹的外观看起来都一样，但它们体内的计算机在与主人的反复互动中，巧妙地改变了被抚摸或击打时的反应方式。这种人工积累的知识被称为"机器学习"，这意味着在一段时间后没有两个帕罗是相同的，因为它们经过进化变得更适合自己的主人。在临床试验中，一组使用帕罗的老年患者比对照组有更好的口头交流能力，面部表情的表达也更加丰富。病人和机器人之间的共生关系是显而易见的，田子允许我和她的帕罗玩耍，但是海豹对外人的手是没有任何反应的。她向我示范要怎么做，然后帕罗就活蹦乱跳起来了。这里的护工认为帕罗的好处是毋庸置疑的，其中一位说："这对田子帮助很大。当初她来找我们的时候，是完全不说话的。"

银翼医疗中心目前正处于护理机器人使用研究的前沿，这里应用了一系列不同功能的专业机器。旁边的桌子旁坐着三位年长的女士，她们正在和机器狗玩着，她们的身体状况相对稳定一些，可以不需要帮助自己就能坐在椅子上。现年 90 岁的吉泽敏子和大久保喜佐正全神贯注地看着这些机器狗，与它们交谈的同时，还抚摸着它们。这些机器狗被称为爱宝，是由索尼公司制造的。它们比帕罗的声音更大，更强壮，也更灵活，它们在桌子上走来走去，边走边发出哔哔声和汪汪的吠叫声。

爱宝机器狗内部的人工智能还称不上完美，为了防止它从桌边掉下去，桌子周围有一个巨大的橡胶栅栏。但和帕罗一样，这些机器狗也可以学习，听得懂主人的口音和方言，并对触摸和声音做出反应。和帕罗一样，与爱宝机器狗的互动似乎有助于锻炼大脑功能。大久保喜佐的短期记忆严重减退，当她第一次来到中心时，她会忘记自己洗过澡了，整天要求再洗一次，这使她渐渐变得更加痛苦。她的一位护理人员说，机器狗带来的刺激和专注力已经阻止了这种情况的发生。99 岁的小田岛绫子告诉我，她期待着自己的 100 岁生日，但她很难过，因为她不能再走路了，而且很怀念她年轻时养的小狗。她的爱宝机器狗虽然不是一个完美的替代品，但还是有一定帮助的。

机器伙伴

40多岁的护工杉本隆说："和老年人一起工作很累。"他在一张空床上模拟着扶起一个虚弱病人的情景，并演示了如何向前倾把病人从床上抱起来，但这样很容易伤到护理人员的下背部。这个问题如此普遍，以至于一系列与之相适应的新发明正在研发，主要集中在用以保护护理人员的外骨骼设备方面。面带微笑而又情绪激动的杉本隆显然是一位很好的护工，同时他也是一名技术狂热爱好者并很热衷于展示它。

他的第一个机器援助装置是东京理科大学成立的创投企业Innophys生产的"人工肌肉衫"。这个装置看起来像一个攀岩时用的背带，通过压缩空气来提供动力，在护理者的臀部周围环绕着充气囊，沿着腰部和股四头肌上下移动。当护理人员把手放在老年患者身体下面准备抬起时，会同时向一个小管子里吹气，向装置发出充气的信号。另一种选择是由赛博达因公司生产的"机器人外骨骼"——一个可以穿戴在臀部和腰部的巨大的白色塑料铰链。这个装备不需要手动信号，它能读取大脑发出的电波，电波告诉它看护者即将抬起身体，它会相应地增加力量。这里的团队说这两套装备都可以减轻腰部2/3的负担。

派博是这里看起来最像传统机器人的机器人。它是一个身材矮小的小伙子，大概1.2米高，全身都是由白色塑料制成的。派博腰部以上的形状是人形，它有躯干、胳膊、手指，还有头和脸。派博机器人在银翼医疗中心的二楼工作，这里更像是日间护理中心，而不是家庭护理病房，这里对患者非常好，让患者可以一起坐在中央公共休息室里。与外骨骼设备一样，派博的任务是与看护者一同工作，为他们节省时间，提高他们的工作效率。

在银翼医疗中心，杉本打开了派博。一秒钟后，机器人的眼睛亮了起来，它伸展了手指。在没有提示的情况下，女性患者便将她们的座位和轮椅围成半圆形，并在派博开始讲话时面对着它。机器人首先演示了一些手臂动作和伸展动作，并分步进行讲解，然后它开始唱一首童谣《春来了》。当第二节开始时，派博开始重复它唱歌时的手臂伸展动作，聚集在它周围的大多数女士都在模仿机器人的动作，其他人则微笑着鼓掌。许多男士对此似乎并不信服，他们坐在房间的后面，看起来很恼火。在派博的带领下，半数以上的患者都在参与娱乐，杉本走近那些没有参与的患者身边，询问他们感觉怎么样，并鼓励他们伸展身体。

人口老龄化给日本带来的经济挑战是劳动力短缺和预算紧张，这说明了为什么机器人疗法是值得尝试的，而且很可能随着欧洲的人口老龄化而流行起来。派博机器人每年的租金不到6 000美元，随着竞争者进入市场，派博的价格也在下降。2019年，日本护理人员的平均工资略高于350万日元（约合3.2万美元），而且工资仍在稳步上升。巨大的价格差异，意味着经理发现雇用两个护理人员倒不如雇用一个人员和租用两个机器人，这样每年仍能节省2万美元。只要派博这样的机器人能做有益的工作，它们就能帮助填补日本劳动力短缺的缺口，同时有助于缓解日本的预算压力。

老龄化经济

秋田作为日本人口老龄化最极端的前沿，成为老龄化社会趋势的引领者。导致老龄化经济存在的因素在于寿命的延长和出生率的下降，秋田的今天面临的情形就是其他国家或地区明天将要经历的情形。

从秋田得到的第一个启示是：老龄化经济是一个悖论，尽管这仍然是一个冲击，但我们可以预见它的到来。在日本和我交谈过的老年人说，他们对自己的高龄是意想不到的，因为这在他们的家庭、城镇和城市中以前是从未有过的。预期寿命的跃升发生在有生之年，这意味着对于当今的高龄者群体来说，没有前人会指导他们如何在90岁以后的日子里生活得有意义。人口规模下降在许多地方还没有发生，即使在处于人口老龄化前沿的日本也只有十年的历史。人口规模减小和老龄化社会即将来临，韩国还有十年左右的人口扩张期，而德国只剩下几年的时间了。

老龄化经济是一种缓慢发展的趋势，会让人们措手不及，我们也可以直观地从经济学的"生命周期"中看到它所带来的压力。意想不到的高龄意味着人的一生中所积累的用于支撑退休生活的资产存量太少，养老金缺口以及高额的护理成本增加了政府的财政压力，并引发了代际不公平的新摩擦。秋田大多数老年居民的故事表明，生命周期理论——建立一个缓冲地带以度过老年——也适用于非金融领域。从日本一度成功的工薪族的命运可以看出，自杀和孤独死的增加表明，除了现金外，个人储蓄也很重要，而俱乐部、社交网络和社会团体在充实下班后的生活方面发挥着重要作用。

当人们开始考虑人口老龄化的影响时，很容易获得令人焦虑的统计数据，这一事实加剧了人们对许多人和国家可能没有做好人口老龄化准备的担忧。老年人的庞大数量和巨大的护理成本似乎暗示这是一个不可能解决的挑战。然而，我在日本看到了希望的曙光。

本书的前两部分阐述了韧性和失败之间的分界线往往是一个地方看不见的经济结构，即建立在信任、合作和共同目标基础上的非正规市场。尽管我听说过年轻人和养老金领取者之间存在摩擦，但就像一场战争或灾难一样，人口老龄化是一种冲击，给每个人都带来了共同的挑战。其他一些极端经济体也反映出这个问题是无法估量的经济最擅长解决的，因为人类具有发明以及创造商品和服务的天性。在秋田行走时，你会看到大量的经济活动，从交换蔬菜的非正规市场，到代际照看孩子和酬金间隐形交易的"共享住宅"，这些都被那些悲观的报告遗漏了。

在这种协同应对人口老龄化的方式之上，是一个正规的老年经济体，其规模之大，堪比整个墨西哥，而且正在创造数百万个新就业岗位。日本人的寿命很长，这意味着日本的老年人需要新型的移动电话、配有手杖夹的自动取款机和专用的小便池。人口规模的减小意味着先进的机器人看护员具有至关重要的意义。这些都是年轻人正在从事的行业。对养老金领取者的贫困和国家摇摇欲坠的福利的担忧是真实存在的，但日本人口老龄化的故事也让我们看到了人们如何想出巧妙的应对方法，让老年人的生活变得便宜、有趣、健康和富有成效。

然而，当我在秋田旅行时，我开始意识到，其中的一个风险被低估了。在一个人口不断减少的国家，很自然的后果是许多的村庄、城镇和城市将不复存在。在这些地方，人们所感受到的消极和痛苦是不可能找到任何真正的解决办法的。从长远来看，人口的减少对地球资源的占用可能是一件好事，但秋田日渐变小的乡村和废弃的社区却成为荒凉、压抑和"幽灵"出没的地方。这似乎又一次回到了经济学的一个基本观点：人类是向前看的。当一个地方明显走向灭亡时，市场和地方民主就会彻底崩溃。如今在日本发生的事情正在葡萄牙和意大利迅速上演，并将在 2030 年影响到德国。对许多地方来说，未来的经济将是可控的衰退。

8　塔林：科技之城

在交通运输和农业领域，目前机器实际上已经消除了对人力的需求。人类不再是举重者和搬运工，而主要成为启动者和止动者、安排者、装配员、修理工。

——瓦西里·列昂惕夫，《机器与人》
（*Machines and Man*），1952 年

波罗的海科技

罐子里有一粒种子的疯狂老头

如果你冒险参加电视才艺比赛，可能会发生令人尴尬的事情。每一场演出都有一个"小丑"，譬如五音不全的歌手，没有节奏感的舞者。2010年，当 34 岁的马蒂亚斯·莱普在爱沙尼亚热门电视节目《猎脑》（*Ajujaht*）的预选赛上遇到其他竞争者时，他开始意识到自己可能注定要扮演"小丑"这个角色了。他回忆道："其他人都更年轻，才 20 岁左右，我觉得自己是一个荒唐可笑的参赛者——我在这里是一个疯狂的老头，而我拥有的只是小罐子里的一粒种子。"这是一个容易令人焦虑的梦想，但莱普坚持了下来，并在几个月后获得了《猎脑》节目的冠军。

在爱沙尼亚首都塔林的办公室里，莱普坐在一张简约时尚的办公桌后面，他看起来并不像那种典型的才艺参赛者，宽松的灰色衬衫和他凌乱的头发很般配。他的行为也不像那种参赛者，他更喜欢读柏拉图和塞涅卡

的著作，喜欢植物学，他说最喜欢的旅行是独自在西伯利亚的荒野中散步，他就有时间来理清思绪。他的获胜取决于他的伟大构想——一种植物种植的新方法，这也取决于爱沙尼亚本身就是一个喜爱创新者的国家，而《猎脑》就是众多发明类的竞赛节目之一。获胜的莱普拿到了 3 万欧元的奖金，当地主流媒体也对此争相进行了报道。七年后，他的智能盆栽公司 Click and Grow 已有 35 名员工，最近又募集了 900 万美元的融资，其中包括颇具影响力的硅谷投资基金创业孵化器 Y Combinator 的投资。

莱普向我展示了他的发明，这看起来像是为巨人设计的一大包对乙酰氨基酚——一面是扁平的锡纸，另一面是一连串巨大的塑料泡泡。这不是那种可以拿着的药丸，每个胶囊里面都有一团土壤，形状就像当你将花盆倒空时露出来的根球。之后用户将这种"智能盆栽"放入新系统的第二部分——一个光滑的机器上，罗勒属植物将在这里生长。一旦插上了电源，智能盆栽的培养箱就可以完成所有的工作。植物的生活并不舒适，机器会在植物生长时施加压力，在关键时刻控制植物所需的水和光，以刺激它产生所需化学物质。

莱普说，这种现代的种植方式可以生产出更好的植物，他从电脑上找出了一张图表来证明自己的观点。分析手段采用的是色谱法，一种可以分离和跟踪植物中化学物质水平的技术。就罗勒属植物而言，重要的化合物是迷迭香酸，这是一种具有潜在健康功效的抗氧化剂。从商店购买的罗勒属植物的迷迭香酸含量在图上显示出来的是一个小驼峰。而在智能盆栽中生长的罗勒属植物的迷迭香酸含量在图中则显示出一个巨大的尖峰，可以看出迷迭香酸的含量大增。莱普将他的发明称为"智能花园"，就口味和健康而言，用这种爱沙尼亚机器种植出来的罗勒属植物比从商店买来的或在外面的草本园里种植的都要好。

令人战栗的技术

正如莱普以及我在日本遇到的护理机器人的发明者一样，这类技术爱好者普遍认为，他们的发明将解决未来经济所带来的挑战。但从全球范围来看，技术的进步也引发了恐惧和不确定性，人们除了有选举、隐私和道德这些政治担忧之外，还有两个深层次的经济担忧。第一个担忧是大规模的失业，即节省劳动力的技术（比如软件或机器）将使人工变得多余。随着自动化的出现，对可能失业的估算有所不同，但是一项最新的研究表明，美国25%的工人和英国30%的工人皆会面临被机器取代的风险。机器人要来了，它们会抢走我们的工作。

第二个担忧是技术进步将会产生一种新的不平等，有些人将其称为"数字鸿沟"。这种担忧的核心在于科技带来的好处将有利于某些群体，比如年轻人、城市居民、受过教育的人群和富人，但却牺牲了另一些人的利益。

对技术影响的关注使塔林成为一个有趣的测试案例，正如秋田让我们看到了即将经历的老龄化经济，塔林让我们看到了技术的前沿，在这里许多技术已经被采用了，而且这些技术将会流行起来。塔林是Skype（即时通信软件）的总部所在地，政府出于某种理由将其作为"创业天堂"（按人均计算，塔林新成立企业的数量位居世界前列）。但让爱沙尼亚以硅谷无法比拟的方式脱颖而出的是，技术在政府中的作用。塔林是世界上第一个实现数字化的所在地，这里提供的在线政府服务比世界上任何地方都多（见图8.1），塔林也是第一个建立完全数字公民身份的地区。

就爱沙尼亚本身而言，在整个经济和国家层面对技术的追求将使其成为一个值得研究的潮流引领者。但这里有一条断层线，让它变得加倍有趣。除了被技术专家公认为是全球热点之外，爱沙尼亚还是世界上分裂最为严重的国家之一，而这一点却鲜为人知。1944—1991年，被苏联占领期间，这个国家保留了自己的语言、种族和文化。相对于其人口规模而言，爱沙尼亚是世界上最大的无国籍群体所在地之一。这个小而分裂的国家是如何实现如此巨大的技术飞跃的呢？未来的它真的会是其最聪明的居民们正在寻找的乌托邦吗？

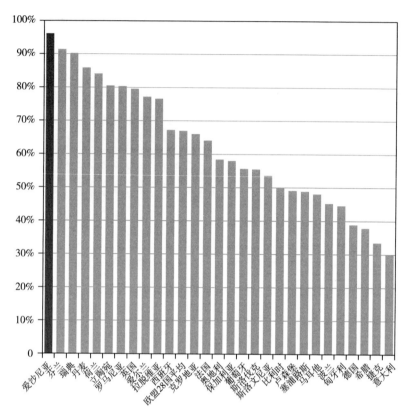

图 8.1　2018 年欧盟国家使用在线政府服务的用户比例

资料来源：欧盟委员会。

计算机和梦想

随处可见的种植园

　　莱普的目标不仅仅是比竞争对手提供更美味、更好吃的食物，他还希望能降低种植成本。最初的智能盆栽是专为家庭设计的，可以放在窗户或书架上。每个单位的售价为 60 美元，一年的胶囊供应（可以种植 18 株植物）成本是相同的。在下一阶段，他要提供大型工厂规模的单位——"智能农场"。从新系统的蓝图可以看出，植物将会生长在一系列架子上，这些架子将在一排排灯光下缓慢移动，就像一个多层传送带。预先装满种子的新土壤胶囊会被送入机器的一端，当传送至另一端时，架子上已经满是成熟的植物了，随时可以采摘。

莱普说，这个想法最初是受美国国家航空航天局（NASA）启发的，但是它们的土壤系统是用来在太空种植植物的，还需要改进，因此他花了三年的时间对这一工艺流程进行修改和完善。他的系统是可调节的，当植物通过系统时会接受适合每种植物的压力。这就意味着用户可以同时大范围地种植可食用的植物，从绿色蔬菜和小番茄，到辣椒和草莓。这版智能盆栽不是为外太空使用而设计的，但它的内置灯光使住在北欧高层公寓里的人可以种植地中海的植物，比如含羞草、薄荷和牛至。

爱沙尼亚的技术专家们都希望有一个美好的结局，莱普也不例外。他说他是受到了发达国家低收入群体不良饮食习惯的启发，比如食物浪费和食物匮乏。他对那些向发展中国家大量出售"神风种子"（kamikaze seeds）的大型农业公司持批评态度（这些公司培育的种子只能长一株植物，没有种子可供进一步种植，这样客户就必须从供应商那里购买更多的种子）。他还对植物品种的减少感到痛惜，他说："在爱沙尼亚，我们过去知道并食用的野生植物有150种，但现在只剩下30种左右，而我们知道如何食用的只有15种。"他希望利用自己的系统重新引入消失的物种，他说这意味着在任何气候条件下，任何人都可以种植自己的健康食品。他的长期目标是制造出更大的机器，有效降低系统的成本，最终制造出完全高效和完全自动化的机器，从而使每个人都可以免费获取富含维生素的食物。

回首往事

爱沙尼亚是一个小国，有130万人口，接近毛里求斯或塞浦路斯等小岛国的人口数量，人口总数排在世界第155位。然而在政府的领导和支持下，爱沙尼亚在数字技术和创新方面却成为重量级的国家。爱沙尼亚的税收系统接近无纸化，94% 的申报都是在网上完成的。爱沙尼亚人可以通过笔记本电脑在世界上任何地方进行投票。政治是无纸化的，自 2000 年以来，所有的内阁文件都是电子化的（英国议会每年用掉 1 000 吨纸）。法律文件也可以通过智能手机进行数字化签名。在爱沙尼亚，唯一不能在网上做的事情就是结婚、离婚和买房。在塔林，我见到了林纳尔·维克，他是一位政府顾问，也是爱沙尼亚数字国家的早期缔造者之一。他说要理解这个国家对技术的大胆采用，首先需要认识到驱动它产生的心理，以及它诞生的必要性这一事实。

爱沙尼亚以前是一个独立的共和国，1940 年被苏联吞并，随后被纳粹德国占领，1944 年又被苏联占领。就其土地面积而言，爱沙尼亚苏维埃社会主义共和国仅占苏联的 1/500，但这个小国很快就成为苏联经济体中至关重要的一环。这一转变并非一帆风顺，农业产生了巨大的变化，私人农场转变为集体所有。土地被国家征用，任何成功经营农场的农民都被贴上了富农的标签，这代表着吝啬或自私。1949 年 3 月，在短短的 4 天内有超过 2 万名的爱沙尼亚富农被捕，并由专用列车驱逐到 5 000 多公里外的哈巴罗夫斯克和克拉斯诺亚尔斯克等西伯利亚城市。

爱沙尼亚的工业基础也发生了变化，工厂都建在了东北海岸。昆达是一家大型水泥厂和纸浆厂的所在地；科赫特拉 – 耶尔韦拥有丰富的油页岩矿，也是重要的能源地；锡拉迈埃曾经是一个宁静的度假胜地，俄罗斯的文化精英，包括柴可夫斯基都曾来这里度假，现已重新用作铀浓缩中心，工作性质如此保密，以至于地图上已经删除了这个地方。

苏联的经济模式对于爱沙尼亚来说是灾难性的。农业集体化通过将小农舍合并为大庄园来减少农场的数量，从而提高生产效率，与之相反的是，这却导致农业产量下降了一半。由此引发的粮食短缺从一开始就破坏了爱沙尼亚的共产主义模式。在此期间，人们只能通过（非法的）私人经营的农场生存，这种非正规的农业产出与官方的国家制度同时运行。到 20 世纪 80 年代末，随着苏联开始瓦解，爱沙尼亚苏维埃社会主义共和国东北部的工厂和军事城市开始被废弃了。

爱沙尼亚人在评估自己的命运时，往往会把目光转向狭窄的波罗的海通道对岸的芬兰。苏联统治时期，这种对比是令人痛苦的，1939年，两国的生活水平相当，但到了1987年，芬兰的人均国民收入为1.4万美元，而爱沙尼亚仅为2 000美元。爱莎尼亚在1991年独立时，面临的是效率低下的农场和倒闭的工厂，商店几乎空无一人，物价却在飙升，绝望的购物者抬高了基本商品的价格，1992年的通货膨胀率达到1 000%。锡拉迈埃，这片曾深受圣彼得堡诗人、画家和作曲家喜爱的海滩，已经被秘密铀计划的核废料毒化了。

盲目的押注

事实证明，这个国家是勇敢与大胆的。在某种程度上，由于想要忘记过去，拥抱激进的新思想变得更为容易。许多四五十岁的爱沙尼亚人将1991年称为"彻底的决裂"，这是因为人们希望摆脱关于旧政权的任何记忆。在爱沙尼亚苏维埃社会主义共和国时期，政治阶层是由莫斯科挑选的，都是与苏联国家安全委员会有关联的党内人士，为了发展，你必须和他们一起工作。塔林的一位投资者回忆说："这意味着不信任，不仅是对当权者的不信任，也是对旧政权下取得成功的人们的不信任。"

勇气还来自这一事实，即这个国家已经由年轻人掌权。爱沙尼亚的前总理马尔特·拉尔在他32岁时开始掌舵。作为一名历史学家和哲学家，他在20多岁时一直在演讲和写书。林纳尔·维克回忆起当时参与起草爱沙尼亚宪法的专家小组时说："刚开始时，这里的政治就像一个动物园，各种各样的人参与其中，有作曲家、艺术家、作家、工程师、化学家、核物理学家和诗人，很少有人研究过政治。"这听起来非常有趣。

尽管处于危机之中，但人们对该国的期望仍然很高。爱沙尼亚的首席信息官西姆·西库特在解释这一挑战时说："爱沙尼亚人民期待一个很快就能完全成熟的国家。"在波罗的海，人民对国家有很多要求。在这一地区，国防曾经（现在依然）很重要，而且非常昂贵。选民将目光投向北欧国家，要求建立起健全的福利制度、高质量的公共教育和良好的医疗保障体系。但与此同时，苏联的多年统治让爱沙尼亚人对一个过于庞大的国家保持一种警惕，这导致瑞典式的税收无法获得公众的支持。而爱沙尼亚周边的国家都在分崩离析。苏联解体后的 15 个国家都在 1992 年陷入经济衰退。到 2000 年，爱沙尼亚周边新独立出来的国家的 GDP 平均下降了30%，而乌克兰则下降了一半。

执掌爱沙尼亚的年轻团队需要快速想办法。他们的一些政策采纳了合理且经过深思熟虑的经济建议，新税制是世界上最简单的税收制度之一，他们还设立了一个独立的监督机构来监督国家的支出。较为引人注目的一项举措是，在全国范围内，在经济体的各个领域全面引入技术。维克回忆起早期政府的经济战略时说："我们实际上是对技术进行盲目的押注。"到20 世纪 90 年代末，爱沙尼亚将 97% 的学校都接入了互联网，在小学阶段就开始教授编程，在数字基础设施方面进行了大量投资，并采取了一系列举措来支持企业进行技术投资。爱沙尼亚是苏联解体后的 15 个国家中唯一在第一个十年实现了经济增长的国家——GDP 增长了 14%。自此以后，这个波罗的海国家开始崛起。GDP 从 1987 年的 2 000 美元上升至 2018 年的 2.2 万美元，爱沙尼亚人开始赶上了竞争对手芬兰。

在回顾爱沙尼亚对技术的选择及其对经济的影响时，该项目的早期设计师之一维克的话听起来非常谨慎："技术只是一个加速器，如果你把它应用到以前的做事方式上，它只会放大低效率。"作为一种政治和经济力量，经济的数字化既微妙又复杂。他继续说："技术不好也不坏，但也绝对不是中立的。"

"驯服"老大哥

当要求爱沙尼亚人给你看他们的身份证时，他们往往会微笑着拿出来。这种浅蓝色的塑料卡片看上去并不是特别引人注目，它与英国或美国的驾照类似，但像借记卡一样带有嵌入式的芯片。这个身份证拥有非常巨大的能量，它提供了所有在线的政府服务，为爱沙尼亚人节省了很多时间，这也是他们常常微笑的原因。对老年人来说，这可以和苏联时期的情况进行对比。一位塔林的居民说："我记得那时候做什么事情都要排队，你站了好几个小时，却发现政府官员们已经出去吃了很长时间的午餐，要行贿才能快点儿。"爱沙尼亚的年轻人说，当他们到国外旅行时才发现爱沙尼亚的好处，在其他国家卖车、开设银行账户或签订租赁协议都是让人痛苦的，速度很慢，而且都是纸质化的。相比之下，在家里使用笔记本电脑和身份证做这些事情则简单得多，也快得多。

塔林的发明家雷特·兰德说："爱沙尼亚人缺乏耐心，很容易感到无聊。"雷特·兰德凭借一种新型的医疗设备赢得了 2017 年的《猎脑》节目的冠军，他指出身份证很好地契合了国民心理。这一系统的创建规则是允许政府索要公民的一些数据，例如，他们的出生日期、血型、地址或驾驶号码，但只能获取一次。如果一个爱沙尼亚人曾经在某个政府网站上输入这一资料，那么政府就绝不能再次索取这些信息，而必须从已有的记录中找回这些数据。这与美国和英国在国家数字化方面的尝试形成了鲜明的对比，在这两个国家，原来在政府办公室排起的长队被冗长的在线表格取代。在爱沙尼亚，根据当地的法律规定，政府的电脑会帮你出具表格。当科技以这种方式为人们节省时间时，它们往往会被欣然接受。

在爱沙尼亚，如何基于个人数据在技术上建立信任是近年来许多争议的核心。这一系统具有广泛性，因为与政府的每一次互动都是通过身份证实现的，但这似乎带有奥威尔式的风险。如果该系统失败了或者被滥用了怎么办？爱沙尼亚人对此并不太担心，97% 的爱沙尼亚人都有身份证，大多数人都理解并能够了解该系统的保障措施。第一个抵御攻击的缓冲是没有中央数据存储库，因为系统是"分散的"。这意味着每个当局只保存它自己搜集到的数据，而没有一个中央枢纽能够将所有的数据集合起来。当某个机构需要你的数据时，必须向首先搜集该信息的政府部门索取。所需的数据当时就会通过一个名为 X-Road 的数据交换系统传送，然后会被删除。这意味着，如果交通部门想要给你开超速罚单，则必须要求邮政登记处通过 X-Road 提供你的地址，然后销毁这些数据。这一切都是在瞬间发生的，也就是说没有黑客可以袭击的中心区。

第二个安全保障是任何使用该系统的人都会留下痕迹，每次搜索、使用或交换个人数据时，都会在个人数据日志中被记录下来，还可以在线核查。任何公民都可以查阅到所有关于他们的查询记录，包括谁询问了这些信息等。最后，每个储存爱沙尼亚人数据的机构都被要求与公民的身份证号相关联，在公民的个人数据日志中这些机构都将被显示出来。正如一位年轻的塔林居民告诉我的："这是我控制政府的一种方式，因为我完全知道政府对我做了些什么。"

在这一过程中也有过长牙般的阵痛，其中一个问题是，这个系统变得流行起来。部长和官僚们都热衷于使用它，维克说："到处都在进行数字化，有时甚至不知道原因，而且也会有一些错误。"比如，在 21 世纪初，爱沙尼亚边防警卫的计算机系统发生了故障，最令人担忧的是，这是一场阴谋。在 2007 年的地方选举中，一名候选人通过直接邮寄的方式对塔林郊区俄罗斯血统的养老金领取者进行了攻击。这些小册子只寄给了这类特定的家庭，这说明有人非法检索到了一份关于其地址和种族背景的清单。这是一种严重的违规行为，但它也证明了系统的安全措施是如何运作的。只用了不到一个小时的时间，官员们就扫描了数据日志，并确认是谁查阅了这些信息，从而使警方迅速逮捕他们。维克回忆起这一事件时说："在数字世界里总会留下蛛丝马迹。"

但并不是所有的爱沙尼亚人都对科技在经济和政治体系中扮演的角色感到高兴。当被问及经济状况时，有些人不屑一顾。一位店主回答说："科技和旅游业，这就是全部。"尽管塔林的居民似乎喜欢他们的身份证，但他们也知道公共服务的自动化和数字化意味着政府作用的减少。通过开发软件来取代职员，研发机器人来取代公交车司机，科技公司似乎成为一股破坏就业的力量。这是全球性的担忧，正如美国和英国对失业的鲜明预测显示的那样。塔林政府对技术的"盲目押注"，意味着爱沙尼亚成为牺牲的羔羊，率先被送进了技术的洪流，我们这些紧随其后的国家中的人，应该密切关注它的进展情况。

对科技的"盲目押注"是天才还是疯狂

最后一公里

我将车停在了塔林老城区以西的慕斯塔姆的一栋写字楼外，看到了处于技术对就业影响争论核心的机器人。这台机器人是由初创公司星舰科技制造的，看起来类似冷藏箱和遥控汽车的后代。机器人主体是一个只有膝盖高的圆角白色容器，下面是六个黑色橡胶轮子。右后方的天线大概略低于头部的高度，天线顶端有一面小小的橙色三角旗。这辆小泡泡车的造型展现了未来主义友好的一面，它更像是《杰森一家》而不是《终结者》。仔细观察就会发现这台机器的复杂程度，机身前端是一堆器件：八个摄像头、雷达、麦克风以及其他一些传感器。星舰科技的创始人阿提·海因拉说，这些器件太隐秘了，根本看不出来。作为一个送货机器人是需要这些器件的，因为搞清楚它要去哪里至关重要。

虽然从未参加过爱沙尼亚的《猎脑》节目，但海因拉无疑是该国拥有最顶尖思想的人物之一。他从 10 岁开始写计算机代码，20 多岁时，他和他的商业伙伴简纳斯·弗里斯一起创建了 Kazaa（一个早期的非法文件共享平台），后来又创建了 Skype。海因拉身高超过 1.83 米，特征非常鲜明，有一头浓密的金发，只可能是北欧人，他穿着一条昂贵的定制版西裤和一件褪色的 T 恤。海因拉看起来既像读书人，又像商人，这是一个非常有利的组合。2005 年，有关报道称，Skype 以 26 亿美元的价格被卖给了 eBay（易贝），之后被私人企业主买回，2011 年又以 85 亿美元的价格卖给了微软。海因拉很早就入股并在公司的几次易手中一直保留着股份，因此他的财富被认为是百万富翁的数倍，他的共同投资者弗里斯的身价已超过 10 亿美元。

他们雄厚的财力为塔林的创新者提供了追逐伟大创意所需的资源。海因拉说："我们的愿景始于这样一个事实，即物流在很大程度上仍要以人为本。"他介绍了通过互联网购买商品的过程：网购的商品由一名工作人员在仓库进行挑选，装上由专人驾驶的卡车，在补给仓库由工作人员进行分拣，然后放上由工人驾驶的厢式送货车。但他预测道："20 年内，这个链条上的每一个步骤都将由机器人完成。"对于像星舰科技这样的大公司来说，最大的问题是链条中的最后一环能否实现自动化，即从当地供应仓库到客户门口这一环。物流专家将此称为"最后一公里"，并正在努力解决这个问题（这个问题也是亚马逊和优步投资送货无人机的原因）。海因拉说："这是整个过程中最艰难的部分，'最后一公里'是最难实现自动化的。原因很简单，街上有很多不可预测的事情可能会发生。""最后一公里"也是最昂贵的，运营一辆卡车的成本会分摊到所运载的数百个包裹上，相比之下，当由人力将包裹送到消费者门口时，就不存在成本分摊。如果小型送货机器人面临的复杂因素能够得到解决，或者海因拉认为的卡车和货车将相对容易实现自动化的说法是正确的，那么由人类送货的时代将会很快结束。

自动化交付领域的前景既令人兴奋，又令人恐惧。对自动化风险的研究预测出将有大量可怕的失业产生。运输和物流是大雇主，目前在美国有400 万人从事海因拉预测的在不久的将来会实现自动化的工作。这占到了总劳动力的 4%，其中包括 150 万名货车运输工人，63 万名快递人员，14万名校车和客车司机，以及 7.5 万名出租车和豪华轿车司机。在英国，从事这类工作的劳动力比重高达 6%。自动化物流将对未来经济造成巨大冲击，并彻底改变数百万人的工作和生活。

爱沙尼亚也不例外，将近 3.9 万人（同样占总劳动力的 6%）在运输或物流行业工作。塔林到处都是中年出租车司机，数百名年轻人骑着自行车在城市周围为沃尔特（Wolt）送外卖，沃尔特是爱沙尼亚的一款快餐订购应用程序。如果由机器人来做这些工作，那就不需要任何人力来驾驶送货车、投递信件或送外卖，这些人将需要另谋生路。当我从星舰科技的办公室返回市中心时，一辆无人驾驶的有轨电车疾驰而过。爱沙尼亚对科技的"盲目押注"是天才还是疯狂？

与萝卜之争

秋田的老龄化经济相对较新，这是 20 世纪末才出现的一种现象。相比之下，技术和劳动力之间的问题至少有三个世纪的历史了。如果爱沙尼亚是研究现代技术的培养皿，那么英国的田野和工厂就是过去式的。与秋田的人们抱怨他们没有榜样不同，这里几代人的经历揭示了技术是如何影响工人的，哪些类型的创新引起了愤怒，哪些类型的创新没有引起愤怒，以及爱沙尼亚可能会发生什么。

在 18 世纪早期，英国有超过 80% 的劳动力从事农业生产。食物短缺和饥荒仍然很普遍，男人、女人和孩子每天都在耕作和照看动物。

他们受到工具的限制，例如，在 18 世纪末，90% 的收割工人使用的是短柄镰刀。这是一种符合人体工程学的糟糕装置，工人在收割庄稼时要蹲下身子。长柄镰刀有类似的刀片，但它的手柄更长，工人可以站着收割。随着从使用短柄镰刀转向使用长柄镰刀，收割一英亩地的庄稼的时间减少了一半。萝卜使土壤更有生产力，繁殖使动物更有生产力，工具使人类更有生产力。这些改进都意味着完成一项任务需要更少的工时，但是对农场工人来说却是一种威胁，就像爱沙尼亚的送货机器人对于快递人员的威胁一样。但也许是因为它们的简单性，又或者是因为这些技术满足了明确的需求，没有人对镰刀和萝卜的推广者感到愤怒，而且农业产量上升，食品短缺变得不那么普遍，人口规模开始扩大。

舰长之舞

随着更先进的机器被发明，我们今天看到的人类与机器之间的紧张关系逐渐形成。约瑟夫·福尔贾姆和迪斯尼·斯坦尼福思为罗瑟勒姆犁申请了专利，相比上一代的"重型犁"，它更便宜、更轻便、更结实，只需要一个人而不是两个人来操作。杰思罗·塔尔发明的"播种机"是一台多功能机器，它可以犁出沟槽，将种子播种到沟槽里，然后用土壤覆盖它们，精确度如此之高，以至于播种一块田地所需的种子量减少了 70%。安德鲁·米克尔于 18 世纪 80 年代末发明的蒸汽动力脱粒机，将清理一英亩土地所需的时间缩减到半天，比使用镰刀的工人效率提高了 90%。到了 19 世纪初，一股农业工程的洪流如火如荼地涌现，农民们引进了机械收割机、干草机、萝卜切割机、打谷机和谷壳机。随着新技术在英国农村的广泛传播，生产力大幅提高，到 1850 年时，农场的产量是一个世纪前的 2.5 倍。

但是许多农场工人憎恨这种节省劳动力的新技术，1830 年，肯特爆发了暴乱事件，农场工人开始摧毁打谷机。愤怒情绪在不断蔓延，发生了数百起暴乱事件，被称为"施荣暴动"（寄给使用打谷机农民的恐吓信上的签名通常是相同的笔名——"舰长之舞"）。数千名暴徒被监禁，将近 500 人被送往澳大利亚的流放地，数百人被判处死刑（最终 16 名暴乱者被公开处以绞刑）。"施荣暴动"的骚乱者取得了初步的成功，加薪的要求被满足，打谷机的投资也受到抑制。但暴乱并没有减缓技术进步的步伐。从打谷机到拖拉机（1896 年）、联合收割机（1911 年）、屠宰场自动化（1960 年）和挤奶机（1970 年），再到爱沙尼亚人创建的智能农场（2015），农业技术的进步从未真正停止过。

在工业革命时期，技术对就业影响的担忧也演变成了对发明家的愤怒和对机器的暴力。以兰开夏郡出生的詹姆斯·哈格里夫斯为例，在 18 世纪初，纺纱（将天然纤维捻在一起制作用于织造的纱线）是布料生产中的瓶颈，织造速度如此之快，以至于需要五个纺纱机来供应每个织布者。服装业是劳动密集型产业，制作成本也很高，制作一件衬衫大约需要 580 个小时，其中 500 个小时花在纺纱上。如果以今天美国的最低工资来算，用 18 世纪的技术生产一件衬衫的成本将超过 4 000 美元。哈格里夫斯的珍妮机可以纺满八卷纱线，极大地提高了产量。由于担忧自己的工作和工资，布莱克本的一群纺纱工找到了哈格里夫斯住的地方，闯进他的房子，砸坏了他所有的机器。

对于每制作一米布将会需要更少纺纱工的担忧是有道理的。早期的珍妮机有 8 个纱锭，到了 1784 年，纱锭的数量上升到 80 个，整个英格兰大约有 2 万台机器在使用。珍妮机后来与其他发明结合了，比如理查德·阿克赖特的水力纺纱机和塞缪尔·克朗普顿的骡子纺纱机，这进一步削减了制作一米布所需的人力。现在几千名工人就可以生产出以前由数百万人生产的数量。然而令人意外是就业率非但没有骤跌，反而直线上升。布价下降，需求扩大，出口也增加了。纺织行业不但没有减少劳动力，反而成为吸引更多工人的磁石。以前把织布作为副业的农民放弃了他们的土地，转而开始全职从事布料生产。兰开夏郡成为当时的"硅谷"，吸引了来自本地之外的家庭，法国和美国的发明家也搬到了那里。

服务的世界

现代农业和工业依赖于几个世纪以来的劳动节约型技术，这一事实解释了为什么2019年英国和美国的农业就业人数都低于5%，制造业就业人数都低于10%。在被生产率高的机器驱赶出工厂和田地之后，现在有超过80%的人从事服务行业。

"服务"的定义很广泛，既包括商店、酒店和餐馆的工作，也包括提供专业性的服务，如会计和建筑，以及提供教育、演讲或职业治疗等公共服务。服务经济中的交易通常是为了节省时间或避免做家务，比如做饭、打扫卫生、开车或洗衣服，或者是花钱请别人来完成我们自己没有能力完成的任务，比如翻译文本、起草建筑规划、设计网站。在现代经济中，几乎没有人种植或制作东西，80%的人每天都在交换时间、努力、技能和知识。

人们很容易得出这样的结论：这应该能在一定程度上防止机器抢工作，这为人们提供了一点儿安全感，因为人类似乎特别擅长提供服务。对于那些听起来有些吓人的自动化研究，有一种更为乐观的解读，如果1/4的工作面临风险，那么3/4的工作没有风险，剩余的人力可以相对平均地分布在需要各种技能并可以发工资的工作中。店主、服务员或美发师必须做的许多事情让我们觉得很容易，比如察言观色、感知顾客的情绪等，但机器却很难做到。当涉及提供所有类型的服务时，人类有天生的优势。

永远不要与机器人比赛

然而，阿提·海因拉却指出："所有关于机器人不能做的事情的假设都是错误的。"机器人现在可以爬楼梯，处理 3D（三维）图像，并识别人类的情绪和感受。它们之所以能够做到这些，要归功于一种被称为"机器学习"的技术，这是一个技术术语，指的是从经验以及创造 AI（人工智能）的过程中学习。给计算机或机器人设置一项任务，比如，让它识别图像，从货架上拿起物品，通过路线导航绕过房间里的障碍物，然后向它反馈什么是对的，什么是错的。随着不断重复这种"训练"，通常是成千上万次，机器人就会做出调整以避免过去的错误，并在正确执行任务方面做得更好。

这些想法并不新鲜，它们最初是由美国计算机科学家亚瑟·塞缪尔证明的，他在 20 世纪 50 年代创造了"机器学习"这个术语，并用这项技术教计算机下国际跳棋。在过去的十年里，计算机能力的提高使人工智能变得更加复杂。现在，计算机的图像识别能力要好得多，在发现癌细胞的测试中经常击败人类实验室的技术人员。机器人在解读图片和视频之外的能力正变得越来越好，总部位于塔林的软件初创公司 RealEyes 利用网络摄像头和机器学习技术，创造了能够解读用户情绪的人工智能。海因拉表示，实验室中所取得的发展要远远领先于公众看到的水平。到目前为止，星舰科技公司的机器人已经完成了 16 万公里的训练，它们在塔林、伦敦和加利福尼亚州进行了试驾，每次试驾的数据都反馈到爱沙尼亚神经中枢一个巨大的共享大脑中。

来自爱沙尼亚的著名发明家的警告是，不要妄自尊大。人工智能背后的基础技术表明，它值得被认真对待。机器人的人工大脑是由计算机芯片上的晶体管驱动的，就像珍妮机一样，而芯片正在以惊人的速度改进。1965 年，时年 36 岁的戈登·摩尔预测，计算机芯片的功率将每两年翻一番。这项现在被称为摩尔定律的预测非常准确，1971—1989 年，英特尔（摩尔帮助创立的一家公司）芯片上的晶体管数量从 2 300 个增加到 120 万个。1970—2017 年，每台计算机处理器的晶体管数量变化如图 8.2 所示。

最近，有证据表明速度可能会略微放缓，但即使功率每三年翻一番，2030
年的芯片也将比 2018 年的芯片强大 16 倍。更先进的人工智能即将到来，
并将出现在我们的工作和生活之中。唯一需要谨慎选择的是，要不要让人
工智能控制的机器做我们所能做的任何事情？

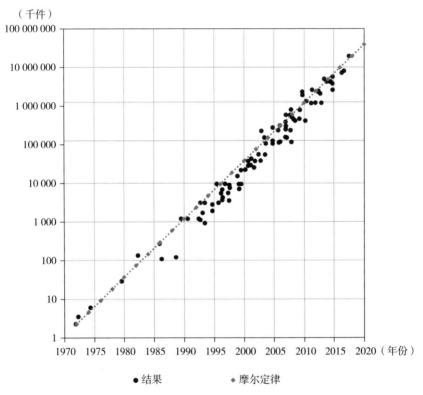

图 8.2　每台计算机处理器的晶体管数量（1970—2017 年）

资料来源：鲁普（2018）。

那些在技术前沿工作的人给其余的跟随者上了一课——不要低估机器。
爱沙尼亚的生活也提供了第二个警告，这与我在本书的前两部分的旅行见
闻有关，即机器对城市社会结构新的潜在的分裂和破坏。塔林有许多地区
是科技中心，也是这座城市熠熠生辉的地方，当地人看到了无穷的机会。
正如一位企业家对我说的那样："如果你在科技行业工作，即使只有一半的
资质，在这里也不可能失业。"但首都的其他地区的经济却很不景气，仍然

受到十年前欧元危机的影响。不仅仅是一些店主抱怨人们对IT（信息技术）公司的偏爱以及政府对科技的押注，那些受过高等教育的年轻人也有这样的担忧。一位最近从俄罗斯移民到塔林的居民说："一开始在这里很容易被同化，但当你在这里待了一段时间后，就会意识到，在一个国家里有两个不同的世界。"

爱沙尼亚的第二世界

滞留在欧洲边境的无国籍群体

距离塔林以东200公里处的纳尔瓦市，是爱沙尼亚"第二世界"的首都。这里是欧盟最东边的地方，居住人口不到6万人，相比塔林来说离圣彼得堡更近，也是受俄罗斯影响很大的边境城市。道路两旁停满了等待穿越边境的货运卡车，即使那些挂着爱沙尼亚车牌的卡车上也有俄罗斯司机，因为车前窗上展示的名片上写着"米哈伊尔""谢尔盖""阿列克谢"。广告牌上的广告是用俄语写的，商店橱窗里的海报上有俄罗斯广播电台（Eli 95.6 FM）的广告。镇上的美术馆里大多是彼得大帝和俄罗斯商人谢尔盖·拉弗雷佐夫的藏品，这些画描绘了伊凡·艾瓦佐夫斯基、亚历山大·马可夫斯基和伊万·希什金路过的海景与山峦，而他们都是俄罗斯籍艺术家。在1993年的一次公民投票中，97%的投票者支持纳尔瓦从爱沙尼亚独立出来（塔林的政府否决了这一结果）。如今，这里90%以上的居民是俄罗斯人。

如果有好的臂力，你可以将石头从纳尔瓦扔到俄罗斯。这座古城建在湍急的纳尔瓦河的河畔，纳尔瓦河是欧盟非官方的外部边界标记（关于爱沙尼亚到哪里结束和俄罗斯从哪里开始的确切地点的协议从未达成）。此处有两座巨大的城堡：爱沙尼亚一侧的赫尔曼城堡，俄罗斯一侧的伊万哥罗德堡垒。在爱沙尼亚的河岸上，渔民们用厚重的渔线将鱼饵抛入深水中。在河的对岸，三名俄罗斯渔民站在齐胸深的水里抛着渔线，在他们的身后高耸着伊万哥罗德（俄罗斯最大的堡垒）陡直的城墙。在其最东端的塔楼上，一群年长的游客俯瞰着欧洲，他们的白发在风中飘动。一切都很平静。

但是，在爱沙尼亚"融合基金会"进行研究的玛丽安娜·马卡洛娃说，爱沙尼亚有着深深的伤痕。许多问题都源于苏联体制下人员按照国家法令进行流动的方式。她说："你无法选择去哪里。"在圣彼得堡完成学位的俄罗斯年轻工程师将被派往纳尔瓦和爱沙尼亚最东边的伊达－维鲁县的工厂或油页岩工厂工作。这并不是个肥差，因为莫斯科的生活水平远高于爱沙尼亚，但对于一个没有家庭牵绊的能源工人来说，可以因此得到他们需要的东西（在北极圈以北的卡拉干达和沃尔库塔的煤矿工作，情况要糟糕得多）。由于苏联的制度决定了人们的居住地，爱沙尼亚苏维埃社会主义共和国的种族构成发生了变化。第二次世界大战后，至少有21万人来自苏联体制下的其他国家（其中，绝大多数来自俄罗斯，还有一些来自乌克兰和白俄罗斯），爱沙尼亚本地人占总人口的比例从1945年的94%下降到1953年的72%。

今天，33万有俄罗斯血统的人占到爱沙尼亚人口总量的25%。他们是纳尔瓦和伊达－维鲁县的主要群体，而这一群体在塔林有15.5万（占该市人口的40%）。他们居住在首都的两个主要地区。拉斯纳麦埃位于老城区东部，这是一个并不引人注目的地方，一排排的高楼大厦挤满了双车道的两旁。但在维克－伊斯梅，建筑风格是偏向苏联式的，每个大厦都有轻微的弯曲，当你走在街道上时会发现这些大厦排列得都很规整，下面三层是灰色的，而最高一层则是五颜六色的，精确的几何结构将附近的道路变成了一系列巨大而完美的同心圆。

移民到像维克－伊斯梅这样地方的人过得很好，所以当苏联在20世纪90年代初解体时，他们面临着一个严峻的选择。只有5%的人回到了俄罗斯，但留下来的人表示，他们也不觉得自己是爱沙尼亚人。我采访的许多人都说自己陷入了困境。一位俄罗斯裔的爱沙尼亚人告诉我："我真的不知道自己适合哪里，也不知道该怎么称呼自己。"另一位当地人说，在当地有一个复杂的表述，可翻译为"我太冷了，不像俄罗斯人；我太热了，也不像爱沙尼亚人"。并提到了国民心中的刻板印象，热情冲动的俄罗斯人与冷静理性的爱沙尼亚人。

对大约 8 万名俄罗斯人来说，无国籍不仅仅是一种感觉，还是一个法律问题。获得正式的爱沙尼亚公民身份需要申请并进行语言测试，而这个测试许多人都没能通过。因此，这群人持有的不是淡紫色的爱沙尼亚欧盟护照，而是浅灰色的护照，封面上用金色浮雕字体写着爱沙尼亚语"VÄLISMAALASE PASS"，下面是翻译——"外国人护照"。持有这样护照的人，既不是爱沙尼亚公民，也不是俄罗斯公民。他们可以享受爱沙尼亚的公共服务，但必须在这里纳税，而且没有资格在全国选举中进行投票，拉脱维亚也存在着这种奇怪的情况。滞留在欧盟的俄罗斯人是世界上最大的无国籍群体之一。

俄罗斯人在爱沙尼亚的生活过得很差，而且更有可能失业。即使那些有工作的人，所签订的合同也不那么可靠，在经济低迷时更容易被解雇。2008 年国际金融危机之后，爱沙尼亚人的失业率上升至 17%，俄罗斯人的失业率达到 27%，而持有"外国人护照"的人失业率则超过了 30%。偷走工作的技术所带来的威胁也在不断逼近，这是一个危险的信号。

这一群体也可能会错失国家高科技经济战略所带来的机会。俄罗斯人在很多方面都被甩在了后面，他们更容易酗酒，寿命也比爱沙尼亚人短，尤其是男性。在远离河岸边旅游景点的纳尔瓦，后街两旁是苏联时代破旧不堪的公寓楼。在塔林的老城区，那些从事非技术性或低薪工作的人都是俄罗斯人，比如出租车司机、酒店客房服务员和清洁工，以及货架堆放工。玛丽安娜·马卡洛娃指出，真正的悲剧是，在工资最低的工人中，有五六十岁的在俄罗斯读过大学的高学历女性被派到这里来管理苏联的能源设施。

不出所料，许多俄罗斯人似乎已经放弃了。一位友善的当地人带我来到维克－伊斯梅圆形社区中心的一个巨大池子，那里每天都聚集着一群五六十岁的男人。我的朋友说他们是"渔民"，他用手指做了个引号，还眨了眨眼睛，偷偷地指着藏在岩石下的一个袋子，里面装着大量的烈性啤酒。现在是工作日上午 10 点，但是许多罐子已经空了。

一座新的桥梁

从国家开始

对科技的押注已经有 25 年了，爱沙尼亚的经济展示了数字化所带来的机遇与挑战。技术悲观主义者一定可以举出许多例子。X-Road 数据交换系统现在被视为爱沙尼亚的"脊梁"，就像曾经的打谷机或珍妮机。政府服务的数字化意味着人与人之间的交流，包括预约、旅行和排队等已经从这里的生活中消失了。研究表明，截至 2014 年，科技每年节省了 6 400 个人工，而且有持续增长的趋势。令人担忧的是，这将影响 6 400 个人的工作，该国 2.5 万名行政人员中超过 1/4 的人面临着失业的风险。作为受 X-Road 系统影响的核心群体，中央政府职位在 2015—2018 年就减少了 2 450 个。

然而，乐观主义者也很容易举出例子。中央政府职位的流失是一个更大计划的一部分。和日本一样，爱沙尼亚的劳动力趋向老龄化，除非政府找到每年削减 750 个人的工资的办法，否则其在劳动力中的就业份额将会上升。从这个角度看，自动化是一种需要而不是风险。在整个经济领域，几乎没有迹象表明技术会导致经济萧条。失业率仅为 4.4%，而劳动力市场参与率达到 72%，这是 20 年来最高的，远远高于美国或欧盟国家的平均水平。机器人和软件似乎也没有影响到爱沙尼亚人的平均工资，经通货膨胀调整后的工资近年来上涨了 4%。2018 年的一项官方研究显示，这里对护士、教师、计算机程序员以及公交车、卡车司机的需求很大。从提供的总体数据概况来看，事情似乎进展得很顺利。

作为发明家和《猎脑》节目的冠军的雷特·兰德认为，爱沙尼亚的经济复苏开始于政府。他说历届政府都采取了为发明家积极创造机会的政策。以失业救助制度为例，任何打算创业或从事发明的人，都可以在爱沙尼亚领取失业救济金，只要他们有一个明确的商业计划，并能证明他们正在朝着这方面努力。兰德说，这对他自己来说非常重要，所以他才有勇气冒险放弃他之前稳定的工作。

在兰德 40 岁出头的时候，他职业生涯的大部分时间都花在了设计小发明上。在学习了电子设计和物理学之后，他成为大型企业的内部发明人，为通用汽车公司设计转向锁，为可再生能源企业 ABB 集团设计风力涡轮机，为电信公司爱立信设计电子产品。2017 年初，他受邀在母校塔尔图大学的教学医院就电子传感器发表演讲。当在医院四处参观时，他注意到护士花了大量时间记录观察结果，而不是照顾病人。最常见的体温测量，每天要进行四次，而需要护理的新生儿测量的次数则更多。演讲结束时，兰德问听众如果他将这一过程自动化是否会有所帮助。听众的反应非常积极，因此他在 2017 年 3 月辞掉了工作，全身心投入到这个想法中来。他在几个月内就想出了解决方案，并将其称为"临时身份证"（TempID）。

雷特·兰德笑着从裤兜里拿出了这个小玩意说："这是一项伟大的产品，我以前的大部分发明都要用拖拉机才能拉动。""临时身份证"是一个薄薄的粉红色的圆片，在病人接受治疗时要贴在他们的皮肤上。兰德在他的手机上刷了一下圆片后，出现了一张分钟图，上面记录着他在过去四周的体温。虽然也有竞争对手，但现有的美国制造的传感器在 24 小时后就没电了，只能通过蓝牙传输数据，这正是医院所担心的，而"临时身份证"会直接连接到用户的手机上，电池可以续航一年。在赢得由爱沙尼亚政府赞助的《猎脑》的冠军数周后，兰德签署了向三大制药连锁企业供应这种设备的协议。

爱沙尼亚的数字民主有助于以间接的方式支持发明者。"临时身份证"所生成的数据（比如一个人的体温记录）是高度私人化的，但是在与临床医生共享和讨论时是非常有价值的。然而在 2018 年，出于对数据安全的关注，即便在与此相关的患者和临床医生之间，通过电子邮件分享患者个人信息都是非法的行为。相应地，"临时身份证"团队正在研究一个安全的渠道，可以让患者和临床医生直接进行交流。这一新途径比电子邮件更为安全，它将使用获得政府支持的"移动身份证"（Mobile-ID），这是爱沙尼亚人实体身份证的手机版本。兰德解释说："政府渠道是我们安全渠道的基础，这反映了搭载国家的好处，对爱沙尼亚的技术开发人员来说，基础往往已经准备好了。"

数字化公民

爱沙尼亚的首席信息官西姆·西库特回忆道，数字身份证的成功带来了一个新问题。爱沙尼亚经济的改善逐渐吸引了大量外来投资，外国人也开始进入爱沙尼亚企业的董事会。身份证系统的高效率意味着许多大公司已经开始使用数字签名并通过数字化共享所有的董事会文件，但外国的董事会成员却无法提供所需的经政府验证的电子签名。爱沙尼亚的公司不得不回到过去的方式，西库特说："公司不得不重新使用纸质文件，这很麻烦。"

最初的解决办法是，向在爱沙尼亚的主要外国投资者提供临时身份证，以便他们也能以数字化的方式签署董事会文件。后来，这个团队想到了一个更好的主意，如果国家向投资者开放其身份识别系统，为什么不让所有人都能使用呢？他们有一种这可能会带来益处的预感，或许新型的"电子居民"（e-Residents）最终会成为爱沙尼亚公司的客户，他们会花钱购买会计或网站设计等专业服务。因为这个想法是全新的，没有案例可以评估，所以他们又尝试了一次。西库特回忆道："我们只是把它推了出来，看看是否有吸引力，24小时后，它的表现远远超出了我们的预期。某种程度上市场在告诉我们，'去试试吧'。"今天的爱沙尼亚有来自138个国家和地区的3.5万名电子居民。他们都是政府在宣传广告中所称的，一个"新数字国家"中的成员。

成为爱沙尼亚的电子居民的条件很简单，在政府网站上输入一些基本信息，上传一张照片和一份护照的扫描件，支付100欧元的费用，最后选择一个要领取电子居民证的爱沙尼亚大使馆，整个过程不超过五分钟。真正的问题在于你为什么要做这件事，29岁的奥特·沃特现在运营着电子居住这个项目，他表示存在各种各样的用户，有一些人只是喜欢这个主意，把获取这张卡片当作乐趣，并且将其作为一种跨境团结的象征；还有一些人则是出于商业考虑，因为电子居民可以远程开立银行账户，并被允许用欧元进行交易；另外一些人似乎是出于焦虑，以及在一个稳定的国家站稳脚跟的渴望，尽管这只是电子的。在欧盟资助的研究项目中工作的英国人一直对该计划很感兴趣，他们担心英国退出欧盟可能会对他们的资金支持造成压力，并将电子居民视为应对这种情况的保险。

赌注和就业

哈里·塔林是当地的企业家，他协助举办了《猎脑》大赛，他认为爱沙尼亚刺激创新的政策似乎正在创造就业机会。通过追踪最近五位节目中获奖者的财富情况，塔林了解到，他们在 2017 年上半年共计雇用了 250 名员工，缴纳了 100 万欧元的税款。近年来与《猎脑》大赛有关的初创公司已经从投资者那里筹集了超过 3 000 万欧元的资金，这些数字将来还会上升。当他们花掉这些资金时，供应商的收入、员工的工资和政府的税收都会增加。

爱沙尼亚新型公民的分类似乎也在创造就业机会，截至 2017 年底，海外电子居民已经在爱沙尼亚建立了近 3 000 家公司，这一计划有望在未来四年里使 GDP 提高超过 3 000 万欧元。沃特指出，主要的挑战不在于对电子居民证的需求，而是在于电子居民证的供给。由于电子居民证是政府的官方文件，只能从爱沙尼亚大使馆领取，而爱沙尼亚在全世界只有 34 个大使馆。当我见到沃特的团队时，他们正在探索与有信誉的海外组织建立伙伴关系，以确保每个国家至少有一个领取点。爱沙尼亚政府的目标看起来雄心勃勃，到 2025 年要吸引 1 000 万个电子居民。如果能达到一半，那么对经济的影响也将是巨大的。

从爱沙尼亚的成功中得到的经验是做出一个大胆承诺的重要性，从国家共享数据的方式到用来激励发明的失业救济金，这一承诺在整个经济体中进展顺利。核心在于 X-Road 系统，这是塔林政府建立的数字化基础，私营企业可以在此基础上开展服务。对时间和公共财政的节省，以及私营部门新的工作前景，都说明了为什么来自爱沙尼亚的这些想法正在迅速推广开来。一些邻国与塔林政府直接开展了合作，芬兰在 2017 年开始使用 X-Road 系统，法罗群岛和冰岛已经宣布也将使用这一系统。其他国家正在派遣官员访问爱沙尼亚以了解数字身份证、X-Road 系统、网络投票和电子居民的运作方式。为了方便起见，爱沙尼亚专门设立了一个办公室——爱沙尼亚电子简报中心（e-Estonia Briefing Centre），该中心在 2018 年接待了 800 个官方代表团。

技术从来没有造成经济领域的大规模失业，但是引起了现有就业的巨大变化。我们可以在爱沙尼亚看到工人只是发生了流动，而不是被替代。这里许多企业的商业计划虽然会减少一些就业机会，但是同时也在创造其他工作。"智能盆栽"和"智能农场"就是很好的例子，在某种程度上减少了对人力的需求，一个成年人每周只需不到两个小时的工作时间来监督机器，就能生产出数千株植物。与此同时，这项技术正在创造就业机会，比如设计、制造、市场和销售以及提供售后服务等。与以前的技术一样，结果只是工作类型的改变，而不是工作数量的改变。莱普也阐述了自己的事例，即"智能盆栽"最近已经开始进入美国市场，在美国将近 40% 的食物都是在运输和储存的过程当中丢失或浪费掉的。在家里种植食物所需要的水分比在农田种植所需要的要少 40 倍，而且不需要用杀虫剂。在轮作制度和打谷机问世几百年后，正确的耕作显然仍可以获得巨大的收益。

对未来经济的一个相关担忧是，尽管工作的数量可能保持不变，但工作的质量将有所下降，机器人将从事所有有价值的工作，留给人类的只是一些枯燥和廉价的工作。爱沙尼亚对此也进行了应对，在与机器人一同工作的科技公司里，公司为拥有各种技能的人才提供了职位，这令他们看起来很开心。在离开星舰科技的路上，我参观了监督送货机器人工作的楼层。在一个大房间里，一群年轻人坐在那里观察着一排排的电脑屏幕。每一个人负责监控一个机器人。屏幕上显示着机器人通过摄像头和雷达拿起的所有东西，并且屏幕上显示出了一条路线，指示机器人下一步要到达的地方。当到达一个十字路口时，机器人会停下来等待，机器人在当前的发展阶段，必须获得作为管理者的人类的允许才能通过路口。团队监测着计划的路线，并给予机器人反馈从而对机器大脑做出改进。

控制室里的工作看上去就像是拿钱玩电脑游戏，虽然这相当无聊。当我走到大楼正门时，一个拥有六个轮子的机器人滑了过来，它在等待进入主接待处。因为机器人还处于"训练"阶段，除了控制室的一名监督员外，机器人还由一名看门人陪同。他看起来就像年轻的詹姆斯·邦德，20岁出头，穿着公司统一的皮制短夹克，戴着深色太阳镜。由于爱沙尼亚劳动力短缺，人们可以找到其他工作，比如，卡车和公共汽车司机。这里的工作人员虽然没有成为司机，但在教机器人开车。他们的工作包括与机器人玩游戏，以及戴着墨镜穿着酷酷的夹克在塔林走来走去。很显然，新工作比旧工作更有吸引力。

一种新语言

虽然数字技术没有消除就业，但如果技术加重了新的经济分化或扩大了现有的数字鸿沟，也可能造成破坏。作为塔林的科技中心之一，乌莱米斯特市是民族和语言断层线的标志，这些断层的存在意味着爱沙尼亚成为一个非常有价值的试验案例。最近竣工的商业公园靠近拉斯纳麦埃地区，该地区以俄语居民为主，也是塔林过去和未来共存的一个地方。园区被重新命名为"北欧硅谷"，位于列宁国家联合工厂，这是一家国有火车制造厂，在1991年之前一直在这里运营。乌莱米斯特市有数百家科技公司，这些公司集中在苏联建造的大型仓库旁边的新办公大楼里。大型停车场里停满了员工们闪亮的新车，角落里有一个法式风格的报刊亭在出售时尚杂志，后面是一座纪念碑，上面为列宁国家联合工厂的铁路工人们写了长长的挽歌。如果你对社会中新出现的数字鸿沟感兴趣，那么在这里就能看到了。

乌莱米斯特市的企业雇佣记录提供了一个初步的线索，那就是虽然技术可能会导致分裂，但也可以帮助愈合它们。这里有很多俄罗斯的创新者和企业家，很多人担任着高管职务。Playtech 是一家为博彩和游戏网站编写软件的公司，于 1999 年在爱沙尼亚成立，现在有来自 17 个国家或地区的 5 000 名员工。塔林办公室里有很多讲俄语的人——这是必不可少的，因为数百名程序员在更东部的乌克兰分部工作。另一家软件公司 Parallels 为 Mac（苹果计算机）和 PC（个人计算机）用户搭建了一座桥梁以确保他们的工作总是兼容的，公司在塔林总部有 800 名员工，在莫斯科还有一个分部。隔壁的软件公司 Helmes 在当地和白俄罗斯的明斯克雇用员工。Astrec Data 是一家存储机器学习企业所需大量数据的公司，其在塔林和圣彼得堡都有服务器，公司主标志下方的标语是"连接东西方"。

如果说有什么不同，那就是科技公司的工作岗位似乎对那些来自俄罗斯以及其他苏联体制下的国家或与之有关联的人们略有偏见。我问过那些领先的技术创新企业这是为什么，被边缘化的群体一定会在新行业中遭遇困境吗？部分原因在于教育，阿提·海因拉提到在苏联体制下人们非常重视数学和技术技能，他对与俄罗斯学校进行物理竞赛的场景记忆犹新。俄罗斯人以擅长计算而闻名，随着 20 世纪 90 年代科技行业的蓬勃发展，对俄罗斯人作为程序员和开发人员的需求量很大。这与今天的情况相呼应，讲俄语的爱沙尼亚家长高度重视技术教育并强调其在国内的重要性。

有人说关键在于沟通能力。语言在塔林是争论的主要话题，也是一个棘手的政治问题。最根本的问题是，这个国家的两种语言根本不相容，它们甚至不是远亲，连字母都不相同，也几乎没有共同的单词。政治问题在于这里有两种并行的学校系统，一种讲爱沙尼亚语，另一种讲俄语，这意味着孩子之间的融合相对较少。塔林的一位教授说，单一的大学体系迫使这两个群体融合，但是在课前和课后学生们还是按照语言的界限划分成两个独立的群体。按照塔林的一位发明家的说法，科技公司则是不同的，因为它们采用的是"三种国际语言"——数学、计算机代码和英语，这便彻底消除了当地的语言障碍。

虽然政府的教育政策——双轨制学校体系在这里依然是分裂的状态，但对创新的支持政策似乎有助于弥合分歧。哈里·塔林说近年来在国家支持的《猎脑》节目里出现了很多支俄语队伍。2017 年，选手们用爱沙尼亚语、俄语和英语展示了他们的发明，在竞赛中有一支队伍来自莫斯科，他们是一群来自波罗系统公司的说俄语的爱沙尼亚人，他们在决赛中输给了雷特·兰德的"临时身份证"。（这些年轻人做过调酒师，他们发明了一种可以自动控制库存的小装置，订购补给品以确保鸡尾酒吧永远不会缺货。）与 X-Road 系统和电子公民一样，关于《猎脑》的新闻已经传开，塔林正在帮助摩尔多瓦政府运营一个类似的项目。纳尔瓦作为爱沙尼亚远东地区的一座讲俄语的城市，自 2014 年以来一直在举办 TEDx（由非营利机构 TED 推出的演讲项目）品牌研讨会。2017 年的活动主题是"无国界"，参加者包括来自爱沙尼亚、俄罗斯和乌克兰的技术发明家与科学家。

这并不是说爱沙尼亚在技术上的"盲目押注"消除了分歧。独立近 30 年后，爱沙尼亚的劳动力市场仍存在严重的种族隔离，许多行业几乎与俄罗斯人绝缘，比如法律、公共行政和艺术。这一观点得到了行业就业统计数据的支持，这些行业都偏爱爱沙尼亚本地人。2018 年，不懂爱沙尼亚语的人的失业率是母语为爱沙尼亚语的人的两倍多。对于被边缘化的俄罗斯人，最近的担心是海洛因和芬太尼成瘾，以及相应的艾滋病毒感染率上升和药物过量。

然而，在塔林这个 40% 的人口讲俄语的城市，科技所起的作用还是为分裂的社会带来了希望。一个乐观的例子是，工作场所是爱沙尼亚消除前期已经存在的语言和种族派系的最好选择。在所有行业中，那些有俄罗斯和爱沙尼亚血统的人更有可能在工作中建立联系，而非在业余时间。科技行业是以数学、计算机代码和英语等"国际语言"为基础的，是相对公平的，在这一行业的俄罗斯人很多。当然，也并不是每个人都能得到这个工作，一般来说，只有 1/10 的大学生能够进入科技公司工作。但在信息和通信技术领域，对人才的巨大需求尚未得到满足。与法律或公共行政领域不同，这些行业对所有人开放而无论他们的种族是什么。对一个如此分裂的国家来说，重要的是增加一个部门，在这个部门里工作是根据能力而不是种族或语言分配的。

打破技术变革的神话

期待在未来几年能听到更多关于爱沙尼亚经济模式的消息：来自塔林的思想——它对于节约成本和增加就业的承诺正在迅速推广开来。塔林电子政务学院的墙上挂着一张巨大的世界地图，上面点缀着数百个小 LED（发光二极管）灯，这些灯标示的是正在与爱沙尼亚开展合作的城市。团队下一步将与尼日利亚政府在拉各斯开展一个项目，在拉各斯地区每天有2 000 名新移民。这个项目通过追踪智能手机的使用情况来监测人口增长，从而对能源供应、卫生设施、交通和治安做出相应调整。

雷特·兰德摸着手上的"临时身份证"，说："发明最终是关乎自由的，如果你有了新想法然后成立了公司，那么你就是决策人。"在人们的记忆中，这个国家的重要决策都是由莫斯科做出的，这意味着很多。很多人将技术视为保护和加强民主的重要途径。投票箱已经过时了，爱沙尼亚的电子民主吸引了年轻人参与投票，由于政客的资产都可以通过系统进行追踪，所以减少了贪污的可能性。正如政府的首席信息官西姆·西库特所说："你无法去贿赂一台电脑。"

送货机器人的发明者阿提·海因拉表示，对许多寻求破解人工智能"圣杯"的人来说，他们的目标还包括利用计算机来加强民主制度。世界各地的团队都在竞相创造一种被称为通用人工智能（AGI）的东西。这将是一个强大的电脑化思维，它可以进行推理、规划学习内容，并以一种战略性的方式构建自己的数字大脑，而不需要人类教导它去做什么。从事这类研究的人认为通用人工智能可能有助于人类解决棘手问题，比如政治上的核裁军或经济上的贸易协议问题。

对技术专家来说，他们的目标不仅是功能更好的民主，而且是更加平等的经济。海因拉描绘了这样一种未来：蓝领工人急需的用品可以在网上订购，比如一盒牛奶或一把牙刷，并在回家时收到货。过去存在一种平衡，国王总是能雇得起仆人，但普通人却不能，而且这一平衡不会改变。毕竟雇用人力来运送商品则意味着要向他们支付工资，这使得送货成本无法降低，雇用一名私人快递员则意味着在一天内快递一个小包裹要花费 5 美元或 10 美元。但是阿提·海因拉说："这太贵了！用机器人就可以了。"机器人没有工资，时间成本很低。在阿提·海因拉对未来的展望中，送货机器人成了普通人的仆人，机器人使我们成为国王。

神话般的海浪，想象中的暴风雨

对于技术很快将影响经济的预测可能会让人非常担忧。我们将在十年内看到一种新型的，专门用来代替人类劳动力的智能机器。数百万的人可以看到他们的工作将被自动化所取代，这将是一个巨大的冲击。这一点可以用科技"巨浪"的冲击和自动化的"完美风暴"来阐述。庞大的数字和充满灾难的词语描绘了一幅可怕的图景：当自动化袭来时将是突然的，会造成广泛的破坏而且完全不受我们控制。

我在爱沙尼亚的旅行，以及本书中我与生活在其他极端经济体中的人们对于压力的讨论，使我确信以这种方式讲述科技故事是在以错误的方式看待挑战和风险。首先是时机问题。在塔林最令人印象深刻的想法——将耕种转移到食用这些食物的人们家中，是有些激进的，但可能会带来巨大的环境效益。与此同时，作为数百年前的播种机和打谷机的直接后裔，马蒂亚斯·莱普发明的"智能农场"是另一个农业机器。自动化机器在工业上的应用已经有几个世纪的历史了，而目前的技术、机器学习和人工智能也已经有 70 年历史了。技术的发明、传播和应用是缓慢的，而不是突然的。几个世纪以来，技术一直在改变着人类工作的方式。自动化机器已经是老生常谈了，工作场所的技术化是未来的趋势，我们对它的熟悉程度甚至超过了我们对它的理解。

精通科技的爱沙尼亚以其独特的方式提醒着我们可能存在技术压力的那些地方。一项工作或工作中一项重要任务的自动化改变了人类的职责，随之而来的是角色性质及其社会地位的变化。从历史中得到的教训是，技术并不会造成大规模的失业，而是引起了工作质量的改变，不管是农业、制造业，还是服务业，在处于技术前沿的爱沙尼亚，历史正在重演。根据本书前几部分的警示，这种经济冲击是很重要的，是对人们的角色、责任和地位的冲击。用马斯洛的需求层次理论来解释，满足这些更高需求的成本可能与自然灾害对经济造成的原始破坏一样高。即使在经济增长强劲、劳动力短缺的国家，经济波动、工作变化也会带来破坏。

对于那些决心打破过去做事方式的技术专家来说，这是一个盲点。穿过讲俄语的塔林郊区以及欧盟东部边境的全俄语城市纳尔瓦，你会清楚地意识到被新的经济范式甩在后面意味着什么。尽管有大量证据表明，技术正在吸引高技能的俄罗斯年轻人，但在25年"盲目押注"的技术驱动型增长模式下，仍然有许多人被甩在了后面，人工智能将以某种方式解决所有政治和经济问题的假设令人感到不安。爱沙尼亚是一个公民可以在地球上任何地方进行投票的国家，并且只需要100欧元和5分钟的时间就可以向外国人出售电子居住权。然而，这个世界上第一个民主数字化的国家，也是一个8万人没有国籍的地方。那些持有灰色"外国人护照"的俄罗斯人是纳税人，但他们不能投票，这种处境从根本上违反了民主。即使最快、最强大的人工智能，也无法解决这类问题。

爱沙尼亚打破了技术变革的最后一个神话，即技术变革来自某种无法控制的外部力量。在塔林，技术并不是来自一个派出机器人大军来吞噬我们工作的默默无闻的公司。相反，这是政府主导产业战略的产物，旨在解决预算紧张、劳动力短缺的根本问题。人们最感兴趣的许多自动化机器被用于劳动力短缺行业而非过剩的行业，比如从农业和水果采摘到配送与护理。以谨慎的方式面对未来意味着要认真对待自动化对劳动力市场的威胁，那就是失业率可能会飙升。但是，技术确实可以解决今天已经发生，以及我们可以肯定还将继续发生的许多问题，机器人可以帮助应对老龄化经济、环境恶化和国家预算短缺等挑战。谨慎也意味着要认真对待这样一种观念，即我们的自动化速度可能还不够快。

9 圣地亚哥：经济奇迹之后的极度不平等

最大的错误之一，是根据政策和计划的意图而不是结果来评判它们。

——米尔顿·弗里德曼，1975 年

繁荣的经济

山顶和底层的建筑群

若想欣赏圣地亚哥的景色，那么十八山附近是独一无二的。十八山在当地常被写成"Cerro-18"，它地处一个小郊区，看起来像里约热内卢周边山上著名的贫民窟。沿着这座陡峭的山向上是临时搭建的五颜六色的房屋，看上去仿佛是一个接一个地堆叠在一起的。往返于山坡上的居民点和市中心的公共汽车停在了半山腰，向上还有一段需要攀登的狭窄楼梯，蜿蜒盘旋在民居之间。攀登令人感到筋疲力尽，但也非常值得，因为你可以看到铁皮小屋如何融入邻近的拉德赫干净的方形街区。拉德赫是为新富阶层建造的郊区，再往前走就是维塔库拉和拉斯孔德斯绿树成荫的花园，这也是智利老牌精英阶层在城市的住所。作为坐落在财富中心的棚户区，"Cerro-18"为这个世界上经济最不平等的发达国家的首都提供了一个独特的视角。

这些山坡上的居民区并不是贫民窟。屋顶是铁皮的，但墙壁通常是砖做的，有些房屋很大，令人印象深刻。这些房屋因为建在丘陵地带而无法进行商业开发，所以每座住宅都是独一无二的，挤占了闲置的空间。建筑物在山顶上消失了，让位给一个被用作足球场的废弃场地，几个当地人还在上面建了一个临时车库，在那里对一辆不起眼的雷诺克里奥汽车进行了升级，为其加上了闪亮的轮圈和粗大的排气管。山的另一侧太陡了，不适合修建房屋、踢足球或改装汽车，所以这里只有灌木和碎石，43 岁的失业建筑工人克里斯蒂安·阿拉韦哈拉手里拿着一个粉红色的麻袋在这里走着。

阿拉韦哈拉先生靠捡易拉罐为生，十八山的山顶是个再适合不过的地方了。除了进行汽车保养和球类运动外，当地人还用这个地方倾倒垃圾，所以有很多垃圾可以捡拾。圣地亚哥最富裕地区的优美景色吸引了点篝火和喝酒的青少年，阿拉韦哈拉时常到这里散步，这次他中了一个小彩头——一个装着五六个空啤酒罐的蓝色塑料袋。他用脚将罐子踩扁并放进麻袋里，他说每千克易拉罐可以卖 300 比索（约合 45 美分），他计划今天收集 6 千克，这足够买一些食物了，而且足够支付一次公交车费用去看望他在普罗维登西亚医院的年迈母亲，医院位于离这里 45 分钟车程的郊区。他稳步走着，麻袋也快装满了，此时正值中午，气温高达 31 摄氏度，而且还在继续上升。每个易拉罐只有 15 克重，所以他需要收集 400 个才能完成他今天的目标。天气酷热难耐，他的指甲脱落了，指尖也肿得厉害。

正如秋田和塔林一样，圣地亚哥也是一个极端的经济体，它为未来打开了一扇窗户。到目前为止，圣地亚哥是智利最大的经济中心：人口规模达到 520 万人，占智利总人口的 1/3，是第二大城市（安托法加斯塔）的 10 倍，圣地亚哥的经济产出几乎占到了智利的一半。20 世纪 70 年代的智利是一个贫穷的国家，人均国民收入只有阿根廷的一半。而如今智利人均国民收入已接近 1.4 万美元，是拉丁美洲最高的国家，与希腊和葡萄牙相差不远。智利因其在经济增长方面杰出的表现，在 2010 年成为经济合作与发展组织的成员，是南美第洲一个正式从"新兴经济体"走向"发达经济体"的国家。随之而来的经济快速增长和贫困的消除，意味着智利被视为"经济奇迹"，有影响力的国际机构更是将其奉为发展的典范，要求其他国家复制"智利模式"。

　　智利经济奇迹般的增长导致了极端不平等，这只是成功故事中的一段小插曲。智利是经济合作与发展组织中最年轻、表现最好的成员，也是发达国家俱乐部中最不平等的经济体，国民收入存在巨大的差距。衡量不平等程度的一个通用指标是收入最高的 10% 的人群的收入占国民收入的份额，智利的这一数字从 20 世纪 70 年代初的 30% 上升至 20 世纪 90 年代末的近 50%（见图 9.1）。此后，这一比例又小幅上升，这意味着剩余 90% 的智利人，享有的国民收入不到总量的一半。

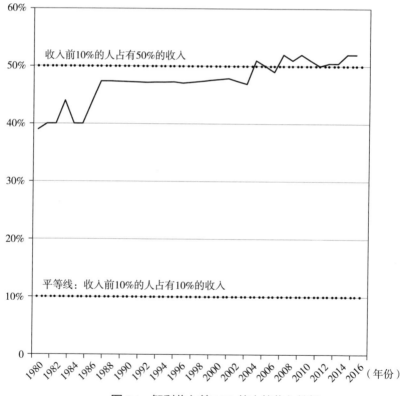

图 9.1　智利收入前 10% 的人的收入份额

资料来源：世界不平等数据库 (2018)。

　　如今，圣地亚哥所走的道路正在成为最受欢迎的发展道路——快速增长伴随着不平等的急速加剧。智利的不平等程度也迅速成为全球常态。印度和中国的人口加起来占世界总人口的 1/3 以上，在过去的 30 年里，随着经济快速的增长，这两个国家的不平等程度都有所加剧。从邻国秘鲁的利马，到尼日利亚的拉各斯，再到马来西亚的吉隆坡，这些世界上发展最快的城市，正在成为地球上最不平等的地方。未来经济会像秋田那样老龄化，像塔林那样数字化，以及像圣地亚哥那样不平等。

我在圣地亚哥见过城市收入水平最高和最低的人群，以及这一极端经济模式下富有争议的政策制定者。智利的经济模式得到了赞扬，其他国家竞相效仿，于是我想了解智利的普通民众对国家发展的看法：如果经济增长能消除贫困，那么不平等真的重要吗？如果确实重要，那么就像秋田和塔林一样，在这个全球趋势的最前沿，是否存在乐观的理由、后退的迹象、合作与韧性？

芝加哥经济学派

芝加哥男孩的崛起

罗尔夫·卢德斯说："当时我们认为不平等最终会消失。"他坐在拉斯孔德斯的公寓里，回想着 20 世纪 70 年代初的事情，而这些事情至今仍在智利重复着。圣地亚哥有 32 个区，拉斯孔德斯是其中最豪华的一个，马路对面是一个独家高尔夫俱乐部，埃尔高尔夫地铁站附近街道两旁是大使馆，草坪郁郁葱葱。现年 83 岁的卢德斯先生穿着一件开领衬衫和一件简单的灰色羊毛衫，他这几年来看上去越来越像一个学者，他座位周围都是早年国际旅行时带回来的精美艺术品、小雕像和地毯。在 20 世纪 80 年代早期，年轻的卢德斯掌管着智利的经济大权，同时掌管着财政部和经济部。他也是负责这项独特经济实验的小组成员之一。

智利的实验源于富兰克林·罗斯福在 1933 年就职演说中提出的一项政策。美国总统描述了他对战争的憎恨，并承诺他的国家将保持中立，不再试图军事干预美洲大陆的邻国事务。从此之后，美国对邻国施加影响的尝试变得更加温和与微妙。从 20 世纪 30 年代末开始，国际合作社联盟（ICA）开始向拉丁美洲国家提供资金，与它们分享技术熟练的专家和训练有素的人员，这一政策被称为"技术援助"。国际合作社联盟的资助意味着美国专家参与了整个大洲的项目，从帮助厄瓜多尔香蕉种植者使用新杀虫剂的试验，到帮助萨尔瓦多改善卫生条件的举措，以及数百个其他项目，其中包括秘鲁的大豆种植、洪都拉斯的治安管理、危地马拉的教师培训等。

另一个项目旨在提高智利大学的教学质量。作为该项目的一部分，1955 年，芝加哥大学与智利天主教大学签署了一项由国际合作社联盟赞助的技术援助协议。按照项目计划，智利的博士研究生将去芝加哥学习两年经济学，之后回到圣地亚哥任教。这种学生交流有助于提高智利的经济学水平，并有助于智利的老师和学生远离除资本主义以外的其他意识形态。最终的影响远远超出了这些温和的目标，在智利被普遍称为"芝加哥男孩"的那些交换生，最终完全控制了这个国家的经济。

米尔顿和阿利托

20 世纪 50 年代，芝加哥经济学派的混合教学模式在智利学生来之前就已经闻名遐迩了，这一体系有着自己的方法、态度和兴趣，因此有别于其他地方的思维。由于在方法论上非常严谨，并致力于用数据来检验理论，芝加哥经济学派得出了具有重大政治意义的论断。他们的分析使他们相信，市场是分配稀缺资源的一种方式，并对政客和国家保持了警惕。芝加哥经济学派认为，花掉一美元的最佳人选是挣得这一美元的人，而国家的支出来自榨干工人口袋和企业家钱袋所得的税收，因此，芝加哥经济学派认为，政府应该是小规模的，政府对于经济的干预也应该是受到限制的。

芝加哥经济学派有两位学者对交换生和智利产生了卓越的影响。其中之一是米尔顿·弗里德曼，20 世纪 50 年代中期，40 多岁的弗里德曼 10

年来一直是经济系的领军人物。所有的智利交换生都上过他的课，他很受人尊敬和喜欢，但也很冷漠可怕。弗里德曼是卢德斯的论文导师，在卢德斯的印象中，弗里德曼的授课内容非常清晰，他通常会用简单的日常故事来讲解复杂的理论。另一位有影响力的人物是阿诺德·哈伯格，他和弗里德曼一样对实际的经济问题——从对垄断的监管到对公司的征税——感兴趣。哈伯格后来被称为"阿利托"，也是"芝加哥男孩"的日常顾问、养父和酒友。

第一批芝加哥交换生于1958年返回圣地亚哥。这些回来的交换生满脑子都是想法和计划，在最初的几年里，他们因设置了高难度的考题而出名，但智利的同事和学生却无法达到他们在美国所学到的严格标准。随着时间的推移，"芝加哥男孩"的人数开始增加，大多数人回到学术界和智库工作。就像其所宣称的目标一样，教育交流开始取得成效，圣地亚哥的经济学现在变得更加严谨。但这都是学术界的事，在超过15年的时间里，"芝加哥男孩"对智利民众的现实影响几乎为零。

第一次试验

20世纪70年代初，智利的一切都发生了变化。62岁的左翼社会党领导人萨尔瓦多·阿连德以微弱的优势当选智利总统。在某种程度上，阿连德认为自己延续了智利的自由主义传统，在1972年联合国的一次演讲中，他承诺智利将会是一个"对文化、宗教和意识形态无限包容"的国家。他还是一位坚定的马克思主义者，承诺出台有助于改善蓝领工人和农民生活的经济政策。为了实现依靠自由市场无法实现的公平，国家需要采取干预措施，比如将工业国有化，并将农田"集体化"。

阿连德兑现了这一宣言。他在当选后不久，就将两家美国的铜矿以及智利电话公司的资产无偿收归国有。政府接管了金融系统，在1971年底收购了所有的外资银行，并控制了90%的国内信贷供给。在20世纪30年代，被遗忘已久的法律漏洞被用来迫使企业家出售他们的公司，最终政府直接控制了40%的产业。任何超过80公顷的农场都可以由政府按其选择的价格进行收购，超过 5 800 个大型庄园的 1 000 万公顷的农场（约占智利农田面积的 60%）都是以这种方式被征用的。阿连德提高了蓝领工人和白领工人的最低工资标准，控制了物价，通过国家的观察员——供应和价格委员会来确保没有任何商店偏离政府设定的价格。

政府对企业、市场、价格和产出的控制，都与"芝加哥男孩"接受的教育背道而驰。这些政策最初在智利是非常成功的，而且很受欢迎。政府启动了一个庞大的房屋建设项目，导致政府开支增加了 1/3。1971 年智利经济的增长率从 3.6% 跃升至 8%，这是 20 世纪 50 年代以来表现最好的一年。由于价格控制降低了通货膨胀率，失业率大幅下降，同时，工人的购买力在一年内提高了 22%。智利的增长型经济也更加公平，低收入工人强制性工资的涨幅为 56%，高于智利专业人士 23% 的涨幅（依然是慷慨的）。熟练工人和非熟练工人的工资差距在缩小，收入不平等也在减轻。仅仅一年，阿连德的承诺似乎正在奏效。

但这种经济方式所取得的成功，应该用几十年而不是几年来衡量，阿连德所带来的短期经济繁荣带有人为的色彩，也是不可持续的。房屋建筑和公共部门的疯狂支出，意味着财政赤字从 1970 年的 3% 飙升至 1973 年的 30% 以上。由于无力支付飞涨的工资，企业开始减产，而罢工则意味着许多工厂停产。经济开始萎缩，失业率也在上升，阿连德遭遇了与 20 世纪 70 年代金沙萨蒙博托的经济计划一样的结局——在全球冲击下化为泡影，国际铜价的暴跌导致智利出口收入减少，通货膨胀率一直居高不下（每年 25% 左右是正常的），随着央行印发钞票支持阿连德政府的支出，1972 年通货膨胀率上升至 250%，1973 年升至 650% 以上。由于物价上涨快于工资增长，智利工人的购买力在 1973 年下降了近 40%。随着非法商贩在黑市上出售商品，非正规经济开始兴起，政府因此宣布了一项禁止销售 30 种主要食品的计划。油、米、糖、肉等将完全退出市场经济，由政府根据家庭需要直接提供，而不是根据收入来提供。

由于物价上涨的速度远快于工资增长的速度，智利人变得越来越穷。政府承诺提供的大米和石油几乎没有缓解工人的担忧，1973 年初发生了一场大罢工。与此同时，一场有组织的报纸运动批评了阿连德和他的经济政策。解密文件显示，部分资金来自美国中央情报局。智利的动乱开始加剧，6 月发生了一场未遂的政变，军队用坦克包围了总统官邸摩德纳。虽然这个计划失败了，但智利空军于 1973 年 9 月 11 日轰炸了总统府，军队冲进了官邸。萨尔瓦多·阿连德用一把 AK-47 机关枪结束了自己的生命，这把枪是菲德尔·卡斯特罗送给他的礼物。就在同一天，军队首脑奥古斯托·皮诺切特将军领导的军政府开始掌权。至此，智利短暂的经济试验结束了，一个极端资本主义的新阶段即将开始，这一阶段将带来快速的经济增长和严重的收入不平等。

在城市里露营

位于圣地亚哥最南端的圣贝尔纳多社区是该市最贫穷的地区之一。每逢星期日，在中心广场附近一个 10 米宽、500 米长的巨大篷盖下，通常会有一个巨大的集市。这种结构打造出了一个露天的购物街，为小摊贩和购物者提供了受欢迎的荫凉之处。圣诞节前的购物季恰逢南半球的炎热时节，圣诞主题的红色三角旗在微风中飘扬，当地人正在检查平安夜的农产品，有庞大的西瓜、鼓起的红辣椒和巨型的大蒜球茎。

一离开市场的阴凉处，便是当头的烈日，一位名为安杰拉·席尔瓦的卖水小贩给我提供了遮阳伞下面的一个座位。我感叹着这些摊位和中心广场是多么令人愉快。她回答说："这和我生活的地方完全不同，到我们的市场去，你就会看到了。"安杰拉·席尔瓦说，在她周围的人们都住在"asinado"，她用手势翻译，这个词的意思是她和邻居一个个挨着。来自中档市场的购物者穿着仿制的拉夫·劳伦马球衫从安杰拉身边走过，跟她开玩笑说她应该在酷热难耐的天气里出售冰镇朗姆酒。

圣贝尔纳多的另一个市场叫洛布兰科，它的名字源自所在的街道。这里没有公共基础设施可以帮助摊贩和购物者，最好的摊位的顶棚是用蓝色防水帆布做的，但许多摊位都很简陋，仅有一个摆满商品和货物的桌子，临时用一把雨伞当作遮阳伞来使用。在市场的边缘，非法商贩挤在一起，他们把商品摆放在台球桌大小的矩形塑料布上出售。这些商贩的商业模式与金沙萨的"盗版市场"一样，我注意到有些塑料布的角落系着长长的绳子，如果想快速逃跑，商贩可以把这些绳子拉起来，立马就形成了一个袋子。商贩在圣地亚哥市中心销售香烟和苹果手机充电器，生意很好，但在洛布兰科的非法商贩又老又瘦，看上去非常贫穷。没人对他们落满灰尘的旧衣服、坏掉的塑料玩具或者早就废弃的笨重的 2G（第二代手机通信技术规格）手机充电器感兴趣。在洛布兰科，许多非法商贩的塑料布上并没有系上任何的细绳，因为这里没有警察，也没有人想惹麻烦去检查他们。

洛布兰科令人感到些许不安。当我们走进去时，当地人会警告我们小心盗窃。但是这里的人很友好，许多海地夫妇身穿漂亮的礼拜服散步，与偶遇的朋友聊天（近年来，遭受灾难的海地人移居到智利的人数在不断增加，许多新过来的移民在建筑行业工作）。在市场的边缘，48 岁的杰西卡·维勒经营着一家小店，在夏季即将到来之时，她的店里出售袜子、内衣和迪士尼主题的儿童游泳毛巾。

杰西卡回忆起 1979 年随父母一起从智利的乡村搬到圣地亚哥的情景，他们来到了邻郊的埃尔博斯克，当时她只有 9 岁。他们的家是一个营地——一种伴随着智利快速城市化而兴起的临时帐篷。她说："露营的现实是我们又冷又饿。"这些住宅都是非正式的（用防水帆布覆盖在木棍做的框架上，用绳子和石头将其固定在适当的位置），一家人不得不经常搬家。后来随着居民对他们的临时住所进行投资，杰西卡一家居住的营地被重新称为"社区"（一个可以永久居住的更正式的地方，类似棚户区或贫民窟），尽管这花了十年的时间，但这些房子仍然很不结实，而且里面非常寒冷。

杰西卡说，从那以后事情发生了巨大的变化。因为在帐篷和摇摇欲坠的棚屋中长大，住房成为她衡量经济成功的主要标准。她说："现在我有房子了，我妈妈也有房子了。"2004 年她买了一小块上面已经建好了住宅的土地。就在我们谈话的时候，一位浑身沾满了建筑工地混凝土的年轻海地移民，走过来看她出售的拳击短裤。与新来到圣地亚哥的人相比，杰西卡看起来既成熟又舒适，她穿着一件深紫色的上衣，上面缀满了亮片，戴着杰姬·奥纳西斯风格的太阳镜和钻石耳环。她说："我们很幸运来到了智利。"

这些摆脱贫困和提高生活水平的故事正是使智利取得显著发展的缔造者们所缔造的遗产。所有这一切都归因于一个计划——由受过芝加哥经济学派教育的智利年青一代经济学家所设计的激进的新蓝图。

支配自由市场

军事政变后，皮诺切特发出警告，说他有一个"强大的拳头"，任何走出国门的智利人都会受到军事司法审判。媒体立即就遭到了审查，报纸、电视台或广播电台发布的任何消息都需要军方的批准。后来出台了一个名为"沉默行动"的法律规定，只有《信使报》（*El Mercurio*）和《第三日报》（*La Tercera*）两家报纸可以出版发行，至少有 11 家左翼的报纸、杂志和广播电台被关闭。持有异议是很危险的，因为皮诺切特和他的下属很快就会拘留和折磨他们的批评者。在皮诺切特 17 年的独裁统治期间，大约有 4 万智利人遭受着从监禁到酷刑的人权侵犯，至少 3 200 人死亡。在圣地亚哥的中央墓地，一块灰色巨石上刻着他们的名字：一边是已经发现尸体的，另一边是仍下落不明的，中间是萨尔瓦多·阿连德的名字。

在经济问题上，皮诺切特采取了不同的策略。这位独裁者对经济一无所知，但他并没有像军事训练那样对智利的市场进行细致的控制和规划，皮诺切特更倾向于"芝加哥男孩"和他们的自由市场理念。自 1970 年选举以来，对智利经济失败感到失望的"芝加哥男孩"一直在为右翼候选人做政策简报，当阿连德政府开始令人失望时，他们继续致力于绘制可替代的蓝图。1973 年，"芝加哥男孩"的计划已经写成了 200 页厚的大部头，由于过厚，该计划书被称为"砖头"。这些人把计划书交给了皮诺切特，他决定全盘采用。起初这些人只是扮演顾问的角色，但在 1975 年塞尔吉奥·卡斯特罗被任命为经济部长，卡斯特罗是首批接受国际合作社联盟交流计划的智利人之一。在 18 个月的时间里，"芝加哥男孩"从学术上的死气沉沉一跃成为独裁者的经济学家，几乎完全控制了智利的经济。

计划书诊断出了智利的许多问题，包括通货膨胀、经济波动和贫困，但最主要的讨论是关于夸张的国家主义——臃肿的政府的。降低政府在经济中的作用则意味着取消阿连德政府所做的一切。以私营企业的所有权为例，阿连德政府将工业国有化，1970—1973 年国有企业的数量从 46 家增加至 300 家。到 1980 年，由于"芝加哥男孩"推行私有化计划，这一数字已降至 24 家。金融系统也出现了同样的模式，智利国有化银行被出售给私人买家，国际贷款机构允许重新进入，之前的利率规则被废除了，允许银行自由设定条款。政府开始削减开支，主要对基础设施、住房、教育和社会保障方面的预算进行了大幅削减。20 世纪 80 年代，唯一受芝加哥经济学派教育的经济学家里卡多·弗伦奇－戴维斯对该项目持批评态度，他称其为全球"极端市场经济模式最杰出的案例"。

最初的成效喜忧参半。智利取消了香烟和鸡肉等商品的配额，开放了贸易的大门，将进口税从 90% 降到了 10%，这样一来，来自美国、德国和日本的商品就突然变得买得起了，消费者的选择范围也扩大了（相机进口增加了 200%，收音机进口增加了 870%，电视机进口增加了 9 000%）。然而增长要比预期差得多：经济增长略低于 3%，虽然好于阿连德执政时期，但仍低于该国的长期平均水平。

芝加哥经济学派的第一个十年以一场严重的衰退而告终。1982 年，一场金融危机席卷了拉丁美洲，由这些超级明星经济学家管辖的智利，表现最差。产能下降了 14%，制造业萎缩了 1/4，失业率上升至 27%。尽管经济衰退，但当年物价仍上涨了 20% 以上，经过通货膨胀调整后的工资完全回到了 1973 年的水平。由于找不到工作和住房，许多搬到圣地亚哥找工作的智利人，只能住在首都郊区的临时帐篷里——就像杰西卡一家住的那种。

芝加哥经济学派的第一个十年的经济低迷和最后经济的崩盘皆归因于一个国家开放国际贸易和金融的初期阵痛，而"芝加哥男孩"没有因此受到困扰而继续向前推进。养老金制度、教育、医疗卫生和保障性住房等领域，都经历了分权、减少政府控制和私有化。最终智利的经济开始繁荣起来，1985—1997 年的年均增长率为 7%。如此快速的经济扩张会加剧通货膨胀，但智利物价上涨的幅度很小而且很稳定。智利之前在投资和出口率上是落后于其他南美洲国家的，但现在却成为南美洲最好的国家。像秘鲁和厄瓜多尔这样长期以来在经济上与智利具有可比性的邻国，却被甩在了后面。阿根廷，一个历史上非常富裕的国家，在 20 世纪 70 年代中期时的收入几乎是智利的两倍，但到了 1996 年，圣地亚哥超过了阿根廷的首都布宜诺斯艾利斯。

智利的经济奇迹

计划书的前几页就明确阐述了这一目标："这个项目包括保证在尽可能短的时间内实现高速可持续经济发展的措施。"这个建立在增长颂歌上的国家开始赢得国际赞誉。早在 1982 年，米尔顿·弗里德曼在《新闻周刊》上撰文称："智利是一个经济奇迹。"尽管当年经济发生了崩溃，但随之而来的显著增长则意味着这一赞誉保持住了。到 20 世纪 90 年代末，智利已经成为驻华盛顿特区和日内瓦的国际官僚的宠儿，这些国际官僚为各国的增长、发展和贸易提供建议。他们还为庆祝智利的腾飞举办了一场会议：国际货币基金组织称，智利正处于经济发展的"最后冲刺阶段"；世界贸易组织称，自由贸易使智利成为"最具韧性的国家之一"；世界银行出版了一本 450 页的书来介绍这个"先驱"国家，并建议其他国家效仿智利的"可复制经验"。

"芝加哥男孩"认为，经济增长的重要性在于提高了最贫困人口的收入，降低了贫困率。智利在这方面确实如此，1987 年的官方数据显示，有45% 的智利人生活在贫困之中（这意味着他们的收入低于满足食物、衣服和住所等基本需求所需的收入水平），17% 的智利人被记录为贫困人口（这意味着他们买不起食物）。到 2000 年，生活在贫困中的人口比例已降至 20%，被记录为贫困人口的比例也降至 6%。在经济快速增长的年份，贫困人口的减少是最多的，而在经济萧条的年份却是最少的。国家统计数据上的这些改善反映了人们生活的真实改变。当被问及经济增长的好处时，市场上的一名摊主说："孩子们过去常常赤脚跑来跑去。现在他们有鞋穿了。"

在经济增长的同时，收入不平等的加剧这一事实虽被认为是一个障碍，但并不是根本性的问题。来自绿树成荫的拉斯孔德斯的罗尔夫·卢德斯说："相对收入和绝对收入是关键问题。"智利的那些"奇迹"年份表明，随着一国经济日益富裕，这些对收入不平等的争论至关重要的措施可能会产生相反的效果。1973—1980 年，智利最贫穷的那 10% 的人群的收入增加了，所以从"绝对"意义上看，他们的生活更富裕了，这就解释了贫困人口数量为何显著下降。但同一时期，高收入增长得更快，收入最高的 10% 的人群的工资在此期间从智利平均收入水平的 7 倍飙升至将近 35 倍。智利的"馅饼"现在变得更大了，但是除了最富有的 10% 的人群以外，其余每个人所分得的却减少了。从"相对"意义上看，低收入的人群的情况变得更糟了。

对"芝加哥男孩"来说，贫困人口减少的事实证明了他们提出的经济发展模式是有效的。圣地亚哥曾经是一个贫困区域的孩子们赤着脚奔跑、许多家庭住在帐篷里的城市，后来它变成了一个孩子们有鞋穿、人们住在房子里的城市。与此相对的是，收入不平等加剧的代价在他们看来是值得付出的。虽然他们对收入不平等的看法可能有些严苛，但芝加哥经济学派有另一项他们认为可以帮助底层人民的伟大计划。作为受芝加哥经济学派思想启发的蓝图，计划书包含了很多关于确保机会平等的措施将如何释放智利"内在潜力"的讨论。

实现这一目标的策略是，在教育政策方面进行彻底的改革，这意味着获得学位变得更加容易。这种想法认为，高等教育的好处主要是针对毕业生的，因此不应该再由国家资助。相反，助学贷款应该更加慷慨，这样来自贫困家庭的年轻人就可以自己负担学业。由于天才是均匀地分布在整个社会的，所以增加贫困人口受教育的机会将有助于利用智利的潜在人力资本。这将是公平的，也会促进增长。大学管理部门被认为是过时和低效的，芝加哥经济学派建议中央政府把控制权下放给地方政客和大学本身。皮诺切特适时地给予地方立法者这些新的自由，并解除了对该部门的管制。

这样带来的结果是教育的繁荣。20 世纪 70 年代，智利有 8 所大学，全部由政府资助。1990 年，智利已经有 60 所大学，其中 2/3 是私立的，另外还有近 250 所专业技术学院。接受高等教育的智利人是原来的两倍多，在十年之内从 12 万人增长至近 25 万人。高等教育不再是免费的，但提供的课程变得更加多样化，越来越多的年轻人获得了学位。这种更多大学和更多学生的模式仍在继续，这似乎暗示着早在 1973 年蓝图中提出的机会平等目标已经被实现了。

如今，这些曾经在芝加哥受过教育的经济学家已经年过八旬了，他们仍然认为自己的体系是完整、连贯和公平的。智利采用了他们的以市场为导向的蓝图后迅速发展起来，贫困率的下降以及更多的大学入学机会都意味着教育机会的增加。尽管受到世界银行等机构的赞扬，但在今天的圣地亚哥，"芝加哥男孩"的经济发展模式仍然成为定期示威游行的主题。"芝加哥男孩"对此感到困惑，无法理解为什么他们的工作不被认可。卢德斯表示，他不理解这些抗议："这一定是出于嫉妒。"对于 2011 年的抗议活动，他们的导师阿诺德·哈伯格也感到困惑："这是南美洲最好的经济体，但是人们却不欣赏它。"对于这些人来说，智利现代化的任务已经完成，他们不明白人们在抱怨什么。

隐匿的城市阶级

圣哈顿景观

智利标志性的高档建筑是一座 64 层的塔楼——圣地亚哥科斯塔内拉塔。该塔高 300 米，同时也是拉丁美洲最高的建筑，让这座城市里的相对低矮的其他建筑相形见绌。科斯塔内拉塔一个最吸引人的地方就是它的购物中心，这是南美最大的有六层的购物中心，它像磁石一样吸引了该地区梦寐以求的中产阶级（这个地方很受现金充裕的巴西游客的欢迎，商品说明都是同时用葡萄牙语和西班牙语标出的）。当傍晚温和的灯光映照在它闪闪发光的蓝绿色玻璃上时，这座塔楼看起来就像纽约的天际线一样闪耀，拉斯孔德斯也因此赢得了"圣哈顿"的称号。塔楼的高度意味着可以清晰地看到这个城市的任何地方，以及无论你住在圣地亚哥的哪个地方，都可以看到这座塔楼。

向南12公里的新14区是一个非常不同的社区，这里没有坑纹混凝土、钢铁或玻璃，只有带有波纹铁皮屋顶的廉价建筑。对于这里的一些人来说，住房是基本的需求。40个家庭定居在一片废墟上，这里已经变成非正规的垃圾场，当地人都把垃圾倾倒在这里。居住在这里的人把这个地方改造成了一个小村庄，在一个用作社区大厅和厨房食堂的中央建筑周围搭建了临时住所，所有的家庭共用一台冰箱和煤气炉。

居民共同生活，社区大厅的墙壁上贴着各种重要的清单。一个是每日负责晚上守夜的值班表，上面写有名字和日期（这些家庭说他们要防止试图闯入的毒贩和瘾君子）。还有一份更长的清单——债务分类账簿，上面记录着以智利比索为单位的借据和非正规互换，以及食物和家务劳动交易的欠条。大厅外有一个独立的卫生间和淋浴间，由所有家庭共用。公共浴室旁边有一堆垃圾，大概有2.5米高。远处的科斯塔内拉塔就像一块闪闪发光的铂锭。

无论是回收的还是借来的，这里的一切都是放在一起的。这种临时的生活方式，加上共享的公共空间以及家务的轮值，都使这个社区有了一种新时代嬉皮营地的感觉。但是新14区垃圾场的人并不是寻求一种新的离网生活方式的经济局外人，这里所有的男人和女人都在工作——在拉斯孔德斯和维塔库拉等富裕地区做着全职的工作。

圣地亚哥的新中产阶级

24岁的梅莉萨·内拉说："我们之所以住在这里，是因为离工作地点近。"圣地亚哥是一个不断扩张的通勤城市，乘坐公交车去中央地区上班大约需要90分钟（新14区的名字取自多年前建立的一条新巴士路线的第14站）。梅莉萨说，智利确实有国家补贴的住房，但这些住房都位于城市的边缘地带，人们无法乘坐交通工具上班。当人们下班回来时，大厅里已经坐满了人，其他居民都表示同意她的说法。她说："我们太有钱了，以至于国家根本不给我们补贴。我们被认为是中产阶层，而不是穷人。"他们接着都笑了。

塞尔吉奥·穆尼奥斯是一名胖乎乎的曼联球迷，我们在垃圾场见面时，他告诉我他43岁，他的妻子伯莎咯略笑着说："你44岁了，塞尔吉奥！"他在市中心的一家小商店做电工，每月收入40万比索（约600美元）。扣除纳税、养老金、医疗保险和失业保险，这意味着塞尔吉奥每月能挣到32万比索。伯莎在一个高档郊区做园丁。当我问她工资的时候，她看了看其他女人，她们都笑着喊："最低工资！"（2018年智利的最低工资是25万比索。）这种模式在这里的夫妇中很常见。埃内尔·戈麦斯是一名回收铝制品和玻璃制品的工人，他穿着一件平克·弗洛伊德的T恤，每月的收入是42万比索，而他的妻子玛格丽特是一家沙龙的造型师助理，和伯莎一样，她的工资也是最低的。这里的夫妻每月共同收入大约在70万比索。

智利家庭贫困线是每月60万比索，所以塞尔吉奥、伯莎和这里所有其他夫妇的收入都在贫困线之上，按照官方的说法，他们并不贫穷。然而，他们的收入是圣地亚哥不平等的一个鲜明的例子。如果平均分配智利的国民收入，那么每个家庭将得到280万比索，是垃圾场居民收入的四倍。尽管这里的家庭采取公社化模式购买物品，但他们却很少提及自己的全职工作。这个社区既没有电也没有燃气，社区大厅里仅有的几个电灯泡和一个冰箱，是通过一条延伸到营地外围长长的橙色电缆线非法连接起来的。纸板房很小（大多数只有6平方米，而且没有窗户），院落的三面墙都是固定的，第四面墙是一堆垃圾。扎塔里难民在约旦沙漠建造的房子都要比这里的好。

生活在紧张预算下的高昂代价

在垃圾场社区与我交谈的10名成年人中，没有一个人抱怨城市富裕社区居民的工资高得不公平。令人惊讶的是，他们也没有要求更高的薪酬。尽管许多人（包括所有女性在内）都拿着最低工资，但没有人相信提高国家基准工资水平是解决办法。梅莉萨说："那样做没有好处。将会发生的事情是我们的成本（食品和乘车的费用）也要增加同样多的钱。"他们对于价格感到更加愤怒。玛格丽特说："在这一带我们很穷，但是我们付的价格很高，而在拉斯孔德斯的商店里，价格却要低一些。"她谈论的都是食品、简单的家居用品这类主要物品，她抱怨的是富人生活会更便宜，而穷人则要支付更多。圣地亚哥的一系列经济问题表明她是对的。

圣地亚哥的低收入者过着勉强糊口的生活，赚的钱都花光了，通常还会多花一点儿。塞尔吉奥说由于缺乏正规的信贷服务，他们经常在当地的商店以赊购的方式承担非正规的债务，并在月底拿到工资时结清欠款。他们认为这将额外多支付约 20% 的价格。在智利赊购很常见，现任总统塞瓦斯蒂安·皮涅拉因引入了信用卡业务而发家致富。近年来信用卡债务激增，但在新 14 区还没有出现这种信贷形式。虽然圣地亚哥有很多大型商店和超市，但由于这里的人靠工资过活，所以他们无法进行大量购买。在当地最贫困地区的市场中，人们都只是少量购买，卫生纸是按卷出售的，小贩则出售单支香烟。居住在垃圾场社区的家庭清楚他们可以通过避免昂贵的信贷和大批量购买来节省开支，但因为赚得太少，所以根本用不到信用卡。

新 14 区的居民说，他们偶尔也会买本不应该买的昂贵东西。梅莉萨是一名志愿者，有两个年幼的孩子，她说："我们做了错误的选择。"她的选择是"儿童乐园"——一个孩子的主题公园。梅莉萨说："我知道这很贵，而且很费钱。"但一笔意外之财、小费或奖金还是很有可能被用来外出玩一天，而不是塞到床底下存起来。她的丈夫伊曼纽尔·内拉发现低收入让人很难过上好日子，他说："看看我们吧，我们都有点儿胖。"近年来，智利的肥胖率大幅上升，超过 1/4 的成年人和 1/5 的儿童肥胖。新 14 区也未能逃脱这一趋势：这里的男性尤其超重。伊曼纽尔笑着说："我知道他们在拉斯孔德斯吃藜麦，我知道我应该吃藜麦，但当你上完 12 个小时的班后，你会想吃点儿能让你有饱腹感的东西。"

"芝加哥男孩"认为，教育在圣地亚哥应该作为一种平等力量，但这让梅莉萨和她的邻居们感到愤怒。除了商店里难以负担的价格，教育成本也是这一群体的主要抱怨所在。伯莎说，进入公立学校意味着你在经济上很脆弱，无法负担私立学校的学费。这个过程会很耗时，有许多表格和会议，这意味着无论哪个家长来承担，收入都会减少。而必修课本的价格可能会让人难以接受，一本教科书在圣地亚哥要花费 2 万比索，这相当于一个拿最低工资的工人两天的收入（如果英国教科书按此折算，价格将超过100 英镑）。由于买不起书籍，非正规市场应运而生，交易商提供装订整齐的黑白影印本，售价仅为正版书的 10%。盗版书商受到了警方追捕，但却受到资金紧张的父母追捧。伯莎说："你看，在智利即使免费的教育也不是那么免费。"

当夜幕降临新 14 区，伊曼纽尔和塞尔吉奥陪我到主干道上搭乘出租车回家。伊曼纽尔说着："如果你想了解圣地亚哥，你应该把它看作一颗人类的心脏，肮脏的血液从下面进入心脏，干净的血液向上循环并从顶部流出。"他说话时眼中闪烁着光芒。这是对这个城市众所周知的收入与海拔高度之间的相关性的一个参考。贫穷的通勤者从地势低洼的居民区向南上坡进入市中心，而富人则从北部高地巴里奥·阿尔托下行。伊曼纽尔的笑话很聪明，带有黑色幽默，并且用了完美的英语来表达，这是一个被派去做毫无技能的工作的天才愤世嫉俗的幽默，他晚上要守卫着垃圾场以防窃贼和吸毒者。当优步最后到来的时候，司机坦言拉一个乘客使他离开新14 区让他感到松了一口气，他说这里是危险的。

教育的种族隔离

当我们坐在埃斯奎拉·多明戈·圣玛丽亚·冈萨雷斯学校校长的办公室里时，61 岁的卡门·马特马拉说："我们面临残酷的不平等。"这是一所位于圣地亚哥最贫困地区之一伦卡的学校，马特马拉女士是这里的教研部主管。校长露西·涅托用力点头表示同意。她说这里有 650 名 5~11 岁的男孩，其中 80% 都是弱势学生，这些孩子或者因为成绩不佳而无法进入其他学校就读，或者因为不良行为而被其他学校开除。这所学校位于贫民区，这影响了该校的教育目标。涅托女士说："我们并不是在考虑成为大学或学院。我们在这里的工作只是确保我们培养出不惹麻烦的体面的年轻人。"

马特马拉女士带着我们参观了学校场地。她身材娇小，穿着简单的海军蓝无袖连衣裙，钢铁般坚毅但却带着一种温柔和圣洁的光环。从建筑角度上看，这所学校似乎是一个很体面的学习场所，教室设计精良，沿着中央庭院围成了一个圆环，午餐时间可以在庭院里举办大型的足球比赛。马特马拉女士说："只有男孩知道每场比赛都有谁在玩。学校的问题并不体现在破旧的教学楼和教室，而是体现在受教育的程度，这里许多小男孩不会说话，更不用说读书了。当他们来找我们时，他们所知道的只是如何指向他们想要的东西。"官方贫困统计数据掩盖了智利发展的另一个悖论，几十年的经济增长确保了圣地亚哥的学校拥有体面的建筑，但这座城市仍然培养出一批还不会说话的学龄儿童。

马特马拉女士说，这种不平等在她所教的孩子出生之前就已经存在了。许多孩子都来自失业家庭，那里没有男性榜样，没有书籍或报纸可读。针对此种问题，学校已为最棘手的情况准备了应急方案，包括强化课程和语言治疗。她笑着说："结果真是令人难以置信。"她讲述了孩子在应对艰难的生活开端后，是如何迅速赶上来的。最优秀的学生将进入圣地亚哥学院，这是全国最好的公立高中。我问道，这不就是通过教育使机会均等的制度吗？她们说："不，这样的男孩很少见。教育在智利是一种可以买卖的商品，对于富人和穷人各有一套制度。"这些专家说，在智利，教育系统根本不是一种平衡的力量，而是像抽彩票一样把生活硬连接起来。

在当地的一个智库——教育2020，我见到了一些研究人员用一张图表（见图9.2）浓缩了对这一问题的惊人分析。图中的水平轴是地铁4号线的停靠站点，从托巴拉巴站（靠近拉斯孔德斯和圣哈顿富人区的中心）开始，然后下山向南到达阿尔托港，这是一个贫穷得多的地方。他们绘出了每一站周围地区的收入曲线，可以看出随着地铁向南行驶，收入水平在下降。他们还绘出了当地儿童在全国学习评价系统（SIMCE）考试中的成绩曲线，这项考试将决定学生能否进入大学或技术学院。可以看到，测试成绩沿着地铁线方向逐站下降，因此，收入、位置和成绩之间就显示出了近乎完美的相关性。这种模式是绝对的，因为没有富裕地区的学生在模拟考试中不及格，也没有贫困地区的孩子在考试中取得好成绩。这也说明了圣地亚哥是一个分裂的城市，只需知道一个人住在哪里，你就可以准确地预测出他的教育效果。这就是教育 2020 研究部主管马里奥·威斯布鲁斯所说的"教育的种族隔离"。

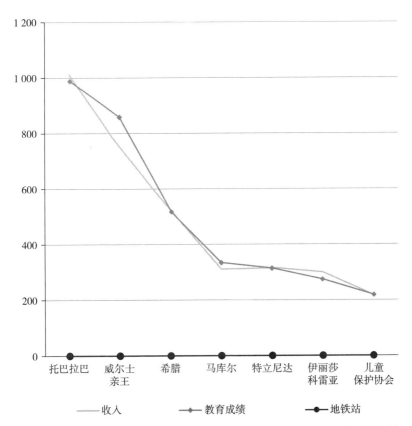

图 9.2　圣地亚哥地铁 4 号线站点、人均月收入与 SIMCE 分数的相关性

资料来源：教育 2020。

教育战争

威斯布鲁斯说："圣地亚哥的教育市场是一个多层次蛋糕，有为富裕

孩子开设的学校，有针对半富裕孩子的学校，也有适合不太富裕孩子的学校，还有很多面向中产阶级的学校以及为穷人开设的学校。"底层由就读于类似伦卡的冈萨雷斯等学校的 34% 的学生所组成，这些学校由国家全额资助提供免费教育。然后是中产阶级这一层，教育能够覆盖 60% 的孩子，他们就读的学校虽然是由国家补贴，但也需要家长共同支付。这中间还有数百个小的子层，费用从象征性的几千比索到每年超过 24 万比索（约合 350 美元），以及介于两者之间的各种价格不等。顶层是就读于私立学校的那 6% 的孩子，顶级学校格兰其被公认为是圣地亚哥最好的学校，这是一所英式公立学校。在格兰其上学一年要花费学生父母将近 2 万美元。

教育上的花费是至关重要的。在圣地亚哥，即便应聘者已经完成了高等大学学位，企业主仍要求应聘者在求职申请中列出他们上过的高中。当地人说这在商业上是讲得通的，若一位经理雇用了在格兰其受过教育的人，同时也等于购买了他的关系网。同样有才华但非名牌学校的人，薪水就会少一些。如果你希望你的孩子能够在圣地亚哥表现出色，那么选择激烈的教育竞争是必须的。一位中产阶级家长说："假设这个城市的私立高中有十个级别，那么每个人都会鄙视下面一层的人，并且会想尽一切办法进入上面一层。"另一位家长将其形容为"教育战争"。

共同支付学校费用的中间层是这场战争的关键参与者。20 世纪 80 年代引入的共同支付政策为家长提供了一张教育券，家长可以任意选择学校"消费"，而学校则拿着这些教育券每月向政府索取费用，在此基础上他们还可以收取额外的费用。同时还引入了全国学习评价系统，为每个学校的表现提供一个透明的衡量标准。这更多是芝加哥经济学派的思考方式在起作用，父母可以自由选择把孩子送去哪所学校，并根据可靠的数据做出选择，学校也在竞相提高标准，市场会实现自我调节。

如今，绝大多数的"教育券"学校都不是免费的，而且需要分摊费用。尽管有国家补贴，但这些学校之中有 3/4 都是以获取盈利为目的的。全国学习评价系统公开的结果被看作一种股票价值，用来告诉潜在的家长，学校的股价是高还是低。这个出发点是教师将加倍努力来提高孩子们的分数，特别是关注那些有困难的孩子。实际上，圣地亚哥的学校却是在努力选择表现最好的学生，通过入学考试淘汰表现不佳的学生，以确保学校在全国学习评价系统中的总分数。类似的筛选机制也发生在教师身上，受过最好培训的教师去了薪水更高的私立"教育券"学校，不合格的和表现不佳的教师最终进入了市政体系的低端学校。

智利教育市场两种极端学校的领导都认为这种分层是一个问题。校长露西·涅托在她位于伦卡的办公室里表示，教师的质量是关键挑战。我们见面时，她正把希望寄托在一个新项目上，该项目将投资于教师培训并限制学校选择学生的范围。格兰其校长拉奇德·贝纳玛在他豪华的办公室里表示，他的学校能提供帮助的最好方式是，在他们建立的一所新学院提供公益教师培训。这些都是很有价值的想法，但挑战是巨大的。尽管智利有着"增长奇迹"以及新的发达国家地位，但智利高中生的表现却与哥伦比亚等更为贫穷的拉美国家相当。

圣地亚哥高中的运作方式不仅没有搅乱反而巩固了经济分层，这是对计划书中所制定的经济战略的挑战，该战略将教育作为一种保险。"芝加哥男孩"的蓝图旨在实现可持续的增长以对抗贫困，放开高质量教育以实现机会平等。为了改革教育，他们采取了芝加哥经济学派的思想，强调了选择和竞争的重要性，放松管制和私有化带来的创新自由，尤其是市场的作用。但是，正如在达里恩和金沙萨见到的具有破坏性和弄巧成拙的交易显示的那样，市场并不能保证会有好的效果。智利的教育市场是另外一个例子，高中教育水平很糟糕，但在大学学位市场上，情况就更糟了。

毕业税

任何设法驾驭分层高中市场的学生，如果去圣地亚哥上大学就会进入一个飞跃式的大学体系。"芝加哥男孩"的计划是建立国家支出很少但有很多选择的私有化系统，并且这一计划得到了严格的遵循，智利在高等教育上的投入仅占 GDP 的 0.5%，是经济合作与发展组织中最低的。大学的扩张仍在继续，已有 150 多家机构可以提供学位，其中 2/3 是由私营企业经营的营利性机构。无论是在主要道路上、小街上，还是在汽车展厅之间，圣地亚哥随处可见大学。城市的地铁站和公交车站贴满了海报，海报上面都是来自一所或另一所大学喜气洋洋的学生，许多大学都承诺改善就业前景。

住在新14区垃圾场社区的梅莉萨和伊曼纽尔这对年轻夫妇认为，大学学位将带来高薪的工作。梅莉萨完成了一门心理学课程，但这没有提供多大的帮助，她在拉斯孔德斯是一名保育员助理。她的丈夫完成了三年的信息技术课程，但当他们的第二个孩子出生时，他放弃了学业而从事保安工作。伊曼纽尔告诉我，他想等孩子们长大一些再完成课程，梅莉萨说她在找更好的工作。在此之前，他们两个人的工资与社区中没有受过高等教育的工人阶层是一样的。唯一的区别是，他们现在承担着需要数年才能还清的教育贷款。

当市场竞争有效运行时，企业之间的竞争会降低价格并提高质量。智利的教育体系建立在自由市场理念的基础上，大学课程平均成本与平均收入之比为41%，这一比率是经济合作与发展组织中最高的。这意味着完成学业的学生必须偿还巨额的债务（对于毕业生来说，15年收入中的18%是用来偿还债务的）。利润驱动使得费用高企，并削减了包括课余生活辅导在内的成本，智利大学的辍学率为50%。在这一令人不安的统计数据方面，智利成为世界的领先者，在圣地亚哥到处都是像伊曼纽尔这样的人，他们未完成学业但却背负着沉重的债务。

尽管价格很高，但质量却不高。国家认证委员会本应对这些事情进行监管，但认证是自愿行为，而且大约70%的课程都没有进行认证，这就意味着没有审查或质量控制。问题的部分原因在于缺乏经验，大多数学生是家族中第一代上大学的，而这个行业的特点就是利用天真或轻信的人的玩世不恭的行为。正如一位前任高级部长向我描述的那样："近年来，智利做的最佳的生意就是建立一所大学收取费用，然后直接把资产剥离出去。"有些丑闻则是一出悲喜剧，在一所最终因洗钱而关闭的大学里，学校所有者厚颜无耻地将大量学费据为己有。在另一所学校，学生们完成了漫长的牙科、建筑和法律学位，却发现他们在实际工作中并不能胜任。更多、更便宜、更好的教育是"芝加哥男孩"计划的核心，希望和承诺导致了失望和债务，教育已经成为圣地亚哥的热门话题。在这个引领潮流的城市，我发现收入和机会的不平等已经彻底改变了政治，很可能催生一种全新的经济学。

市场失灵与垄断

从企鹅到总统

这场反击开始于 2006 年的一场由近 80 万名高中生发起的罢课行动——"企鹅革命"（智利的孩子们穿着白衬衫和黑夹克，"企鹅"是对学生的友好称呼）。到 2011 年，学生运动发展壮大，60 万人参加了在圣地亚哥举行的大规模示威游行，以谴责"芝加哥男孩"及其以市场为导向的政策。2011 年一场被称为"智利冬天"的抗议活动，使智利大学的卡米拉·瓦列霍和天主教大学的乔治·杰克逊两位学生领袖迅速进入了公众视野，并在 2013 年当选为国家级政治家。瓦列霍加入了支持智利中左翼联盟的共产党，杰克逊则保持了独立，建立了一个新的政党——民主革命党，并联合其他小党派一起形成了一个新的联盟——广泛阵线联盟。2017年，广泛阵线联盟在其参加的第一次大选中赢得了 20% 的选票。杰克逊在他的选区获得了 60% 的选票，成为全国 120 名参议员中支持率最高的。

乔治·杰克逊所在选区的办公室为圣地亚哥的不平等现象提供了一个极好的视角。在这座八层高的大楼顶层有一个大阳台，正面朝着圣露西亚公园，那是一个公共花园，里面种满了古树，还有很多殖民时期的雕像。右边是一条宽阔的大道，向上走可以穿过富裕的普罗维登西亚和维塔库拉地区，在阳光的照耀下，科斯塔内拉塔闪闪发光。左边的道路向下通往意大利广场，城市里的每个人都知道这是一条非官方的贫富分界线，公共汽车从这里出发，经过长途跋涉到达伦卡等地区。参议员骑着一辆自行车来到这里，他留着散乱的胡须，背着一个装满书的小背包——有点像是标志性的书包。现在他才 30 岁出头，但头发已经开始脱落，戴着一顶黑色的棒球帽遮挡。杰克逊很容易被误认为是一名研究生。圣地亚哥的许多人都将他视为一个时代最重要的政治家，也是智利未来的总统。

杰克逊出生于一个中上阶层的家庭，曾就读于普罗维登西亚的一所私立学校。他是一个天才运动员，十几岁时就代表智利参加排球比赛，后来在大学里学习计算机和工程学，部分学费是由体育奖学金资助的。他说他并不想从政，但圣地亚哥的教育示威游行和不断增长的经济不公平吸引了他。他坦言，内疚和愤怒开始在他体内积聚，因此他决定做点儿什么。被学生运动推上权力宝座的许多政客，都想让智利回到阿连德时期，而杰克逊却提出了一些新的东西，并且这些东西正在流行起来。

杰克逊很有政治家的风度，他站立着，气场填满了整个房间，但他也是数学高手，书呆子气十足。他说左翼和右翼的旧的思想已经失败了，现在需要的是一种新的政治，这种政治必须是"N 维的，而不是二维的"。摆脱了政党路线和思想包袱的束缚，他相当诚实，并且承认民主革命党正在迅速制定自己的政策。目前"芝加哥男孩"的计划书还没有新版本，但他的团队正在制定一系列的新政策，可能会形成一个新的版本。我很想知道智利未来的经济剧本可能会包含什么内容，于是我问这位参议员他喜欢读什么。

他提到的有影响力的思想家是一群不拘一格的人，从古典哲学家到现代政治理论家。韩炳哲最近的作品给他留下了特别深刻的印象，这是一位出生于韩国、生长在柏林的学者。韩炳哲是一位当代作家，写了许多书，是德国哲学界的明星，他是米尔顿·弗里德曼的批评者，也是"芝加哥男孩"和智利经济模式的批评者。韩炳哲认为，在现代资本主义制度下，人们被告知可以自由选择想购买的商品以及所追求的职业。但实际上，我们是消费主义的"奴隶"，被创造了虚假需求的市场所诱惑。例如，按照马斯洛的观点，时尚的存在是为了让人们感到他们对最新款式的牛仔裤或连衣裙样式有一种深切的需求。韩炳哲认为，数据经济学也是一样的，我们的数据是大量供应的，而且由我们免费提供。但我们也因此成为"奴隶"，去追逐那些我们误认为有价值的赞同，比如，脸书和 Instagram（照片墙）上的点赞。

杰克逊从这一切中得出的一个"虚假稀缺"的概念，即市场价格如此之高，以至于许多人都被排除在外，而市场本可以为每个人提供潜在的资源。他说这种情况的发生，是由控制商品供应的"促进垄断"造成的。他对专利制度、知识产权规则以及任何其他可以使市场免受竞争的东西都持批评的态度。一旦你理解了重要行业在圣地亚哥自由市场经济中是如何运作的（从银行到书商，从养老金到药品），你就会明白他所指的东西，以及为什么他的想法会引起公众的共鸣。

圣地亚哥式的市场失灵

在罗埃斯佩霍附近，每个星期天都有集市。一个摊主称这里是拉丁美洲最大的集市。集市很大，但却没有真正的中心，它穿过尘土飞扬的贫穷郊区的后街，一直延伸到周边的铁路轨道。有些时尚摊位出售服装，包括山寨的英超联赛衬衫，还有各种电子产品，比如手机、充电器以及盗版专辑、电影和软件光盘。还有数百个摊位出售食物，菜贩的桌子上摆满了巨大的绿瓜（一种类似南瓜的蔬菜），切开后露出鲜亮的金色果肉，可以用来制作可口的糕点。人们一边买，一边吃烤鸡和现做的酸橘汁腌鱼沙拉，还有无处不在的意大利菜，一英尺长的热狗上面涂抹着牛油果、蛋黄酱和番茄酱。

罗埃斯佩霍的摊位向我们展示了一个完善的市场应该如何运作。鱼贩卡洛斯用他的尖刀，在几秒钟内快速地将鱼去头并取出内脏，然后切成鱼片，将竹荚鱼和鳕鱼的肉堆在一起，售价为每千克 2 000 比索。卡洛斯说，如果他能抓到珍贵鱼类（康吉鳗、石首鱼）或者帝王蟹，那他就可以在更富裕的地区出售，也能赚到更多的钱，但是因为这些鱼类都被大的渔业公司收购了，所以他只能售卖自己捕获的鱼，于是就来了这里。我们谈话时，他依然在不停地切着鱼片，他的一名助手在旁边销售着。

另一个摊主出售巨大的巧克力块，这些巧克力块被切割成板球大小的石头块状，用透明塑料包裹起来出售。旁边的硬纸板上潦草地写着"雀巢"，这是当地一家工厂的巧克力废料——巧克力制造商在清洗机器时刮掉的巧克力残渣。在富裕的拉斯孔德斯，这些残渣都是会被丢弃的，但在罗埃斯佩霍，它是有价值的。这个市场正在发挥其应有的作用，将价格低廉、经济实惠的产品与消费者吃紧的预算相匹配，这意味着买家和卖家达成了一项对双方都有利的交易。商品被分级、分类和出售，最终市场上的摊位都清空了。这就是市场为购物者和摊主安排的方式，确保没有任何东西浪费，这就是经济学家喜欢它们的原因。

新进入者发现，在罗埃斯佩霍广阔的市场中创业很容易。58岁的赫南讲述了当自行车制造商将生产转移到国外时，他如何丢掉了在当地自行车工厂的工作。他将一小笔一次性遣散费作为营运资金，在家门外摆了一个专卖卫生纸和清洁剂两种产品的小摊。赫南为客户准备了一系列不同质量和价格的商品——从最便宜的"贵族"（5卷厕纸1100比索），到"舒适"和"最喜欢"，再到最昂贵的1700比索的"精英"。赫南说他这里每一种商品的价格都要比当地超市便宜一大笔的钱（例如，"精英"系列在超市的价格是2400比索）。他说："价格是一个问题，但是客户知道他们可以信任我。"

信任在圣地亚哥是很重要的，因为许多商品市场对智利普通民众是有偏见的。这就包括卫生纸，人们在2015年发现控制着90%销量的两家制造商秘密串通涨价，在过去十年里它们共榨取了4.6亿美元。这是这种模式的一部分。还有另一项调查发现卡特尔抬高了公交车的票价，对城市通勤者来说，这无疑带来了严重的伤害。另外还发现，控制着90%鸡肉市场份额的三家公司串谋，它们放弃了竞争，而价格反而提高了。

舒适的资本主义

昂贵的鸡肉、价格高昂的公交车票和定价过高的卫生纸，都使智利低收入家庭的生活更加艰难，而且在国家结构中发挥着深层次作用的市场也存在很多问题。同样是那两家公司，它们控制着85%的报纸市场、85%的在线新闻和80%的广告收入。医疗保险也很集中，少数几家医疗保险机构控制着整个市场。仅仅三家连锁药店就实现了90%的药品采购，而这三家药店也都卷入了最近的串通案件。

丹尼尔·贾杜说："市场其实并不在意，处方药的供应就说明了这一点。"现年46岁的贾杜是该市东部贫困地区雷科莱塔的区长，也是智利共产党的代表。他说问题在于他所在地区的居民收入太低，根本不必给他们提供药品，药店根本就不需要费事。他说在拉斯孔德斯药店比例为每2万人一家，在雷科莱塔是每14万人拥有一家，而整个智利还有数百万人生活在根本没有药店的地方。正如新14区的梅莉萨·内拉所说的那样，这意味着穷人需要支付更高的费用。雷科莱塔地区的医药成本更高，因为当地人必须坐公交车去买药，这对老年人和慢性病患者来说是特别困难的事情。

为了应对这些问题，贾杜亲自开设了一家满足大众需求的人民药店。这家药店位于市政厅的一楼，以药剂师里卡多·席尔瓦·索托的名字命名，这名药剂师被皮诺切特政府的秘密警察谋杀。这家药店销售处方抗生素、抗组胺药和各种老年人药品，从眼药水到失禁垫。为了摆脱智利市场串通涨价的约束，这家药店从国外进口药品，与圣地亚哥私人药店的价格相比，可以节省高达70%的费用。

眼镜是另外一个问题，在雷科莱塔根本没有眼镜店，人民眼镜店的成立填补了市场的空白。一副眼镜可以卖到6 200比索（约合9美元），有度数的墨镜则卖到了8 800比索。经理自豪地说，眼镜店为当地人节省了昂贵的交通费，并且他们进口的商品要比雷科莱塔外部的私人眼镜商便宜90%。一位共产党区长被迫进口基本商品的事实表明，那些赞美智利并从其资本主义模式中寻求"可复制经验"的人可能错过了一些东西。

快速增长与极度不平等

公共公园，私人空间

走访秋田和塔林这两个处于全球老龄化和科技极端前沿的经济体时，

最令人鼓舞的事情就是，这些令人担忧的国际趋势也将人们凝聚在一起。和艰难时期一样，有大量的证据表明，在年轻人和老年人之间，以及按历史、传统和语言划分的群体之间，存在贸易、合作和谅解。这些合作方式利用了人力资本和社会资本，更新了信任、支持和共同努力的内涵。尽管我在智利看到了许多非正规的合作，比如垃圾场上的露营地、学校教科书的非正规市场，但是当离开圣地亚哥时，我仍在思考还有更多的事情值得担忧。

这些担忧也从顶层开始。圣地亚哥的精英私下里担心城市的状况。他们认为如果细细探究，就会发现存在许多影响富人和穷人的政策缺陷。很多人担心正规经济缺乏多样化，智利在经历了惊人的发展之后，现在变得有些故步自封，仅仅停留于这项殊荣。正如萨尔瓦多·阿连德时代一样，智利现在依然依赖矿业发展，每年铜就为政府收入贡献了30%。"芝加哥男孩"在计划书中提出，要避免单纯依靠采矿等基本活动，应转向多元化发展并建立起更先进的产业，但这一计划收效甚微，智利非常容易受到全球大宗商品价格波动的影响。

一个自豪的当地人会用两个故事来说明这一点，他们的国家很小，实际上是一个岛国（智利人认为自己从北到南被阿塔卡马沙漠和南极洲包围，从东到西被安第斯山脉和太平洋包围）。智利的国土面积和难以到达的地理位置，使得智利的多样化发展变得困难。移民和持否定态度的当地人表示这些借口毫无意义，按人口计算，智利可以轻松跻身世界前1/3的国家，而且自19世纪初以来，海上贸易一直很成功。对铜的依赖以及未能实现多样化的真正原因在于不平等。对那些管理着已有企业的人来说，没有理由破坏这里良好的现状，他们都处在舒适的行业中，这样的生活太好了。

精英阶层的父母，也就是把孩子送到格兰其学校的人，私下里也在谈论着极度舒适可能对孩子产生的影响，担心会出现一种称为"佐罗内"的上流社会原型。"佐罗内"是一类有点邋遢的美国兄弟会男孩，穿着斜纹棉布裤和羊绒衫，身上有文身而且头发油腻。这类人并不想上老牌的名牌大学，而是想上学业成绩中等、学费超高的私立大学。"佐罗内"并不需要同比他们更聪明的同胞竞争，因为他们的父母已经在自己所有或管理的公司里为他们准备好了工作。一位忧心忡忡的父亲说："智利的精英阶层不让孩子接受考试，这与美国和欧洲的精英阶层所做的不同。"

圣地亚哥的不平等也影响了公共空间的使用。一位外国人说："在这里，社会各阶层根本就不融合。"他回忆起办公室有一次组织夏季野餐郊游，但是那次尝试失败了。问题在于一个不成文的分配规定，将地点和活动划分为"cuico"或"非cuico"。cuico大致是指更高阶层，这是一个工人阶层不喜欢使用而富人喜欢使用的词。"人们在工作之余是见不到面的，因为这里有cuico公园，也有非cuico公园，一个阶层的人不会去另一个阶层的地盘。"正式一点说，圣地亚哥的公园是公共的空间，由一般税收来提供资金，任何人都可以进入；而实际上，收入不平等已经把它变成了私人场所，要根据收入水平进入。

考虑到韧性，这是令人担忧的。最近的研究表明，"社会基础设施"是作为应对不景气的一项保险政策，比如，图书馆和公园。这与我在格拉斯哥的所见所闻不谋而合，当人们融合在一起，了解了邻居的挑战和才华时，他们更善于应对冲击或挫折。但是在圣地亚哥，公共区域已经关闭了。虽然这座城市的犯罪率很低，但无论是在贫穷的社区还是富裕的社区，在安全方面都投入了巨资，许多家庭都围着铁栅栏。穿过居民区的后路封闭了，公共道路变成了私人空间，人们很难步行穿过这座城市。一个载着闭路电视摄像机的巨大氢气球日夜漂浮在维塔库拉的上空，以帮助减轻当地富裕居民的恐惧。只有1/5的智利人说他们信任自己的同胞，而这远远低于发达国家的标准。

尽管处于圣地亚哥收入阶梯底层的民众似乎对薪酬差距并没有表现出来嫉妒，但肯定也会有一些嫌隙。新14区的梅莉萨·内拉说："拉斯孔德斯的女佣们外出就餐或下班回家的路上都要穿着制服。这是一种表明她们不一样的方式，因为她们不属于那里。"这不是一项规则或法律，而是一种文化规范，是一种维持阶层和地位划分的方式。如果社会资本和社会基础设施对经济的韧性有影响，那么智利的经济比人们想象的脆弱。

是结果而不是意图

对智利的许多年轻人来说，罗尔夫·卢德斯和他的伙伴"芝加哥男孩"是贪婪资本主义和无情利己主义的象征。然而阅读计划书时，你会得出这样的结论，作者把国家的最大利益放在了心上，书中充满了想法和抱负。年轻人可以看到他们国家的潜力，他们厌倦了看到智利落后于邻国。他们的经济计划是基于在芝加哥留学时从弗里德曼和哈伯格那里学到的东西，他们所承诺的是一股消灭贫困的增长浪潮。

但是弗里德曼最著名的论断之一是，当涉及经济政策时，应该评判的不是意图，而是结果。从狭义上看，智利的结果意味着仍然可以将该国视为芝加哥经济学派发展模式的胜利。这个国家仍然是拉丁美洲王冠上的宝石，也是私有化改革支持者最喜欢研究的案例。最严重的贫穷是人们无法满足对食物的基本需求，而在这里贫困几乎已经消除。在圣地亚哥最贫穷的地区，很容易找到遭受寒冷、饥饿，住在危险的临时帐篷里的人。智利持续数十年的经济增长，年复一年降低的贫困率，使得基本需求更容易得到满足，并大大改善了这些地区的生活。

智利快速增长和极度不平等的道路，是许多新兴国家及其不断扩张的城市正在遵循的道路。对于同一道路上的跟随者，圣地亚哥发出了警告。正如自由市场并不总是创造价值一样，强劲的增长也并不总是带来其所承诺的发展。圣地亚哥已成为马斯洛金字塔延伸的城市，尽管许多基本需求很容易得到满足，但是更高的需求已变得更加遥不可及，比如教育和代理商。智利是这块大陆上人均 GDP 最高的国家。但在经济合作与发展组织的发达成员国中，智利的肥胖率上升得最快，学生成绩最差，大学费用最高，辍学率最糟糕。我在圣地亚哥的这段时间发现，所有这些都与不平等有关。

这些实践的失败使圣地亚哥再次成为一个迷人的地方，这里是新思想斗争的地方。"芝加哥男孩"在经历了一段严格的经济控制期后开始掌舵，在这段时间里，他们想要表明自由市场是经济运行的最佳方式，他们创造的"奇迹"似乎赢了。但是现在圣地亚哥的市场产生了不正当竞争，教育领域便是最重要的例子。在这里，市场使实现机会均等变得不可能，而且加剧了不平等，产生了居民收入如此之低的社区，以至于购物者都不重要了，基本商品都必须由国家提供。在这种极端制度的推动下，圣地亚哥的年轻人，以及全球许多人都会追随的经济潮流引领者，正在拷问是否可以完全依靠市场。

结论：关于未来的指南

我认为学习和教授解剖学，不应从书本上，而应从解剖中；不应立足于哲学家的立场，而应立足于自然结构。

——威廉·哈维，《心血运动论》，1628 年

经济学是一门研究人类日常生活事务的学科。一方面是对财富的研究；另一方面，也是更为重要的，是对人类研究的一部分。

——阿尔弗雷德·马歇尔，《经济学原理》，1890 年

目的地 2030

当你去一个遥远、陌生、令人生畏的地方旅行时，一个好的当地导游是非常重要的。你需要一个去过那里的人，能告诉你那里的地形和将会遇到的困难，并就如何做好准备向你提供建议。我写本书的动机是寻找今天正在经历压力和紧张的人们，而这些压力和紧张可能与我们正要前往的地方——未来有关。相比过去经济学家研究的典型国家和城市，这意味着要打破常规，应用一种研究极端的想法，这种想法在 400 年前由威廉·哈维首次提出。对极端案例的分析目前已经被广泛应用于医学领域，并在现代工程和物理学中发挥着基础性作用。戴维·柯卡尔迪随后提出了相关的思想。那么，世界上最极端的经济体如何看待 2030 年的压力和紧张？我们应该如何做好准备来应对？

从我们对自己的前进方向了解很多这一事实开始，城市化就是一个例子。1950 年，全世界 70% 以上的人口居住在农村地区。对于大多数人来说，经济上的挑战主要是对于农村地区人口而言的，随后几十年的迁徙

见证了城市的扩张与农村的缩小。2007 年是具有里程碑意义的一年，世界城市人口首次超过农村人口。这一趋势将会持续下去，2020—2030 年，城市人口预计将增加近 7.9 亿人——这是美国人口的两倍多，并将产生 43 个人口规模超过 1 000 万的"特大城市"。到 2050 年，一个世纪前的格局将发生逆转，全世界 70% 的人口将生活在城市地区。基于阿尔弗雷德·马歇尔所描述的三种集聚力量以及在格拉斯哥所见到的，这意味着城市生活的经济力量将会脱颖而出。持续的趋势指明了我们前进的方向，也指出了将要在那里发挥重要作用的经济模式。

　　未来十年最重要的趋势将是本书第三部分所描述的三种力量。它们是全球性的，目前正在引起极大的关注，而且这三种力量可能还会增强。到 2030 年，德国、意大利、西班牙和葡萄牙这四个国家的情况将与今天的秋田类似，年龄在 50 岁以上的人口将多于 50 岁以下的人口。机器人和自动化软件等技术将影响更多的工作场所，当各国政府效仿塔林所采取的措施以节省开支时，数字化将扩展至整个国家部门。圣地亚哥式的经济不平等将变得更加普遍，在世界最大的新兴经济体中，前 10% 的人口的收入占比将攀升至 50%。对于大多数人来说，2030 年将是这三类城市的混合体：一个老龄化、先进技术和经济不平等共存的城市社会。

危险的中间道路

　　除了有助于明确目的地，极端情况还指明了前进过程中的陷阱。受到压力和破坏的地方使经济学回归到了一种简单而原始的形式，通常能够揭示出那些反映政治经济学核心问题的现代例子——自由市场的作用。2020 年，关于如何管理市场的观点变得两极分化。左翼政党希望国家发挥更大的作用以控制公司和工程的效果，右翼人士希望给予企业家更大的自由，由于要依靠竞争来提供规则，他们认为企业家对利润的渴望将解决所面临的挑战。世界上一些最艰苦地区的生活告诉我们，这两种极端情况都应该避开。

正如本书第一部分所示，为了保持韧性，一个社会往往会创建自己的非正规市场。尽管困难重重，贸易和交换仍然出现在了海啸肆虐后的亚齐，以及扎塔里的难民营，甚至出现在路易斯安那州安全级别最高的监狱里。这一过程是有组织的——这些市场在没有国家帮助的情况下实现了繁荣发展，而且在这一过程中经常会面临着相当大的妨碍，自建的金融体系也已经成熟。在美国，监狱的地下经济使用大量的平行货币，包括鲭鱼、咖啡和最新的数字货币——"绿点卡"；在亚齐，传统的黄金文化提供了储蓄和保险；在扎塔里，商人们将奶粉变成了一种可以交易的资产，作为将现金吸引进难民营的一种方式。人们有能力创造市场，也有能力通过复杂的方式来转移价值（建立经济运行所依赖的支付系统），这是与生俱来的。工程经济压制了这一点，而且浪费了这些技能。

通过抑制自建贸易，严格控制的制度阻塞的不仅仅是商品的交换。当你的生活处在紧要关头时，你就会非常清楚地看到自由贸易的价值。在我整个旅行过程中，人们讨论经济时不仅将它作为一个获得商品并能赚钱的渠道，它也是身份的一个重要来源。生产出来产品并进行买卖，这就产生了责任——保证质量，履行合同，并按时交货。如果做得好，就会获得良好的信誉，以及随之而来的尊重。市场是在买家和卖家之间分配商品的地方，也是支持个性和表达自我的场所。在国家控制很强的地方，自由贸易没有萌芽的机会，那是我所访问过的最凄凉、最绝望的地方。

问题在于丹尼尔·贾杜是对的，市场真的不在乎。正如好的市场创造价值，不好的市场会摧毁价值。通常，就像在达里恩的热带雨林中看到的那样，这个问题是一种经济的"外部性"，因为一些参与者（在那里是伐木工人）在做决定时，忽视了加在其他人身上的成本。达里恩是一个不受监管的地方，关于交易的原始愿望和能力侵蚀了生活在那里的人们的长期前景。外部性问题是普遍存在的，这意味着一个自由市场会产生太多不好的东西，好的东西反而很少。一旦你目睹了它所造成的破坏，那种认为可以依靠无监管市场来处理公共政策问题的观点就显得幼稚，这是很危险的。

市场不会很可靠地在最需要它的地方出现，也不会在下跌时反弹。如果曾经有两个群体可以从贸易中获益，那就是达里恩丛林中贫穷但知识渊博的游击队，以及迷失于长途跋涉中的现金充裕、惊慌失措的移民，然而并不存在设有安全通道的市场。金沙萨在殖民统治和政治领导者的领导下失败了，那里的人民陷入了一种低级腐败的困境，这种腐败阻碍了每一笔日常交易。集聚力的放大使格拉斯哥迅速崛起，但也在这座城市陷入衰退之际将其击垮。正如我们看到的，这些失败的核心（外部性的破坏、理性选择所造成的弄巧成拙的影响、网络的脆弱性）是经济方面的。这些失败的地方从根本上也使市场失灵了。

2030 年，繁荣的城市将会找到一条中间道路——一种利用人类自然能力创造市场的模式，可以减轻不受约束的自由贸易所带来的代价高昂的负面影响。我遇到的极端失败情况说明了为什么这并不简单。许多复苏的崩溃都是善意政策的结果——达里恩的柚木树补贴，将格拉斯哥的造船厂"集聚"以成为更强大的竞争对手的计划，甚至是蒙博托将金沙萨变成水力发电工业中心的计划，所有这些在理论上都是讲得通的。每一个想法都涉及国家试图以某种方式驯服或影响市场，但每一个都大错特错了。未来以及通往未来的中间道路是一条坎坷崎岖的道路，这使我们重视对经济韧性更深层次的理解——不仅有 GDP 的涨跌，而且包括抵御灾难性衰退的能力。

日常生活中的非正规经济

为了理解韧性，我们需要把经济生活中目前被隐藏的部分，作为统计、辩论和政策的中心部分。非正规经济规模更大、更复杂、更具有创新性，已经超出了政策制定者的理解，其作用是一个巨大的缺口。无论我到世界哪里，通过花时间与人们谈论他们的经济是如何运作的，我都发现了一个隐藏的系统，该系统与由统计机构追踪并由记者报道的系统同时运行。金沙萨就是官方数据如何描绘不完整图景的一个例子。根据官方统计数据，作为数百万人的家园的金沙萨却是极度贫困的。这里也是一个非正规贸易和创新（巨大的农村经济）的热闹之地，但这些数据没有显示出来，数据显示的是大多数局外人所看到的唯一图景。难民营是另外一个例子：以难民营的官方数据来衡量，扎塔里和阿兹拉克是同卵双胞胎，但它们其实有着天壤之别。

通过搜集"软信息"来追踪非正规性将改善我们对经济体的看法，并有助于理解韧性如何发挥作用。金沙萨再次成为一个杰出的例子：正如一位天主教神父告诉我的，只有通过非正规性（街头贩卖和"分手"生意），人们才能在那里生存下来。在亚齐，佩戴金手镯的传统财富制度被证明是一种潜在的保险机制。而格拉斯哥造船家庭的艰难生活通过非正规的安全网（从保全面子的典当规范到"家庭"储蓄池）得到了缓解，这些安全网很好地应对了城市生活的困难。目前，非正规性在主流经济学中没有任何地位。如果我们关心韧性，那么这种情况需要改变。

一项关于财富的新研究

我们还需要重新审视如何衡量财富。经济学关注的是一个地方的"资本"，即随着时间的推移能够储存的价值，可以用于村庄、城市或国家的年度产出和收入流量。关注点集中在金融资本（现金、股票和债券等资产）以及实物资本（建筑、工厂和机器）上。两者都是至关重要的，而金沙萨和达里恩这两个经济体的悲剧，部分原因是在于短缺。这些财富形式只是图景的一部分，只关注这些而不考虑其他的一切，则意味着我们的方法狭隘而简单，忽略了经济体繁荣和富有韧性背后所隐藏的资产。

亚齐、扎塔里和路易斯安那州是非常不同的地方。在每一个国家，金融资本和实物资本都是不足的，人们以不同的方式展示了思想、技能和知识的重要性。一个国家的人力资本，被认为是过去30年来经济增长的一个重要来源。极端经济体增加了另外一个视角：人力资本不仅有助于经济扩张，也是防止经济灾难性衰退的一种方式。和非正规性一样，人力资本也是一个具有韧性的池子。约翰·穆勒在 19 世纪中期发现了这一点，亚齐人在 2004 年海啸后重建家园时也证明了这一点。然而，大多数国家并没有认真尝试去衡量人力资本，只有少数国家（包括英国在内）将其视为了附带项目。

经济学最大的空白在于，它完全忽视了社会资本。某种程度上是因为这个概念具有争议性。左翼人士的批评指出，一个依赖于社会资本的经济体系将大幅削减公共服务的空间。右翼人士则认为最好是自发崛起，而不是应该由政府干预或出资。其他人则认为这一概念太不精确，在任何实际的方法中都没有用处。由于很难衡量而且容易被惹恼，社会资本已经被忽视。

但是在面对极端压力和变化方面，社会资本所扮演的角色是非常清晰的。它是一种黏合剂，将社会上其他资产捆绑在一起从中吸取更多。在以信任和互惠互利为特征的地方（这里社会资本很多），我听说并见证了实物资本和金融资本得到了更好的利用。亚齐的共享摩托车，格拉斯哥公寓商店里用来给当地婴儿称重的秤，这些都是工具、机器或基础设施更密集、更有效使用的例子，这是因为有积极的文化在支撑着社会。正如罗伯特·帕特南的意大利之行表明的，社会资本通常支持非正规的金融安排。我在旅途中看到的非凡的韧性也证实了这一点。当地的传统和规范支撑着非正规的支付、保险、信贷和储蓄体系，这些体系皆是在最具挑战性的时刻出现的。社会资本非常简单，它提高了生产力，使经济更具韧性。

这些缺失的经济学部分（收入中的非正规性，财富中的人力资本和社会资本）可能模糊且难以衡量。但是如果不把这些因素考虑进去，我们就会错过经济中的一大部分。我们的经济图景是不完整的，这限制了我们评估在不久的将来经济发展趋势的能力。

我们需要一个全新的经济学

大约在 400 年前，威廉·哈维认为在"人迹罕至的地方"能最好地了解自然。哈维的建议是针对解剖学家的，但在现代经济的背景下，它的重要性更加重大。在未来的几十年里，数百万人将走上一条我们之前从未涉足过的经济之路——进入一个充满老年人、先进的软件和机器以及不平等的巨大新型城市的世界。今天的秋田、塔林和圣地亚哥都是奇怪和极端的地方，虽然边缘城市从来不是经济讨论的主要内容，但是那些极端经济体的生活在明天将成为常态。要驾驭这一切，我们需要一个全新的经济学。人们喜欢交易并且擅长于此，但是我们创造的市场会破坏价值——前进的唯一道路是一条崭新的中间道路。失败是有可能的，即使在潜力最大的地方也是如此，因此我们需要更多地关注韧性。对于许多国家和人民来说，收入来自非正规的贸易。它承认一个社会的财富是建立在人力资本和社会资本之上的，而位于其上的是金融资本和实物资本。今天，这些收入和财富中更微妙、更人性化的方面在经济衡量或规划中几乎没有发挥什么作用。我的旅行也证实了这一点，如果它们起作用，那么我们可能会看到自己错过的东西：对老龄化的有力反击、技术进步所带来的痛苦的真正根源，以及不平等正在世界上最有前途的经济体中造成隐性的缺陷（对韧性的侵蚀）。

致　谢

　　首先要感谢出现在本书中的人。在此次研究期间，我的旅程超过了10万英里，交谈的人数超过了500人，而且无论我走到哪里，当地的人们都很乐意与我交谈。从仲冬秋田极冷的村庄到夏日金沙萨闷热的后街，人们带着我走进他们的家、办公室、教堂和清真寺，给我提供食物、饮料，跟我讲述他们的故事。

　　如果没有卡罗琳·米歇尔和她所在的彼得斯·弗雷泽与邓洛普机构的支持，这个项目就无法启动与完成。蒂姆·邦丁给我提供了宝贵的建议，亚历山德拉·克里夫给予我鼓励，发给我无数与签证有关的信件。企鹅兰登书屋的亨利·瓦因斯，以及法勒、施特劳斯和吉鲁出版社的科林·迪克曼，为本书提供了专业的编辑指导，给本书增光添彩。我要感谢第一个支持这个想法的道格·扬，也要感谢斯蒂芬·莫里森，因为是莫里森辛苦读完了我在路上写出来的非常粗略的原稿，并对这份原稿提出了宝贵的意见。拉哈特·西迪克是一个不知疲倦的研究助理，在我旅行期间，他为我找了无数的论文、书籍和绝版文章，并帮助我安排采访。埃米·斯比尔明智的建议确保我能毫发无损地进出地球上最为复杂和危险的地方。

同我一起旅行的是当地的一群导游，他们帮我翻译并确保我所接触到的是有重要故事要讲的那些人。在亚齐的时候，朱克·富尔坎是我的翻译、登山向导和晚餐同伴。吉南·纳斯卡班迪向我介绍了扎塔里和阿兹拉克的叙利亚家庭，穆罕默德·沙巴纳带我参观了他的家，并带我去扎塔里的难民营看望他的朋友和参观清真寺。在路易斯安那州的时候，威尔伯特和琳达·里多向我提供了联系方式以及威尔伯特早期文章的绝版复本；凯利·奥里安斯介绍我认识了掌握监狱系统第一手经验的人。在达里恩的时候，胡安·维拉斯奎兹向我解释了他对经济的担忧，他还让我睡在他的一张吊床上；库纳部落的迪利菲诺·戴维斯虽然和我没有任何关系，但却在我迷路并孤身一人的时候给予我帮助、建议，还有腌鱼。在金沙萨的时候，西尔万·穆雅利是一名富有经验的导游和翻译，让-玛丽·卡隆吉为我引见了该城市的许多年轻人。在格拉斯哥的时候，费尔菲尔德船厂遗址的阿比盖尔·莫里斯帮助我与当地造船商进行了非常有益的接触。在秋田的时候，中井美利帮助我进行翻译，森本先生开车带我穿过雪地去到他所发现的一些废弃的乡村。卡米拉·塞阿和弗朗西斯科·拉米雷斯是圣地亚哥非常熟练的翻译，在他们的帮助下我能够去到这个分层城市的所有地方。

我非常感激我的同事，他们鼓励我在涉及经济学问题时要多考虑别人的故事。扎尼·明顿·贝多斯和安德鲁·帕尔默最先说服我尝试新闻工作，并教会了我如何做这项工作。我曾经的室友安妮·麦克尔沃伊总是提醒我要用简单的术语来解释经济学。埃玛·邓肯通过委托基金支持了我在扎塔里的早期旅行。当我告诉诺丽娜·赫兹我的想法时，她强烈要求我写本书。在我坐下来写建议的时候，苏玛亚·凯恩斯向我提出了她的想法，并提供了联络方式。埃德蒙德·康威和威尔·佩奇一直以来都在帮我参谋，他们也是本书数据、想法的宝贵来源。

写作本书期间，我自始至终都在依靠家人。约瑟芬·戴维斯向我讲述了她所遇到的那些隐藏的监狱经济，从而为我播下了一粒思想的种子。伊恩·布思给我提供了威廉·哈维的文章和论文。亚历山德拉·戴维斯给了我一种紧迫感。彼得·戴维斯给了我很多对写作本书有帮助的书籍。我最感谢的是弗朗西丝·布思，是她给了我写本书的信心，还有伊莎贝尔·夏皮罗，她是本书的读者、编辑，也是我的旅伴、摩托车司机，是她给我提供了日常的支持。如果没有他们，我永远无法完成本书的写作。

最后，我要感谢早期教过我的老师和导师，他们是：奥利弗·博德、约翰·塔西拉斯、彼得·辛克莱、保罗·克伦佩雷尔和彼得·戴维斯。本书的写作还要感谢两位大学老师，他们一位是医生，一位是经济学家，我将永远感激他们。

注释和参考文献

1 亚齐：海啸发生地的经济弹性

注释

灾难

班达亚齐遭遇了地质学家称为"近地"海啸的袭击。科学家来到了班达亚齐，他们将目击者的描述与地面所搜集到的数据（包括被损毁建筑物和碎片的位置）综合在一起，计算出了此次海啸的海浪大小。在西北海岸像洛格纳和兰普克这样的地方，遭到了超过 30 米高的海浪袭击，参见吉本斯和格尔芬鲍姆（2005）。

美国国家航空航天局的科学家理查德·格罗斯博士和本杰明·方超博士很快发现了地球倾斜与形状的变化，参见美国国家航空航天局（2005）。

由于推测这些失踪的人已经死亡，所以死亡人数为估计数。官方数据和统计模型计算的亚齐在此次海啸中丧生的人数在 12.8 万~16.8 万人。班达亚齐和亚齐贝萨尔地区的死亡率最高（大约为 23%）。参见杜西等（2007a 和 2007b）。

历史

里克莱夫斯（2001）阐述了印度尼西亚的历史。格拉夫等（编辑）（2010）的论文集中给出了关于亚齐更为详细的历史的叙述，内容涵盖了马六甲苏丹国与荷兰人的战争、印度尼西亚的独立和亚齐的例外主义（或隔离性）。里德（2015）描述了胡椒的重要性，并提到了亚齐的崛起为世界供应了一半的胡椒。

灾难与增长

关于自然灾害对经济影响的一个早期现代研究来自阿尔巴拉·伯特兰（1993），他在1960—1979年对26个国家的灾害情况进行了研究。卡瓦洛和诺伊（2009）在随后的文献综述中检验了灾害是否对经济的增长有"好处"。

检验灾难影响的研究者所使用的数据来自紧急灾难数据库的公开资料，该数据库由灾害流行病学研究中心编制，网址为 www.emdat.be。

配第、斯通和 GDP

威廉·配第的工作在他 1662 年关于税收的书和 1676 年的《政治算术》中有所涉及。他对国民账户体系发展的贡献可参见肯德里克（1970），最新的可参见戴维斯（2015）。

尽管其他经济学家，尤其是美国的西蒙·库兹涅茨，帮助制定了现代 GDP 的指标，但理查德·斯通可以说是最重要的人物，他在 1984 年获得了诺贝尔奖。约翰森（1985）对理查德·斯通的贡献进行了讨论，斯图坚斯基（1958）对所有的贡献者进行了更为详细的阐述，而有关通俗易懂的现代历史则可参见科伊尔（2014）。

海啸的经济影响

世界银行（2006）对亚齐的损毁程度进行了估计，其中也包含援助机构支出对局部通货膨胀影响的数据。在亚齐－尼亚斯重建与修复机构（2009）中，负责监督救援工作的印度尼西亚机构公布了其调查结果，指出了灾害的破坏范围以及 2005—2009 年需要做的重建工作。

我的 GDP 计算方式使用的是不含石油的实际 GDP，数据来自政府的官方机构——印度尼西亚统计局。

内战、自由亚齐运动以及和平进程

格拉夫等（2010）对亚齐的战争历史进行了描述。2000 年和 2002 年的和平谈判失败了，在此之后，印度尼西亚政府似乎致力于彻底消灭自由亚齐运动。在 2005 年新加入的参与者是芬兰前总统马尔蒂·阿赫蒂萨里建立的"危机管理倡议"（Crisis Management Initiative，简称 CMI）。2005 年，印度尼西亚部长哈米德·阿瓦卢丁和自由亚齐运动的领导人马利克·马哈茂德签署了谅解备忘录，见证人是后来获得了诺贝尔和平奖的阿赫蒂萨里。戴利等（编辑）（2012）讨论了和平进程以及危机管理倡议组织在和平进程中所扮演的角色。

现代亚齐的伊斯兰教法

2016 年，有超过 300 人受到了公开的鞭刑。其中大多数（90％）是那些被指控赌博的男子。那些受到惩罚的人当中还包括被指控赌博和饮酒的妇女，以及被指控进行婚前性行为的夫妇，参见刑事司法改革研究所（2017）。

配第和穆勒的人力资本

"人力资本"这一现代术语在 20 世纪下半叶才开始流行起来，但很明显这正是配第（1662）和穆勒（1848）谈论的内容。配第写道，一个杀死或监禁其臣民的国家只会伤害到自己，因为这些臣民（通过他们的劳动）是财富的来源。穆勒写的是"国家从毁灭中迅速地恢复"，并解释了由于人类不断地使用、破坏和重建实物资本（例如机器和工厂），物质生产资料能够以比我们想象的更快的速度重建，只要人力资本和人口能相对地保持完好无损。

参考文献

Albala-Bertrand, J. M. (1993), *Political Economy of Large Natural Disasters* (Oxford: Clarendon Press).
BRR (2009), '10 Management Lessons for Host Governments Coordinating Post-

disaster Reconstruction' (Indonesia: Executing Agency for Rehabilitation and Reconstruction (BRR) of Aceh–Nias 2005–2009).

Cavallo, E., and Noy, I. (2009), 'The Economics of Natural Disasters: A Survey', Inter-American Development Bank Working Paper 124.

Coyle, D. (2014), *GDP: A Brief but Affectionate History* (Princeton: Princeton University Press).

Daly, P., Feener, R. M., and Reid, A. J. S. (eds.) (2012), *From the Ground Up: Perspectives on Post-tsunami and Post-conflict Aceh* (Institute of Southeast Asian Studies).

Davies, R. (ed.) (2015), *Economics: Making Sense of the Modern Economy* (London: Profile Books).

Doocy, S., Gorokhovich, Y., Burnham, G., Balk, D., and Robinson, C. (2007a), 'Tsunami Mortality Estimates and Vulnerability Mapping in Aceh, Indonesia', *American Journal of Public Health*, 97 (Suppl 1), S146–51.

——, Rofi, A., Moodie, C., Spring, E., Bradley, S., Burnham, G., and Robinson, C. (2007b), 'Tsunami Mortality in Aceh Province, Indonesia', *Bulletin of the World Health Organization*, 85 (4), 273–8.

Gibbons, H., and Gelfenbaum, G. (2005), 'Astonishing Wave Heights Among the Findings of an International Tsunami Survey Team on Sumatra', in *Sound Waves* (US Geological Survey).

Graf, A., Schröter, S., and Wieringa, E. (eds.) (2010), *Aceh: History, Politics and Culture* (Singapore: Institute of Southeast Asian Studies).

Institute for Criminal Justice Reform (2017), 'Praktek Hukuman Cambuk di Aceh Meningkat, Evaluasi atas Qanun Jinayat Harus Dilakukan Pemerintah' (Jakarta).

Johansen, L. (1985), 'Richard Stone's Contributions to Economics', *Scandinavian Journal of Economics*, 87 (1), 4–32.

Kendrick, J. (1970), 'The Historical Development of National Accounts', *History of Political Economy*, 2, 284–315.

Mill, J. S. (1848), *Principles of Political Economy with Some of Their Applications to Social Philosophy* (London: Longmans, Green & Co.).

NASA (2005), 'NASA Details Earthquake Effects on the Earth', Press Release, 10 January.

Petty, W. (1662), 'Treatise of Taxes and Contributions', republished in Hull, C. H. (ed.) (1899), *The Economic Writings of Sir William Petty Vol. 1* (Cambridge: Cambridge University Press).

————, (1676; published 1691), *Political Arithmetick* (London: Mortlock at the Phoenix, St Paul's Church Yard).

Reid, A. (2015), *A History of Southeast Asia: Critical Crossroads* (Chichester: John Wiley & Sons).

Ricklefs, M. C. (2001), *A History of Modern Indonesia Since c 1200* (London: Palgrave Macmillan).

Studenski, P. (1958), *The Income of Nations* (New York: New York University Press).

World Bank (2006), 'Aceh Public Expenditure Analysis: Spending for Reconstruction and Poverty Reduction' (Washington, DC: World Bank).

2　扎塔里：难民营的非正规经济

注释

难民数量图

有关难民营规模的数据来自联合国难民署。难民营的人口是变化的，我认为高峰年出现在 2010—2015 年。其他大型的难民定居点包括位于肯尼亚东部的达达阿布（达达阿布集中了五个较小的难民营），还有孟加拉国的库图巴朗（库图巴朗是逃离缅甸的罗兴亚难民的家园），参见联合国难民署（2016a）。关于按国家（来源地和收容国）划分的难民数据可在联合国难民署的人口统计数据库中获得。

扎塔里的关键事实：创立，就业率，初创率

莱德维特（2014）记述了在扎塔里早期的岁月，其中包括难民营的非正规化情况。涵盖了扎塔里非正规企业所产生的收入的其他数据则来自联合国难民署的常规情况说明书，可参见联合国难民署（2016c）。初创率是根据已建立的初创公司数量占现有公司数量的百分比计算的。关于在难民营前 18个月内就由难民们建立起了完善的市场的摘要，参见 REACH（灾害评估机构）（2014）。关于商店数量后几年的数据由联合国难民署进行跟踪，可参见联合国难民署（2016c）。

对扎塔里的负面解读

国际特赦组织（2013）和莱德维特（2014）讨论了扎塔里难民营最初几个月的违法行为和缺乏控制的情况。另可参见乔丹·维斯塔（2012）。

按照设计建造的阿兹拉克

关于阿兹拉克提供给扎塔里有关改进的声明，参见救济网（2014）。关于联合国官员对两个难民营的看法，参见蒙哥马利和利（2014），以及斯维茨（2014）。关于在阿兹拉克建立典型难民营所采取的措施，参见加特（2018）。关于这个叙述是如何影响阿兹拉克最初报道的例子，参见博蒙特（2014）。

马斯洛的动机理论及其在灾区的应用

马斯洛（1943）提出了需求层次结构理论。关于实证检验该理论的近期成果，参见迪纳和泰（2011），关于该理论应用于难民的情况，参见朗恩和丹兹勒（2017）。

阿兹拉克的不景气

对难民营进行采访后发现，难民营缺少工作，而难民营也因此陷入了不景气。更多关于官方观点与阿兹拉克现实生活之间的分歧信息，参见加特（2018）。关于难民营监狱 5 号村的信息，参见斯塔顿（2016）。关于难民营中正式的带薪工作（基于激励的志愿活动）以及相对于职位来说存在大量有意愿的劳动者供给，参见联合国难民署（2016d）。关于就业对难民福祉的重要性，参见波马克和钟（2017）。

童工和迷失一代的风险

关于童工的风险和程度，参见联合国儿童基金会（2014）。关于在扎塔里提供教育的挑战，参见施密特（2013）。

参考文献

Amnesty International (2013), *Growing Restrictions, Tough Conditions: The Plight of Those Fleeing Syria to Jordan* (London: Amnesty International).

Beaumont, P. (2014), 'Jordan Opens New Syrian Refugee Camp', *Guardian*, 30 April.

Bemak, F. and Chung, R. C.-Y. (2017), 'Refugee Trauma: Culturally Responsive Counseling Interventions', *Journal of Counseling and Development*, 95 (3), 299–308.

Diener, E., and Tay, L. (2011), 'Needs and subjective well-being around the world', *Journal of Personality and Social Psychology*, 101 (2), 354–365.

Gatter, M. (2018), 'Rethinking the Lessons from Za'atari Refugee Camp', *Forced Migration Review*, 57, 22–4.

Institute on Statelessness and Inclusion (ISI) (2016), 'Understanding Statelessness in the Syria Refugee Context'.

Jordan Vista (2012), '26 Security Officers Injured in Zaatari Riots', 28 August.

Ledwith, A. (2014), *Zaatari: The Instant City* (Boston: Affordable Housing Institute).

Lonn, M., and Dantzler, J. (2017), 'A Practical Approach to Counseling Refugees: Applying Maslow's Hierarchy of Needs', *Journal of Counselor Practice*, 8 (2), 61–82.

Luck, T. (2014), 'Jordan's "Zaatari" Problem', *Jordan Times*, 19 April.

Maslow, A. H. (1943), 'A Theory of Human Motivation', *Psychological Review*, 50 (4), 370–96.

Montgomery, K., and Leigh, K. (2014), 'At a Startup Refugee Camp, Supermarkets and Water Conservation Take Priority', *Syria Deeply*, 6 May.

REACH (2014), *Market Assessment in Al Za'atari Refugee Camp, Jordan*, November.

ReliefWeb (2014), 'Opening of Azraq Camp for Syrian Refugees in Jordan', summary of ACTED report, April 2014.

Schmidt, C. (2013), 'Education in the Second Largest Refugee Camp in the World', *Global Partnership for Education*, 20 June.

Sherine S., Lachajczak, N., and Al Nakshabandi, J. (2014), *Exit Syria*, Film (SBS Online).

Staton, B. (2016), 'Jordan Detains Syrian Refugees in Village 5 "jail"', *IRIN*, 27 May.

Sweis, R. F. (2014), 'New Refugee Camp in Jordan Tries to Create a Community for Syrians, *New York Times*, 30 May.

UNHCR (2015), *Factsheet: Zaatari Refugee Camp*, February.

——— (2016a), 'Life in Limbo: Inside the World's Largest Refugee Camps', ESRI Story Map: https://storymaps.esri.com/stories/2016/refugee-camps

——— (2016b), *Factsheet: Jordan – Azraq Camp*, April.

——— (2016c), *Factsheet: Zaatari Refugee Camp*, October.

——— (2016d), *Incentive-based Volunteering in Azraq Camp*, October.

UNHCR Population Statistics, available at www.popstats.unhcr.org

UNICEF (2014), *Baseline Assessment of Child Labour Among Syrian Refugees in Za'atari Refugee Camp – Jordan*, November.

3　路易斯安那：监狱经济学

注释

美国和路易斯安那州的全球监禁统计

全球监狱人口的统计数据来自《监狱研究》(2016)。美国监狱人口的数据来自美国司法部司法统计局(2018)。路易斯安那州立监狱的刑期数据来自路易斯安那州惩教局(2010)。关于监狱趋势的进一步数据来自路易斯安那州公共安全和惩教局的"简报"。

乔治·拉瓦尔·切斯特顿

典狱长乔治·拉瓦尔·切斯特顿的事例来自其于1856年出版的《监狱生活启示》(*Revelations of Prison Life*)。1829—1854年，切斯特顿担任位于冷水浴场地区的米德尔塞克斯教养院的院长。这座监狱以"铜墙铁壁"著称，坐落在伦敦市中心克勒肯维尔的芒特普莱森特。切斯特顿的叙述清楚地表明了囚犯在监狱中拥有很大的自主权，这包括囚犯相互之间的交流方式以及发达的地下经济。

威尔伯特·里多

威尔伯特·里多对自己的罪行、死囚期限以及改过自新和写作的叙述，参见里多(2010)。这本书是献给保罗·菲尔普斯的，他长期担任安哥拉监狱的典狱长，并对里多的写作生涯给予了支持和指导。

《安哥拉人》

在美国许多监狱都有内部报纸，但《安哥拉人》可能是其中最有名的，并在威尔伯特·里多的主笔下获得了多项国家新闻奖。《安哥拉人》杂志的最新版本可以通过订阅获得，也可以在监狱的博物馆中购买。历史版本由路易斯安那州立大学所持有。威尔伯特早期的一些著作已经丢失了，他的妻子琳达好心地为我提供了威尔伯特作品的扫描件。

路易斯安那州数据：收入、贫困、肥胖、毕业、谋杀率

收入和贫困的数据摘自美国人口普查局的历史收入表格。美国肥胖率的数据来自美国疾病控制与预防中心（2017），并且可以通过肥胖现状（State of Obesity）可视化网站获得。受教育程度方面的数据来自国家教育统计中心（2016）。每 10 万人口的谋杀数量和谋杀率来自联邦调查局（2018）。

刚果人

刚果人是一个巨大王国中的一部分，其领土位于西非中部，横跨刚果共和国、刚果民主共和国、加蓬和安哥拉的部分地区。在 19 世纪后期，葡萄牙接管了刚果王国。刚果人讲的是刚果语，刚果语是现代刚果民主共和国的四种官方语言之一，刚果人也是该国最大的种族之一。

奴隶耕作、安哥拉历史、富兰克林和阿姆菲尔德

安哥拉有一家保存完好的博物馆，里面存有大量的历史资料。关于路易斯安那州刑罚制度和奴隶租赁重要性的首次公开记载见于卡尔顿（1967，1971）。福里特（2013）和卡登（2017）阐述了有关使用奴役囚犯当作农场工人的政治经济学的最新研究。关于富兰克林和阿姆菲尔德的角色信息可以从亚历山大黑人历史博物馆处获得。

监狱企业

监狱企业的庄稼和产量情况都列示在其网站上，财务业绩包含在该州的综合账目中，参见路易斯安那州（2016）。

美国监狱和英国监狱的薪资水平

囚犯的薪资水平是由州一级制定的，并没有采取全美统一标准，索耶（2017）对它们进行了手动搜集并进行了比较。在英国，囚犯的薪酬相对来说更加不透明，所以这些数字全是通过访谈得出的。

杰文斯、金钱和"需求的双重巧合"

杰文斯、卡尔·门格尔和莱昂·瓦尔拉斯被视为"新古典主义"经济学派的创始人。关于货币标准的介绍来自杰文斯（1875）。

奇怪而又奇妙的非正规货币

从阿姆斯特朗（1924）开始到最近的利普（1983，1995），他们都对罗塞尔岛的货币制度进行了广泛调查。巴克利（2002）描述了关于啄木鸟头皮的使用。关于在刚果王国使用海菊蛤贝壳，在安哥拉使用酒椰制成布的信息，参见万西纳（1962）。普赖尔（1977）对原始货币类型进行了更为正式的检验。

合成大麻

关于在以色列合成 HU-210 的信息，参见梅克兰姆等（1990）。赫德森和拉姆齐（2011）在搜寻大麻的主要合成物方面提供了更多的历史和证据。为了了解全球的情况，联合国追踪了合成大麻素的使用和发展，并呈现了一些历史，参见联合国（2011，2013）。萨科和芬克利亚（2011）记述了大卫·罗兹加的去世和在此之后的立法（《大卫·米切尔·罗兹加法案》）。

海军罪案调查处在 19 世纪末就知道了合成大麻的存在，参见海军罪案调查处（2009）和《海军今日》（*Naval Today*）（2013）。赫斯特等（2011）对美国海军士兵做了案例研究，这些士兵在使用合成大麻后出现了心理问题。

安哥拉的缉毒行动，在英国监狱中使用

关于安哥拉监狱丑闻的定期报道，参见《倡议者》（*The Advocate*）（2017，2018）。

"绿点卡"：储值卡

在《斯莱特》(*Slate*)(2005)中可以找到关于电子礼品卡的一些历史记录，德夫咨询顾问公司(2004)分析了 21 世纪初期的上升趋势，美联储(2018)对最近的预付费借记卡交易数量的激增进行了讨论。皮尤(2015)对用户的人口特征进行了调查。

英国合成大麻

关于英国合成大麻的信息，参见女王陛下的英格兰和威尔士监狱总督察(2014)、英国公共卫生局(2017)和高克(2018)。

来自有经验的人和"First 72+"组织

关于路易斯安那州司法系统的改革斗争，参见沃特(2018)、First 72+(2018)、新兴基金会(2018)。

参考文献

Adams, J. (2001), ' "The Wildest Show in the South": Tourism and Incarceration at Angola', *TDR*, 45 (2), 94–108.

Advocate, The (2017), 'Department of Corrections: Cadet, Visitor Caught Smuggling Drugs into Angola', *The Advocate* Staff Report, 13 June.

——— (2018), 'Four Angola Employees Arrested, Two Sanctioned After Investigation into Drugs, Sexual Misconduct at Prison', author Grace Toohey.

Alexandria Black History Museum, www.alexandriava.gov/BlackHistory.

Alexandria Times (2017a), 'The Center of Alexandria's Slave Operations', 19 January.

——— (2017b), 'Franklin and Armfield Office', 20 May.

Angola Museum History, www.angolamuseum.org/history/history.

Armstrong, W. E. (1924), 'Rossel Island Money: A Unique Monetary System', *Economic Journal*, 34, 423–29.

Buckley, T. (2002), *Standing Ground: Yurok Indian Spirituality, 1850–1990* (Berkeley: University of California Press).

Cardon, N. (2017), ' "Less Than Mayhem": Louisiana's Convict Lease, 1865–1901', *Louisiana History: The Journal of the Louisiana Historical Association*, 58 (4), 417–41.

Carleton, M. (1967), 'The Politics of the Convict Lease System in Louisiana: 1868–

1901', *Louisiana History: The Journal of the Louisiana Historical Association*, 8 (1), 5–25.

——— (1971), *Politics and Punishment: The History of the Louisiana State Penal System* (Baton Rouge: Louisiana State University Press).

CDC (2017), *Prevalence of Obesity Among Adults and Youth: United States, 2015–2016*, NCHS Data Brief No. 288, October.

Chesterton, G. L. (1856), *Revelations of Prison Life* (London: Hurst and Blackett).

Dove Consulting (2004), *2004 Electronic Payments Study for Retail Payments Office at the Federal Reserve Bank of Atlanta*, 14 December.

FBI (2018), *Crime in the US 2017*, https://ucr.fbi.gov/crime-in-the-u.s/2017/crime-in-the-u.s.-2017.

Federal Reserve System (2018), *The Federal Reserve Payments Study: 2018 Annual Supplement*, Federal Reserve System, 20 December.

First 72+ (2018), 'Small Business Incubation', accessed December 2018: www.first-72plus.org.

Forret, J. (2013), 'Before Angola: Enslaved Prisoners in the Louisiana State Penitentiary', *Louisiana History: The Journal of the Louisiana Historical Association*, 54 (2), 133–171.

Gauke, D. (2018), 'From Sentencing to Incentives – How Prisons Can Better Protect the Public from the Effects of Crime', Speech, Ministry of Justice, 10 July.

Her Majesty's Chief Inspector of Prisons for England and Wales (2014), *Annual Report 2013–14* (London: Her Majesty's Inspectorate for England and Wales).

HMPS (2004), 'Prisoners' Pay', Prison Service Order 4460, 30 September.

Hudson, S., and Ramsey, J. (2011), 'The Emergence and Analysis of Synthetic Cannabinoids', *Drug Testing and Analysis*, 3, 466–78.

Hurst, D., Loeffler, G., and McLay, R. (2011), 'Psychosis Associated with Synthetic Cannabinoid Agonists: A Case Series', *American Journal of Psychiatry*, 168 (10), Letters, October.

Jevons, W. S. (1875), *Money and the Mechanism of Exchange* (London: Henry S. King & Co.).

Liep, J. (1983), 'Ranked Exchange in Yela (Rossel Island)', in Leach, J. W., and Leach, E. (eds.), *The Kula* (Cambridge: Cambridge University Press).

——— (1995), 'Rossel Island Valuables Revisited', *Journal of the Polynesian Society*, 104 (2), 159–80.

Louisiana Department of Public Safety and Corrections (2010), *Annual Report 2009–2010*.

Louisiana DOC (2018), *La. Department of Public Safety and Corrections, Briefing Book*. Data available at https://doc.louisiana.gov/briefing-book.

Mechoulam, R., Lander, N., Breuer, A., and Zahalka, J. (1990), 'Synthesis of the Individual, Pharmacologically Distinct, Enantiomers of a Tetrahydrocannabinol Derivative', *Tetrahedron: Asymmetry*, 1 (5), 315–18.

Menger, C. (1892), 'On the Origins of Money', *Economic Journal*, 2 (6), 239–55.

National Center for Education Statistics (2016), *Digest of Education Statistics: 2016*, https://nces.ed.gov/programs/digest/d16.

Naval Today (2013), 'Naval Criminal Investigative Service Brings New Drug Awareness Campaign to NMCP', 27 March.

NCIS (2009), 'Introduction to Spice', Norfolk Field Office, 9 December.

Pew (2015), 'Banking on Prepaid: Survey of Motivations and Views of Prepaid Card Users', Pew Charitable Trusts, June.

Prison Enterprises, www.prisonenterprises.org.

Prison Studies (2016), *World Prison Population List*, eleventh edition. Statistics available at www.prisonstudies.org.

Pryor, F. L. (1977), 'The Origins of Money', *Journal of Money, Credit and Banking*, 9 (3), 391–409.

Public Health England (2017), 'New Psychoactive Substances Toolkit: Prison Staff', 1 January.

Rideau, Wilbert (2010), *In the Place of Justice: A Story of Punishment and Deliverance* (New York: Knopf).

Rising Foundations (2018), 'Our Small Business Incubator', accessed December 2018: www.risingfoundations.org.

Sacco, L., and Finklea, K. (2011), 'Synthetic Drugs: Overview and Issues for Congress', *Congressional Research Service*, 28 October.

Sawyer, W. (2017), 'How Much Do Incarcerated People Earn in Each State?', Prison Policy Initiative Blog, 10 April.

Slate (2005), 'Why Gift Cards Are Evil', 4 January.

State of Louisiana (2016), *State of Louisiana Comprehensive Annual Financial Report for the Year Ended June 30, 2016*, 30 December.

United Nations (2011), 'Synthetic Cannabinoids in Herbal Products', United Nations Office on Drugs and Crime, UN document SCITEC/24, April.

———— (2013), *World Drug Report 2013*, United Nations Office on Drugs and Crime (United Nations: New York).

US Bureau of Justice Statistics (2018), available at www.bjs.gov.

US Census Bureau, Historical Income Tables, www.census.gov/data/tables/time-series/demo/income-poverty/historical-income-households.html.

Vansina, J. (1962), 'Long-distance Trade Routes in Central Africa', *Journal of African History*, 3 (3), 375–90.

VOTE (2018), 'Advancing Justice in Louisiana: Policy Priorities', Voice of the Experienced, accessed December 2018.

4 达里恩：偷渡、走私、抢劫兴盛的无人区

注释

峡谷、历史、人民和著名的过境点

伯顿（1973）讨论了达里恩的原住民部落、植被和鸟类生活，以及泛美公路带给他们的危险。美国总审计长（1978）对完成这条公路的挑战进行了有益的讨论，其中包括非常有趣的地图。交通工具可以在船只的帮助下横渡峡谷。1972 年，在英国陆军少校约翰·布拉什福德·斯内尔的协助下，美洲探险队在干旱季节穿越了达里恩峡谷。更多关于峡谷的历史信息，包括布拉什福德·斯内尔探险队的照片，参见米勒（2014）。

哥伦比亚内战，哥伦比亚革命武装力量，右翼准军事组织

一份关于哥伦比亚内战事实和数据的长篇文件于 2013 年发布，GMH（历史记忆小组，2016）提供了该文件的英文版《已经够了！》（*BASTA YA!*）。一份有关战争数据的较短篇幅的新文件可参见米洛夫（2016b）。

海盗的历史和故事：亨利·摩根，威廉·丹皮尔和莱昂内尔·威弗

关于英国海盗亨利·摩根生平的最早记述可参见艾斯克默林（1684），关于影响苏格兰民意的因素可参见丹皮尔（1697）和威弗（1699），所有的版本都可以在网上找到。在这三者当中，威弗的叙述是最令人兴奋的，因为他提供了包括达里恩地图在内的很多细节。

苏格兰公司与达里恩计划

苏格兰公司是世界上最早的"股份制"公司（个人可以投资的上市公

司）之一，后来被称为"达里恩公司"。瓦特（2007）对公司的形成、投资者和目标进行了出色的描述。

达里恩灾难

普雷柏（1968）在他经典的现代叙述中对达里恩探险队的悲剧进行了详细阐述。关于寻找新喀里多尼亚的个人旅程的现代描述，参见麦肯德里克（2016）。关于那些亲身经历过达里恩灾难的幸存者的日记参见瓦特（2007）和博兰（1779）的引用。关于美国总统罗斯福的祖先曾在苏格兰船上，参见米勒（1904）。

亚维萨：历史、博物馆、路线的影响

赫利希（2003）绘制了亚维萨周围地区和受保护的原住民土地范围的地图，在他的这篇文章里还描述了该地区的历史，其中包括为保护西班牙黄金河流运输路线而建造的堡垒。

达里恩航拍照片，巴拿马雨林消失的证据

马特奥－维戈等（2018）提供了巴拿马东部森林砍伐率的数据。纳尔逊等（2001）讨论并评估了热带雨林向农田的转化，以及为阻止森林砍伐而采取的政策。古铁雷斯（1989）提供了森林随时间变化的地图，并对伐木的影响进行了分析。阿西亚（2017）和贝莱尔（2018）讨论了森林砍伐和养牛业兴起的问题。

公地悲剧

生态学家加勒特·哈丁在 20 世纪 60 年代的一次关于人口过剩与环境的讨论中提出了"公地悲剧"这一术语，参见哈丁（1968）。

自由市场的失败

1832 年，威廉·福斯特·劳埃德在牛津大学开展了"关于人口检查的两个讲座"，他在第一次演讲中就阐述了因过度开采而破坏共同基础的例子。

奥斯特罗姆的工作，《公共事物的治理之道》，托贝尔，日本村庄

奥斯特罗姆在她的《公共事物的治理之道》一书中介绍了自己的工作，参见奥斯特罗姆（1990）。麦基恩（1996）描述了日本村庄资源管理的非正规制度。

《巴拿马第 24 号法令》和柚木树

格里斯和诺克（2011）讨论了柚木树对巴拿马生物多样性的影响。斯隆（2016）研究了《巴拿马第 24 号法令》在鼓励柚木树种植方面的影响。关于"柚木树热"以及更好地植树造林如何能治愈它的信息，参见霍尔（2018）。

巴拿马环境的经济潜力

关于巴拿马鸟类生活的多样性，参见里奇利和格文（1992）。多罗什和克拉奇尼科娃（2012）在假设巴拿马环境得到保护的情况下，对巴拿马环境的经济潜力进行了评估。

哥伦比亚革命武装力量遣散后的麻烦

关于增加古柯的种植以生产可卡因的相关信息，参见联合国（2016）。另可参见米洛夫（2016a）。

进入美国的新移民路线

关于经由达里恩进入美国境内的移民路线的官方信息很少。其中一篇较为详细地描述了移民路线和数量的文章来自米拉利亚（2016）。

巴拿马现金换公民身份的政策，柚木树的作用

关于"投资获取公民身份"的政策，4 万美元植树造林的签证计划，参见巴拿马领事馆（2018）。

恩贝拉木材的全球市场

柚木树在公开市场上的国际价格请参见国际热带木材组织（2018）。

参考文献

Arcia, J. (2017), 'Panama: The Ranching Industry Has Moved into Darién National Park', *Mongabay*, 26 June.

Belisle, L. (2018), 'Darien Suffers from Illegal Deforestation', *Playa Community*, 20 April.

Borland, F. (1779), *The History of Darien* (Glasgow: John Bryce).

Burton, P. J. K. (1973), 'The Province of Darien', *Geographical Journal*, 139 (1), 43–7.

Comptroller General of the US (1978), 'Linking the Americas – Progress and Problems of the Darien Gap Highway', Report to the Congress by the Comptroller General of the US, PSAD-78-65, 23 February (Washington, DC: General Accounting Office).

Consulate of Panama (2018), 'Panama Reforestation Visa Program', accessed December 2018.

Dampier, W. (1697), *A New Voyage Round the World* (London: Knapton).

Dorosh, P., and Klytchnikova, I. (2012), 'Tourism Sector in Panama Regional Economic Impacts and the Potential to Benefit the Poor', World Bank, Policy Research Working Paper 6183, August.

Dudley, S. (2004), *Walking Ghosts: Murder and Guerrilla Politics in Colombia* (New York: Routledge).

Estrella de Panama (2009), 'Deforestation Is Killing Darien', 13 April.

Exquemelin, A. (1684), *Buccaneers of America* (London: William Crooke).

GMH (2016), *BASTA YA! Colombia: Memories of War and Dignity* (Bogotá: CNMH).

Griess, V., and Knoke, T. (2011), 'Can Native Tree Species Plantations in Panama Compete with Teak Plantations? An Economic Estimation', *New Forests*, 41, 13–39.

Gutierrez, R. (1989), 'La deforestación, principal causa del problema ecología ambiental de Pánama', Dirección Nacional de Desarollo Forestal.

Hall, J. (2018), 'Curing "Teak Fever" in Panama through Smart Reforestation', UN-REDD, 4 September.

Hardin, G. (1968), 'The Tragedy of the Commons', *Science*, 162 (3859), 1243–8.

Harris, W. (1700), *A Defence of the Scots Abdicating Darien* (Edinburgh).

Herlihy, P. (1989), 'Opening Panama's Darien Gap', *Journal of Cultural Geography*, 9 (2), 42–59.

——— (2003), 'Participatory Research Mapping of Indigenous Lands in Darién, Panama', *Human Organization*, 62 (4).

ITTO (2018), 'Tropical Timber Market Report', International Tropical Timber Organization, December.

Lloyd, W. F. (1833), 'W. F. Lloyd on the Checks to Population', *Population and Development Review*, 6 (3), 473–96.

McKean, M. A. (1996), 'Common-property Regimes as a Solution to Problems of Scale and Linkage', in Hanna, S. S., Folke, C., and Mäler, K.-G. (eds.), *Rights to*

Nature: Ecological, Economic, Cultural, and Political Principles of Institutions for the Environment (Washington, DC: Island Press).

McKendrick, J. (2016), *Darien: A Journey in Search of Empire* (Edinburgh: Birlinn).

Mateo-Vega, J., Spalding, A. K., Hickey, G. M., and Potvin, C. (2018), 'Deforestation, Territorial Conflicts, and Pluralism in the Forests of Eastern Panama: A Place for Reducing Emissions from Deforestation and Forest Degradation?' *Case Studies in the Environment*, June.

Millar, A. H. (1904), 'The Scottish Ancestors of President Roosevelt', *Scottish Historical Review*, 1 (4), 416–20.

Miller, S. W. (2014), 'Minding the Gap: Pan-Americanism's Highway, American Environmentalism, and Remembering the Failure to Close the Darien Gap', *Environmental History*, 19, 189–216.

Miraglia, P. (2016), 'The Invisible Migrants of the Darién Gap: Evolving Immigration Routes in the Americas', Council on Hemispheric Affairs, 18 November.

Miroff, N. (2016a), 'Peace with FARC May Be Coming, So Colombia's Farmers Are on a Massive Coca Binge', *Washington Post*, 8 July.

——— (2016b), 'The Staggering Toll of Colombia's War with FARC Rebels, Explained in Numbers', *Washington Post*, 24 August.

Nelson, G. C., Harris, V., and Stone, S. W. (2001), 'Deforestation, Land Use, and Property Rights: Empirical Evidence from Darién, Panama', *Land Economics*, 77 (2), 187–205.

Ostrom, E. (1990), *Governing the Commons: The Evolution of Institutions for Collective Action* (Cambridge: Cambridge University Press).

Paterson, W. (1701), *A Proposal to Plant a Colony in Darien*.

Playfair, W. (1807), *An Inquiry into the Permanent Causes of the Decline and Fall of Powerful and Wealthy Nations* (London: Greenland & Norris).

Prebble, J. (1968), *The Darien Disaster* (London: Martin Secker & Warburg).

Ridgely, R., and Gwynne, J. A. (1992), 'A Guide to the Birds of Panama with Costa Rica, Nicaragua, and Honduras' (Princeton: Princeton University Press).

Sidgwick, H. (1887), *The Principles of Political Economy*, second edition (London: Macmillan and Company).

Sloan, S. (2016), 'Tropical Forest Gain and Interactions Amongst Agents of Forest Change', *Forests*, 27 February.

United Nations (2016), *Monitoreo de territorios afectados por cultivos ilícitos 2015*, UNDOC, June.

Wafer, L. (1699), *A New Voyage and Description of the Isthmus of America* (London: Knapton).

Watt, D. (2007), *The Price of Scotland: Darien, Union and the Wealth of Nations* (Edinburgh: Luath Press).

5　金沙萨：极度腐败打造最贫穷城市

注释

刚果（金）经济的事实和数据

本章中关于 GDP 和失业的数据来自世界银行发展指标数据库。世界银行（2018b）解释了刚果（金）在营商便利性方面的排名为 184（在 190 个国家或地区中）。生活在贫困线（每日 1.90 美元）以下的人口数据来自世界银行贫困与平等数据库。刚果（金）的数据较少，仅有 2004 年（94%）和 2012 年（77%）的数据，但这两年的数据却呈现了这个世界上最严重的贫困。关于疟疾的流行可参见世界卫生组织（2018）。关于金沙萨对疟疾的治疗，参见接纳承诺疗法观察组（2017）。

维恩·洛维特·卡梅伦的非洲之旅

维恩·洛维特·卡梅伦描述了他的非洲探险之旅，参见卡梅伦（1877）。卡萨达（1975）讨论了卡梅伦作为废除奴隶制活动者的重要作用及扮演的角色。

金沙萨的官方税率和实际税率

关于官方税制应如何运行的综述，参见普华永道（2018）。关于现实中税制如何运行的相关信息来自金萨沙的访谈，另请参见那库库和蒂特卡（2018a，2018b）。

亨利·莫顿·斯坦利——他的著作和生活

关于亨利·莫顿·斯坦利非洲之旅的游记可参见斯坦利（1878）。蒂姆·布彻回顾了 21 世纪初的远征，并在他的回忆录中讨论了斯坦利的生平和旅行，参见布彻（2008）。

对于一部现代传记来说，其中既包含对斯坦利残忍的讨论，也包括他反对奴隶制的讨论，参见杰尔（2007，2011）的评论文章，另可参见比尔曼（1990）。关于来自刚果视角的描述，参见姆布 – 姆普图和卡塞雷卡（2012）。

柏林会议和对非洲的争夺

"争夺非洲"的标志性事件是 1884 年的柏林会议，14 个国家参加会议并签署了会议所达成的条约。其中，法国和英国签署了最大的索赔额，其次是德国和葡萄牙，参见帕克南（1991）。

国王利奥波德二世，刚果自由邦的人道主义灾难

关于对利奥波德二世统治的现代描述，参见霍克希尔德（1999），最新的描述可参见雷布鲁克（2015）。爱德蒙·丹恩·莫雷尔（1906）所撰写的《红色橡胶》（*Red Rubber*）以及 1904 年的《凯斯门特报告》（*Casement Report*），引起了人们对刚果自由邦正在发生的事情的关注，其中讲述了令人感到痛心的虐待故事，尤其是在利奥波德二世的私人皇朝疆土时期，参见凯斯门特（1904），特别是"附件 1"中的访谈。

刚果直到 20 世纪 20 年代才进行了官方的人口普查，当时刚果的人口有 1 000 万。由于缺乏人口普查记录和埋葬记录，在刚果自由邦的死亡人数方面仍然存在分歧。凯斯门特的报告包括许多对已经倒塌或消失的村庄的描述。莫雷尔估计的死亡人数在 2 000 万，其他大部分人将这一数字认定为 1 000 万，参见霍克希尔德（1999）和万西纳（2010）。

刚果危机

关于对刚果危机时期的记录与观点的当代评论，参见内夫（1964）。关于美国和比利时在危机中所扮演的角色，参见卡普兰（1967）。

蒙博托主义——成功的早期

关于刚果（金）在蒙博托的带领下从危机到稳定的转变，以及 1967 年改革方案的成功，参见扬和特纳（1985）。

蒙博托币值暴跌

1993 年，蒙博托被迫重新命名了货币，新扎伊尔的价值相当于 300 万的旧扎伊尔。1998 年夏天发行的刚果法郎的价值相当于 10 万新扎伊尔或 3 000 亿原有货币。

蒙博托时代的农业和工业

关于蒙博托时代的农业计划及其灾难性的后果，包括作物产量和农场产出的数据，参见扬和特纳（1985）。关于大型基础设施计划背后的想法，参见扬和特纳（1985）。联合国（1989）对马鲁古造纸厂的不佳表现进行了研究。关于大型基础设施计划（尤其是因加大坝）的政策及持续讨论，参见戈特沙尔克（2016）。

金沙萨的两次掠夺

关于蒙博托的失败和这两次掠夺的当代叙述，参见伯克利（1993）和里奇伯格（1991）。哈斯金（2005）和雷布鲁克（2015）对掠夺事件进行了讨论。可以清楚地从国家的产出数据中看到，掠夺对经济所造成的影响导致了蒙博托时期的衰退。关于最后几年在金沙萨生活的描述，参见朗（2001）。

喂马：公务员和非正规税收

在金沙萨随处可见警察在征收非正规的税收，埃里克森·巴兹和奥尔森（2011）对此进行了讨论。关于蒙博托时代的腐败，参见雷诺（2006）。

山寨之城

关于"第15条"非正规经济的规模的介绍很少，但普策尔等（2008）

讨论了它的重要性，国际货币基金组织（2015）对此给出了一些估算。德博克（2013）讨论了基诺斯人对在金沙萨内建立非正规村庄的反应。关于在扎伊尔的非法活动及非正规活动对经济的重要性，参见麦加菲（1991）。关于非正规税收的地方性制度，参见那库库和蒂特卡（2018a，2018b）。关于非正规税收对刚果经济数据的影响，参见马里沃特和德赫德（2014）。

教育制度、私有化和激励费

布兰里尼（2012）讨论了国家教育支出的崩溃。关于国家的非正规私有化，参见特雷芬（2009）。关于公共教育的私有化，参见布兰特（2014），德赫德和蒂特卡（2016），以及布兰里尼（2012）。

道路办公室和公共基础设施（道路）

关于蒙博托时代道路办公室的困难，参见扬和特纳（1985）。关于刚果基础设施状况的最新分析，参见福斯特和贝尼特斯（2011）。

卡比拉和后蒙博托时代的国有资产流失

关于卡比拉家族的财富及其来源，参见刚果研究小组（2017）。全球见证（2017）对因矿业收入被盗取而损失的资金进行了估计。海牙战略研究中心（2013）分析了钶钽铁矿在刚果东部冲突中所起的作用。对卡比拉的批评以及他的方法与蒙博托的相似之处，参见巴维尔（2010）。

无法摆脱的困境——困在"第15条"里

恩格尔伯特（2003）讨论了弱势国家的复杂力量。关于腐败如此普遍以至于如果将其废除可能会损害经济的想法，参见《青年非洲》（*Jeune Afrique*）（2013）。关于"第15条"的方式以及"多来一点"的文化在现代薪资服务中所发挥的作用的信息，参见莫什奥那斯（2018）。

参考文献

ACTwatch Group (Mpanya, G., Tshefu, A., and Losimba Likwela, J.) (2017), 'The Malaria Testing and Treatment Market in Kinshasa, 2013', *Malaria Journal*, 16 (94).

Bavier, J. (2010), 'Congo's New Mobutu', *Foreign Policy*, 29 June.

Bayart, J.-F. (2009), *The State in Africa* (Cambridge: Polity Press).

Berkely, B. (1993), 'Zaire: An African Horror Story', *Atlantic*, August.

Berwouts, K. (2017), *Congo's Violent Peace: Conflict and Struggle Since the Great African War* (London: Zed Books).

Bierman, J. (1990), *Dark Safari: The Life Behind the Legend of Henry Morton Stanley* (New York: Knopf).

Brandt, C. (2014), *Teachers' Struggle for Income in the Congo (DRC): Between Education and Remuneration*, thesis, University of Amsterdam.

Brannelly, L. (2012), 'The Teacher Salary System in the Democratic Republic of the Congo (DRC)', Case Study: Centre for Universal Education, Brookings.

Butcher, T. (2008), *Blood River: A Journey to Africa's Broken Heart* (London: Vintage).

Cameron, V. L. (1877), *Across Africa* (New York: Harper & Brothers).

Casada, J. A. (1975), 'Verney Lovett Cameron: A Centenary Appreciation', *Geographical Journal*, 141 (2), 203–15.

Congo Research Group (2017), *All the President's Wealth: The Kabila Family Business*, Pulitzer Center on Crisis Reporting, July.

Dash, L. (1980), 'Mobutu Mortgages Nation's Future', *Washington Post*, 1 January.

de Boeck, F. (2013), *Kinshasa: Tales of the Invisible City* (Leuven: Leuven University Press).

de Herdt, T., and Titeca, K. (2016), 'Governance with Empty Pockets: The Education Sector in the Democratic Republic of Congo', *Development and Change*, 47 (3), 472–94.

Englebert, P. (2003), 'Why Congo Persists: Sovereignty, Globalization and the Violent Reproduction of a Weak State', Queen Elizabeth House Working Paper 95.

Eriksson Baaz, M., and Olsson, O. (2011), 'Feeding the Horse: Unofficial Economic Activities Within the Police Force in the Democratic Republic of the Congo', *African Security*, 4 (4), 223–41.

Foster, V., and Benitez, D. (2011), *The Democratic Republic of Congo's Infrastructure: A Continental Perspective*, Working Paper 5602 (Washington, DC: World Bank).

Global Witness (2017), *Regime Cash Machine*, Report.

Gottschalk, K. (2016), 'Hydro-politics and Hydro-power: The Century-long Saga of the Inga Project', *Canadian Journal of African Studies/Revue canadienne des études africaines*, 50 (2), 279–94.

Haskin, J. M. (2005), *The Tragic State of the Congo: From Decolonization to Dictatorship* (Algora).

HCSS (2013), *Coltan, Congo & Conflict*, Hague Centre for Strategic Studies.

Hochschild, A. (1999), *King Leopold's Ghost: A Story of Greed, Terror and Heroism in Colonial Africa* (New York: Mariner Books).

IMF (2015), *Democratic Republic of the Congo – Selected Issues,* IMF Country Report No. 15/281 (Washington, DC: IMF).

Jeal, T. (2007), *Stanley: The Impossible Life of Africa's Greatest Explorer* (London: Faber and Faber).

———— (2011), 'Remembering Henry Stanley', *Telegraph,* 16 March.

Jeune Afrique (2013), 'RD Congo: la saga des salaires', 5 November.

Kaplan, L. (1967), 'The United States, Belgium, and the Congo Crisis of 1960', *Review of Politics,* 29 (2), 239–56.

MacGaffey, J. (1991), *The Real Economy of Zaire: The Contribution of Smuggling and Other Unofficial Activities to National Wealth* (Philadelphia: University of Pennsylvania Press).

———— (2018*b*), 'How Kinshasa's Markets Are Captured by Powerful Private Interests', *The Conversation,* 11 March.

Marivoet, W., and de Herdt, T. (2014), 'Reliable, Challenging or Misleading? A Qualitative Account of the Most Recent National Surveys and Country Statistics in the DRC', *Canadian Journal of Development Studies/Revue canadienne d'études du développement,* 35 (1), 97–119.

Mbu-Mputu, N. X., and Kasereka, D. K. (eds.) (2012), *Bamonimambo (the Witnesses): Rediscovering Congo and British Isles Common History* (Newport: South People's Projects).

Morel, E. D. (1906), *Red Rubber: The Story of the Rubber Slave Trade Flourishing on the Congo in the Year of Grace, 1906* (New York: Nassau Print).

Moshonas, S. (2018), 'Power and Policy-making in the DR Congo: The Politics of Human Resource Management and Payroll Reform', Working Paper, Institute of Development Policy, University of Antwerp.

Neff, C. B. (1964), 'Conflict, Crisis and the Congo', *Journal of Conflict Resolution,* 8 (1), 86–92.

Nkuku, A. M., and Titeca, K. (2018*a*), 'Market Governance in Kinshasa: The Competition for Informal Revenue Through "Connections" (Branchement)', Working Paper, Institute of Development Policy, University of Antwerp.

———— (2018*b*), 'How Kinshasa's Markets Are Captured by Powerful Private Interests', *The Conversation,* 11 March.

Pakenham, T. (1991), *The Scramble for Africa* (London: Weidenfeld & Nicolson).

Peterson, M. (ed.) (2015), *The Prisoner's Dilemma* (Cambridge: Cambridge University Press).

Poundstone, W. (1992), *Prisoner's Dilemma* (New York: Doubleday).

Putzel, J., Lindemann, S., and Schouten, C. (2008), 'Drivers of Change in the Democratic Republic of Congo: The Rise and Decline of the State and Challenges for Reconstruction', Working Paper No. 26, Crisis States Research Centre, London School of Economics, January.

PwC (2018), 'Congo, Democratic Republic: Corporate – Taxes on corporate income', PwC.

Reno, W. (2006), 'Congo: From State Collapse to "Absolutism", to State Failure', *Third World Quarterly*, 27 (1), 43–56.

Richburg, K. B. (1991), 'Mobutu: A Rich Man in Poor Standing', *Washington Post*, 3 October.

Stanley, H. M. (1878), *Through the Dark Continent* (London: Sampson Low, Marston, Searle & Rivington).

Stearns, J. K. (2012), *Dancing in the Glory of Monsters* (New York: PublicAffairs).

Trefon, T. (2009), 'Public Service Provision in a Failed State: Looking Beyond Predation in the Democratic Republic of Congo', *Review of African Political Economy*, 36 (119), 9–21.

United Nations (1989), 'Report on the Rehabilitation of the Mauluku Steel Mill (Sosider), Zaire', United Nations Industrial Development Organization, PPD.112 (SPEC.), 21 March.

van Reybrouck, D. (2015), *Congo: The Epic History of a People* (London: Harper Collins).

Vansina, J. (2010), *Being Colonized: The Kuba Experience in Rural Congo, 1880–1960* (Madison: University of Wisconsin Press).

Verhaegen, B., and Vale, M. (1993), 'The Temptation of Predatory Capitalism: Zaire Under Mobutuism', *International Journal of Political Economy*, 23 (1), 109–25.

WHO (2018), *World Malaria Report 2018*, 19 November.

World Bank (2018*a*), *Atlas of Sustainable Development Goals 2018: World Development Indicators* (Washington, DC: World Bank).

World Bank (2018*b*), *Doing Business 2019* (Washington, DC: World Bank).

Wrong, M. (2001), *In the Footsteps of Mr Kurtz: Living on the Brink of Disaster in the Congo* (London: Fourth Estate).

Young, C., and Turner, T. (1985), *The Rise and Decline of the Zairian State* (Madison: University of Wisconsin Press).

6　格拉斯哥：工业革命发源地的没落

注释

格拉斯哥，从高到低：沃波尔到沃尔什

丹尼斯·笛福（1707）对格拉斯哥的自然美景发表过著名的评论。沃波

尔（1878）阐述了这座城市的工业成就。沃尔什等（2010）讨论了"格拉斯哥效应"。

格拉斯哥艺术界，亚历山大·里德和印象派画家

关于格拉斯哥的艺术界优于伦敦的说法来自赫尔曼·穆特休斯，他是一位德国的建筑师，在 20 世纪初的时候就担任德国驻伦敦大使馆的文化和技术专员，并出版了《英国住宅》(*The English House*)，参见穆特休斯（1904）。福尔（2011）描述了亚历山大·里德的影响。威廉·布雷尔爵士一直从里德那里购买画作，他认为是亚历山大·里德激发了苏格兰对艺术的热爱（许多作品仍然保留在巴勒珍藏馆中），相关信息参见格拉斯哥博物馆（1997）。

格拉斯哥的多个"第一"：瓦特、开尔文、地铁

约翰斯顿（2006）讨论了格拉斯哥的物理学和应用科学的历史，并指出科学发现支持了商业活动（这包括瓦特、开尔文、兰金和洛吉·贝尔德）。关于格拉斯哥大学的历史和作用，参见库茨（1909）和莫斯等（2000）。格拉斯哥的地铁于 1896 年开通，是仅次于伦敦和布达佩斯地铁的第三个地铁系统，但它是第一个实现电气化运营的地铁，这便意味着无烟旅行，参见赖特和麦克莱恩（1997）。

"弗吉尼亚·唐斯"家族的兴起和衰落

尼科尔（1966）描述了"烟草大亨"的兴起和衰落以及他们对格拉斯哥中心建筑的影响。迪瓦恩（1990）阐述了格拉斯哥商人所从事的烟草贸易。

格拉斯哥造船业的巅峰

对河流及其支持产业的投资产生了当地著名的一句谚语："克莱德河造就了格拉斯哥，格拉斯哥创造了克莱德河。"布雷姆纳（1869）详细描述了格拉斯哥造船业的崛起。关于格拉斯哥造船业的近代历史，参见沃克（2001）。史密斯（2018）用一章的篇幅讨论了格拉斯哥船只优良声誉的相关内容。

城市经济学与集聚效应

马歇尔对集聚经济的探讨来自他的《经济学原理》（1890）一书。关于近期使用马歇尔计划的例子，参见波特和沃茨（2012）以及布林克曼等（2015）。

船舶制造业的迅速衰退

英国船舶制造业衰落的历史是从克莱德河开始的，这里也是关注的焦点所在。约翰曼和墨菲（2002）详细阐述了这一行业的快速衰落，政府在管理、给予补贴以及最终使船舶制造业失败中所扮演的角色。关于斯蒂芬造船厂最后一位经理的个人描述，参见斯蒂芬（2015）。关于英国造船厂的技术的工艺传统导致了难以实现规模经济的论文，参见洛伦茨（1991）；另可参见伯顿（2013）。

英国将目光投向日本

康纳斯（2009）阐述了英国政府在造船业衰落的过程中所发挥的积极作用。关于对日本造船厂的研究以及它们的生产率数据，参见贸易（1965）的出版物。关于缺少投资的信息摘自约翰曼和墨菲（2002）。

格迪斯委员会，上克莱德造船厂——产生与消亡

约翰曼和墨菲（2002）及康纳斯（2009）讨论了格迪斯委员会的形成和作用，贸易委员会（1966）出版了该报告。关于上克莱德造船厂"实验"的产生与失败的简史就像百老汇一样精彩纷呈（1976）。在上克莱德造船厂计划时期的有关造船厂的电影镜头，可以在肖恩·康纳利导演和讲述的纪录片《高帽和扁帽》（*The Bowler and the Bunnet*）中找到，这部纪录片可以在英国电影学院获得，参见康纳利（1967）。

慢性因素

慢性因素（饮食、吸烟和运动）的数据来自格拉斯哥人口健康中心及其研究人员的出版物，参见格拉斯哥人口健康中心（2008），怀特和阿杰图莫

比（2012），以及多兹（2014）。关于贫困和健康状况的地图和数据可从格拉斯哥人口健康中心网站获得，另可参见卡斯泰尔斯和莫里斯（1991）。

暴力与毒品

因毒品死亡的人数的数据摘自年度出版物《苏格兰毒品死亡》（*Drug Deaths in Scotland*），参见苏格兰国家档案（2018）。自杀率的数据来自苏格兰的英国国家医疗服务体系。

迪尔凯姆与自杀论

关于迪尔凯姆的法国原版著作参见迪尔凯姆（1897），最早的英译本是1952年的版本，关于近期再版的信息参见迪尔凯姆（2002）。关于迪尔凯姆的生活和工作传记，参见卢克斯（1992）。关于他所从事工作的现代意义（包括"社会事实"概念的重要性）的讨论，参见伯克曼等（2000）。

帕特南、意大利和社会资本

帕特南（1993）描述了他在意大利对社会资本和民主的走访调查，也可参见帕戈登（1988）。科尔曼（1990）对社会资本这一概念进行了数学形式的处理。

左翼和右翼对社会资本的批判

包括阿罗（1999）和索洛（2000）在内的经济学家对社会资本提出了批判。费拉吉那和阿里戈尼（2017）对社会资本支持新自由主义经济政策的例子进行了讨论。

格拉斯哥的公寓过于拥挤，条件简陋

著名的流行病学研究对拥挤的条件、贫穷与疾病之间的关系进行了阐述，参见普尔特尼（1844）和佩里（1844）。

城市提升信任，玛丽·巴伯和租金罢工运动

威西（2003）记述了城市提升信任的历史，并对格拉斯哥的首套社会住房进行了描述。关于包括玛丽·巴伯和租金罢工运动在内的格拉斯哥妇女的信息，参见金（1993）；另可参见伍德利和贝拉米（1984）的纪录片《克莱德河边的红裙子》（*Red Skirts on Clydeside*）。

布鲁斯，阿伯克龙比，斯彭斯，格拉斯哥计划的梦想与失败

关于格拉斯哥重塑的两个计划，参见布鲁斯（1945）及阿伯克龙比和马修（1949）。布鲁斯计划（包括拆除格拉斯哥的历史中心）很大程度上被认为有些过于激进，但是其中的想法对格拉斯哥的计划产生了数十年影响。阿伯克龙比计划（即"克莱德山谷区域计划"）产生了巨大的影响力，参见史密斯和万诺普（1985）。切克兰德（1976）也对这一计划进行了讨论。

"四大"——野心与失败

关于展示了"四大"小区状况的惊人的掠夺地图可从《格拉斯哥住房调查》（*Inquiry into Housing in Glasgow*）（1986）中获取。戴默（1989）提供了更为深入的细节、访谈以及战争期间对摩尔公园的住房计划的批判，摩尔公园后来成了格拉斯哥最臭名昭著的地区之一，被人们称之为"酒巷"。克雷格（2003）描述了在德鲁姆扎佩尔的生活，此外，环境研究中心（1985）对伊斯特豪斯存在的问题进行了检查。正如加纳姆（2018）所描述的，周边地区的问题仍在继续。

公寓的历史

关于公寓的历史、法律依据、建筑、家具和社会影响，以及地图、计划和图片，参见沃斯道尔（1977）。法利（1990）按主题搜集了那些同住在公寓里的人们的录音。拉尔夫·格拉瑟的三本书涵盖了在戈尔巴尔斯的生活。关于典当物品时应保持尊重的重要性，参见格拉瑟（1986）。

关于周边庄园生活中的歌曲和诗歌

《吉利曲》由亚当·麦克诺顿创作，也称之为"摩天大楼断奶"（The Skyscraper Wean），讲述的是那些被送往卡斯特米尔克高层建筑中生活的儿童所面临的困境。

在格拉斯哥死于毒品以及艾滋病的人数上升

苏格兰死于毒品的人数在持续增加。在 2017 年，这一数字创下了自有记录以来的最高水平。格拉斯哥因毒品所导致的死亡所占的比例不大，格拉斯哥在过去的两年里开始流行注射可卡因，这似乎导致了更多的死亡，参见苏格兰国家纪录（2018）。与此相关的艾滋病的流行，参见拉格内特－克罗宁等（2018）。

参考文献

AAPSS (1897), 'Notes on Municipal Government', *Annals of the American Academy of Political and Social Science*, 9, 149–58.

Abercrombie, P., and Matthew, R. H. (1949), *Clyde Valley Regional Plan 1946* (Edinburgh: His Majesty's Stationery Office).

Arrow, K. (1999), 'Observations on Social Capital', in Dasgupta, P., and Serageldin, I. (eds.), *Social Capital: A Multifaceted Perspective* (Washington, DC: World Bank).

Atkinson, R. (1999), *The Development and Decline of British Shipbuilding*.

Barras, G. W. (1894), 'The Glasgow Building Regulations Act (1892)', *Proceedings of the Philosophical Society of Glasgow*, xxv, 155–69.

Berkman, L. F., Glass, T., Brisette, I., and Seeman, T. E. (2000), 'From Social Integration to Health: Durkheim in the New Millennium', *Social Science and Medicine*, 51, 843–57.

Board of Trade (1965), *Japanese Shipyards: A Report on the Visit of the Minister of State (Shipping) in January 1965*.

——— (1966), *Shipbuilding Inquiry Committee 1965–1966 – Report* (London: HMSO), Cmnd. 2937.

Bourdieu, P. (1986), 'The Forms of Capital', in Richardson, J. G. (ed.), *Handbook of Theory and Research for the Sociology of Education* (New York: Greenwood Press).

Bremner, D. (1869), *The Industries of Scotland: Their Rise, Progress and Present Position* (Edinburgh: Adam and Charles Black).

Brinkman, J., Coen-Pirani, D., and Sieg, H. (2015), 'Firm Dynamics in an Urban Economy', *International Economic Review*, 56 (4), 1135–64.

Broadway, F. (1976), *Upper Clyde Shipbuilders – A Study of Government Intervention in Industry* (London: Centre for Policy Studies).

Bruce, R. (1945), *The First Planning Report to Highways and the Planning Committee of the Corporation of the City of Glasgow*, 2 volumes (Glasgow).

Burton, A. (2013), *The Rise and Fall of British Shipbuilding* (Stroud: The History Press).

Carstairs, V., and Morris, R. (1991), *Deprivation and Health in Scotland* (Aberdeen: Aberdeen University Press).

CES (1985), *Outer Estates in Britain: Easterhouse Case Study*, Paper 24 (London: Centre for Environmental Studies).

Chadwick, E. (1842, reprinted 1965), *Report on the Sanitary Condition of the Labouring Population of Great Britain* (Edinburgh: University of Edinburgh Press).

Checkland, S. (1976), *The Upas Tree – Glasgow 1875–1975* (Glasgow: University of Glasgow Press).

Coleman, J. (1990), *Foundations of Social Theory* (Cambridge, Mass.: Harvard University Press).

Connery, S. [director] (1967), *The Bowler and the Bunnet*, available on BFI (2018), *Tales from the Shipyard: Britain's Shipbuilding Heritage on Film*, DVD (London: BFI).

Connors, D. P. (2009), *The Role of Government in the Decline of the British Shipbuilding Industry, 1945–1980*, PhD thesis, University of Glasgow.

Coutts, J. (1909), *A History of the University of Glasgow from its Foundation in 1451 to 1909* (Glasgow: University of Glasgow Press).

Couzin, J. (2003), *Radical Glasgow: A Skeletal Sketch of Glasgow's Radical Tradition* (Voline Press).

Craig, A. (2003), *The Story of Drumchapel* (Glasgow: Allan Craig).

Damer, S. (1989), *From Moorepark to 'Wine Alley': The Rise and Fall of a Glasgow Housing Scheme* (Edinburgh: Edinburgh University Press).

Defoe, D. (1707), *A Tour Through the Whole Island of Great Britain*, Book XII.

Devine, T. (1990), *The Tobacco Lords: A Study of the Tobacco Merchants of Glasgow and Their Trading Activities, c.1740–90* (Edinburgh: Edinburgh University Press).

Dodds, S. (2014), *Ten Years of the GCPH: The Evidence and Implications*, Glasgow Centre for Population Health, October.

Durkheim, Emile (1897), *Le suicide: étude de sociologie*.

Durkheim, Emile (2002), *Suicide* [English translation] (London: Routledge Classics).

Faley, J. (1990), *Up Oor Close – Memories of Domestic Life in Glasgow Tenements 1910–1945* (Oxford: White Cockade).

Ferragina, E., and Arrigoni, A. (2017), 'The Rise and Fall of Social Capital: Requiem for a Theory?', *Political Studies Review*, 15 (3), 355–67.

Fowle, F. (2011), *Van Gogh's Twin: The Scottish Art Dealer Alexander Reid* (Edinburgh: National Galleries of Scotland).

Garnham, L. (2018), *Exploring Neighbourhood Change: Life, History, Policy and Health Inequality Across Glasgow*, Glasgow Centre for Population Health, December.

Garvin, E., et al. (2012), 'More Than Just an Eyesore: Local Insights and Solutions on Vacant Land and Urban Health', *Journal of Urban Health: Bulletin of the New York Academy of Medicine*, 90 (3), 412–26.

GCPH (2008), *A Community Health and Wellbeing Profile for East Glasgow*, Glasgow Centre for Population Health, February.

Glasgow Museums (1997), *The Burrell Collection* (London: HarperCollins).

Glasser, R. (1986), *Growing Up in the Gorbals* (London: Chatto & Windus).

Hill S., and Gribben, C. (2017), *Suicide Statistics: Technical Paper*, Scottish Public Health Observatory, NHS Information Services (ISD), NHS Scotland.

Inquiry into Housing in Glasgow (1986), Glasgow District Council.

Johnman, L., and Murphy, H. (2002), *British Shipbuilding and the State since 1918: A Political Economy of Decline* (Exeter: University of Exeter Press).

Johnston, S. (2006), 'The Physical Tourist Physics in Glasgow: A Heritage Tour', *Physics in Perspective*, 8, 451–65.

King, E. (1993), *The Hidden History of Glasgow's Women: The THENEW Factor*, (Edinburgh: Mainstream).

Lorenz, E. H. (1991), *Economic Decline in Britain: The Shipbuilding Industry 1890–1970* (Oxford: Oxford University Press).

Lukes, S. (1992), *Emile Durkheim: His Life and Work* (London: Penguin Books).

McArthur, A., and Kingsley Long, H. (1956), *No Mean City* (Neville Spearman).

MacFarlane, C. (2007), *The Real Gorbals Story* (Edinburgh: Mainstream).

Marshall, A. (1890), *Principles of Economics* (London: Macmillan and Company).

Morgan, A. (2010), 'Social Capital as a Health Asset for Young People's Health and Wellbeing', *Journal of Child and Adolescent Psychology*, S2, 19–42.

Moss, M., Forbes Munro, J., and Trainor, R. H. (2000), *University, City and State: The University of Glasgow since 1870* (Edinburgh: Edinburgh University Press).

Muthesius, H. (1904), *Das englische Haus* (Berlin: Ernst Wasmuth).

National Records of Scotland (2018), *Drug Deaths in Scotland 2017*, 3 July.

Nichol, N. (1966), *Glasgow and the Tobacco Lords* (London: Longmans).

Pagden, A. (1988), 'The Destruction of Trust and Its Economic Consequences in the Case of Eighteenth-century Naples', in Gambetta, D. (ed.), *Trust: Making and Breaking Cooperative Relations* (Oxford: Blackwell).

Perry, R., (1844), *Facts and Observations on the Sanitary State of Glasgow, Shewing the Connections Existing Between Poverty, Disease, and Crime* (Glasgow: Gartnaval Press).

Peters, C. M. (1990), *Glasgow's Tobacco Lords: An Examination of Wealth Creators in the Eighteenth Century*, PhD thesis, University of Glasgow.

Potter, A. and Watts, H. D. (2012), 'Revisiting Marshall's Agglomeration Economies: Technological Relatedness and the Evolution of the Sheffield Metals Cluster', *Regional Studies*, May.

Pulteney, W. A. (1844), *Observations on the Epidemic Fever of MDCCCXLIII in Scotland and Its Connection with the Destitute Condition of the Poor* (Edinburgh: William Blackwood & Sons).

Putnam, R. (1993), *Making Democracy Work: Civic Traditions in Modern Italy* (Princeton: Princeton University Press).

———, with Leonardi, R., and Nanetti, R. (1993), *Making Democracy Work: Civic Traditions in Modern Italy* (Princeton: Princeton University Press).

Ragonnet-Cronin, M., with Jackson, C., Bradley-Stewart, A., Aitken, C., McAuley, A., Palmateer, N., Gunson, R., Goldberg, D., Milosevic, C., and Leigh Brown, A. J. (2018), 'Recent and Rapid Transmission of HIV Among People Who Inject Drugs in Scotland Revealed Through Phylogenetic Analysis', *Journal of Infectious Diseases*, 217 (12), 1875–82.

Scottish Violence Reduction Unit (2018), 'SVRU Welcomes Formation of VRU in London', 18 September.

Smith, C. (2018), *Coal, Steam and Ships: Engineering, Enterprise and Empire on the Nineteenth-century Seas* (Cambridge: Cambridge University Press).

Smith, R., and Wannop, U. (eds.) (1985), *Strategic Planning in Action: The Impact of the Clyde Valley Regional Plan 1946–1982*.

Solow, R. M. (2000), 'Notes on Social Capital and Economic Performance', in Dasgupta, P., and Serageldin, I. (eds.), *Social Capital: A Multifaceted Perspective* (Washington, DC: World Bank).

Stephen, A. M. M. (2015), *Stephen of Linthouse: A Shipbuilding Memoir 1950–1983* (Glasgow: IESIS).

Valtorta, N. K., Kanaan, M., Gilbody, S., et al. (2016), 'Loneliness and Social Isolation as Risk Factors for Coronary Heart Disease and Stroke: Systematic Review and Meta-analysis of Longitudinal Observational Studies', *Heart*, 102, 1009–16.

Wainwright, O. (2018), 'Charles Rennie Mackintosh: "He Was Doing Art Deco Before It Existed"', *Guardian*, 7 June.

Walker, F. (2001), *The Song of the Clyde: A History of Clyde Shipbuilding* (Edinburgh: John Donald).

Walpole, S. (1878), *A History of England from the Conclusion of the Great War in 1815*.

Walsh, D. (2016), *History, Politics and Vulnerability: Explaining Excess Mortality in Scotland and Glasgow*, Glasgow Centre for Population Health, May.

———, Bendel, N., Jones, R., and Hanlon, P. (2010), 'It's Not "Just Deprivation": Why Do Equally Deprived UK Cities Experience Different Health Outcomes?' *Public Health*, 124 (9), 487–5.

———, Taulbut, M., and Hanlon, P. (2008), *The Aftershock of Deindustrialisation Trends in Mortality in Scotland and Other Parts of Post-industrial Europe*, Glasgow Centre for Population Health and NHS Health Scotland, April.

Whyte, B., and Ajetunmobi, T. (2012), *Still the 'Sick Man of Europe'?*, Glasgow

Centre for Population Health, November.

Withey, D. (2003), *The Glasgow City Improvement Trust: An Analysis of Its Genesis, Impact and Legacy, and an Inventory of Its Buildings, 1866–1910*, PhD thesis, University of St Andrews.

Worsdall, F. (1977), *The Tenement – A Way of Life* (Edinburgh: Chambers).

Woodley, J., and Bellamy, C. [directors] (1984), *Red Skirts on Clydeside*, Sheffield Film Co-op.

Wright, J., and MacLean, I. (1997), *Circles Under the Clyde – A History of the Glasgow Underground* (Capital Transport Publishing).

7　秋田：银发之都

注释

日野原重明

日野原重明是一名医生，后来成为日本的一名长寿大师。他于 2017 年逝世，享年 105 岁。日野原重明写了数百本书，其中包括日本最畅销的《活好》，参见日野原（2006）。关于日野原重明的一生，参见罗伯茨（2017）；关于"日野原主张"的影响，可参阅班多等（2017）。

日本人口统计

日本人口统计数据来自国家人口与社会保障研究所（IPSS），参见国家人口与社会保障研究所（2017a）。按城市和区域人口老龄化预测的年龄，参见国家人口与社会保障研究所（2013）。按性别划分的百岁老人的数量的相关数据来自日本老年人健康和福利局（2017）。

预期寿命

日本寿命表（Life Tables）中列出了日本人的预期寿命，参见日本卫生劳动及福利部（2015）。其他国家对预期寿命的长期预测来自《世界人口展望》，参见联合国（2017）。

莫迪利安尼和布伦伯格：生命周期模型

关于生命周期模型的起源，参见布雷特和赫希（2009）书中莫迪利安尼的文章。关于模型的含义及其重要性，参见迪顿（2005）。

养老金

社会保障支出占政府总支出比重的历史数据可参见财政部（2016）。关于老龄化造成的医疗体系负担，参见赖克和涩谷（2015）。

日本的家族传统，尊重长者

关于家族传统中亲孝行的概念，参见吉美（2011）。关于儒家观念对经济产出的影响（例如法人组织），参见中根（1970）和熊谷（1992）。

代际不平等

关于代际公平的最新综述，参见元重（2013）。关于养老金改革给日本团结理念所带来的风险的早期文章来自高桥（2004）。关于政府促进代际融合的计划，参见拉金和卡普兰（2010）。

两个武士

织田信长，出生于1534年，他在日本统一的过程中发挥了重要作用。他不仅是一位灵巧的统治者，而且是一位经济战略家。织田信长打败了许多竞争对手，但他在1582年被暗杀了，享年47岁。德川家康，出生于1543年，是另一位日本统一主义者。他参加了大量的战争，因结盟并避免了冲突而闻名于世。他于1616年因自然原因去世，享年73岁。德川家族在此之后统治了日本250年。关于日本的统一，参见查普林（2018）。

自杀率

世界卫生组织（2014）将日本的自杀问题和令人担忧的自杀率上升作为案例进行了研究。关于秋田的自杀率以及经济问题普遍成为引发自杀的原因之一，参见伏见等（2005）。关于日本农村老年人的自杀问题，参见特拉法根（2004）。

孤独死

日本卫生劳动及福利部记录了有关死亡原因的数据。"孤独死"的人数并不是一个容易获得的统计数据，但是相关讨论可参见日本卫生劳动及福利部（2011），此外沃特森和田村（2014）也提供了一些数据。关于社会资本、连带性和孤独感，参见霍梅里希（2014）。

正在消失的日本：藤里与津和野

藤里的数据来自镇长提供给我的复印件，可以在网站上获取这些数据，网址为 www.extremeeconomies.com。关于"购物难民"概念的兴起，参见小田（2011）。

津和野的数据来自镇上代表们提供给我的复印件。想要获取相关图片和更多数据，可以参见巴雷特（2018）。

民主危机——无争议的选举

关于对人口快速老龄化地区（比如秋田）许多村庄即将消失的预测报告，参见广谷（2014）。关于日本农村地区的政府危机，参见吉田（2015）和土野（2018）。

"鬼屋"

关于"鬼屋"数量的增多及其对更广泛的住房市场的影响，参见野泽（2017）。关于废弃城镇、工厂和岛屿的照片，参见米奥（2015）。

蜷川幸雄和金色剧院

关于蜷川幸雄及其对日本剧院的影响，参见比林顿（2016）。

老年消费者的力量

老年群体规模的数据来自人口与社会保障研究所（2017a）。关于老年消费者对市场营销和产品设计的影响，参见科尔巴赫和赫斯塔特（2011）。日本老年人退休后的非传统嗜好的其他例子，参见高桥等（2011）。对于老年消费者在促进新型产品开发中的作用，参见熊野（2015）。关于对老年劳动力会导致生产率下降（以及通货膨胀）的担忧，参见刘和韦斯特路斯（2016）。

"3K"工作

关于日本"3K"工作缺乏吸引力和劳动力短缺的问题，参见森川（2018）。关于这一问题对护理系统的影响以及机器人所扮演的替代角色，参见石黑（2018）。日本由于工人短缺而引发的对机器人的广泛需求，参见施奈德等（2018）。

帕罗机器人：发明、成本和影响

对于帕罗应用于临床环境的文献研究越来越多，帕罗对于缓解焦虑、压力和疼痛方面的潜在益处，参见彼得森等（2017）。帕罗在治疗抑郁症和增强社会互动方面的效果，参见乔兰森等（2016）。还有一些研究对机器人所带来的疗效和成本效益进行了批判，参见莫伊尔等（2017）和默文等（2018）。

奔向 2050

其他国家对人口老龄化预测的数据来自联合国世界人口展望数据库，另可参见联合国（2017）。皮尤研究中心（2014）对 2050 年的情况进行了预测。关于朝鲜逐渐逼近的这一挑战以及该国可能从日本汲取的教训，参见佐利（2017）。对"各国存在未富先老的风险"的担忧，参见国际货币基金组织（2017）。关于美国在这一问题上的有用的讨论，参见普尔和惠洛克（2005）。关于日本目前的"长寿风险"类型对财务的影响，参见国际货币基金组织（2012）。

参考文献

Allison, A. (2013), *Precarious Japan* (Durham, NC: Duke University Press).

Bando, H., Yoshioka, A., Iwashimizu, Y., Iwashita, M., and Doba, N. (2017), 'Development of Primary Care, Lifestyle Disease and New Elderly Association (NEA) in Japan – Common Philosophy with Hinohara-ism', *Primary Health Care*, 7 (3).

Barrett, B. (2018), 'When a Country's Towns and Villages Face Extinction', *The Conversation*, 14 January.

Billington, M. (2016), 'Yukio Ninagawa', obituary, *Guardian*, 16 May.

Breit, W., and Hirsch, B. T. (2009), *Lives of the Laureates: Twenty-three Nobel Economists* (Cambridge: MIT Press).

Chaplin, D. (2018), *Sengoku Jidai. Nobunaga, Hideyoshi, and Ieyasu: Three Unifiers of Japan* (CreateSpace Independent Publishing).

Coulmas, F. (2008), *Population Decline and Ageing in Japan – The Social Consequences* (Abingdon: Routledge Contemporary Japan).

Deaton, A. (2005), 'Franco Modigliani and the Life Cycle Theory of Consumption', Lecture, March.

Fushimi M., Sugawara, J., and Shimizu, T. (2005), 'Suicide Patterns and Characteristics in Akita, Japan', *Psychiatry and Clinical Neurosciences*, 59 (3), 296–302.

Gratton, L., and Scott, A. (2016), *The 100-Year Life: Living and Working in an Age of Longevity* (London: Bloomsbury Information).

Health and Welfare Bureau for the Elderly (2017), 'Hyakusai Korei-sha ni taisuru Shukujo oyobi Kinen-hin no zotei ni tsuite' (About the Celebration and Souvenir for Centenarians).

Hijino, K. L. V. (2018), 'Japan's Shrinking Democracy: Proposals for Reviving Local Assemblies', *Nippon*, 16 May.

Hinohara, S., (2006), *Living Long, Living Good*.

Hiroya, M. (2014), 'The Decline of Regional Cities: A Horrendous Simulation – Regional Cities Will Disappear by 2040, A Polarized Society will Emerge', *Discuss Japan*, Japan Foreign Policy Forum, No. 18, Politics, 20 January.

Hommerich, C. (2014), 'Feeling Disconnected: Exploring the Relationship Between Different Forms of Social Capital and Civic Engagement in Japan', *Voluntas: International Journal of Voluntary and Nonprofit Organizations*, 26.

IMF (2012), 'The Financial Impact of Longevity Risk', *Global Financial Stability Report*, April (Washington, DC: IMF).

——— (2017), *Asia and Pacific: Preparing for Choppy Seas*, Regional Economic Outlook, April (Washington, DC: IMF).

IPSS (2013), *Regional Population Projection for Japan: 2010–2040* (Tokyo: National Institute of Population and Social Security Research).

——— (2017a), *Selected Demographic Indicators for Japan* (Tokyo: National Institute of Population and Social Security Research).

——— (2017b), *Population Projection for Japan: 2016–2065* (Tokyo: National Institute of Population and Social Security Research).

Ishiguro, N. (2018), 'Care Robots in Japanese Elderly Care: Cultural Values in Focus', in Christensen, K., and Pilling, D., *The Routledge Handbook of Social Care Work Around the World* (London: Routledge).

Japan Times (2017), 'After One-year Hiatus, Akita Again Has Highest Suicide Rate in Japan', 23 May.

Jøranson, N., Pedersen, I., Rokstad, A. M., and Amodt, G. (2016), 'Group Activity with Paro in Nursing Homes: Systematic Investigation of Behaviors in Participants', *International Psychogeriatrics*, 28, 1345–54.

Keynes, J. M. (1937, reprinted 1978), 'Some Economic Consequences of a Declining Population', *Population and Development Review*, 4 (3), 517–23.

Kohlbacher, F., and Herstatt, C. (eds.) (2011), *The Silver Market Phenomenon – Marketing and Innovation in the Aging Society* (Berlin: Springer).

Kumagai, F. (1992), 'Research on the Family in Japan', in *The Changing Family in Asia* (Bangkok: UNESCO).

Kumano, H. (2015), 'Aging Consumers Reshaping Japanese Market: Consumption Patterns of Japan's Elderly', *Nippon*, 25 November.

Larkin, E., and Kaplan, M. S. (2010), 'Intergenerational Relationships at the Center: Finding Shared Meaning from Programs in the US and Japan', *YC Young Children*, 65 (3), 88–94.

Liu, Y., and Westelius, N. (2016), 'The Impact of Demographics on Productivity and Inflation in Japan', IMF Working Paper, WP/16/237, December.

Meow, J. (2015), *Abandoned Japan* (Paris: Jonglez).

Ministry of Finance (2016), *Public Finance Statistics Book: FY2017 Draft Budget* (Tokyo: Ministry of Finance).

Ministry of Health, Labour and Welfare (2011), *Creating a Welfare Society Where Elderly and Other People Can Be Active and Comfortable* (Tokyo: Ministry of Health, Labour and Welfare).

——— (2015), *The 22nd Life Tables* (Tokyo: Ministry of Health, Labour and Welfare).

Mervin, M., et al. (2018), 'The Cost-effectiveness of Using PARO, a Therapeutic Robotic Seal, to Reduce Agitation and Medication Use in Dementia: Findings from a Cluster-randomized Controlled Trial', *Journal of the American Medical Directors Association*, 19 (7), 619–22.

Morikawa, M. (2018), 'Labor Shortage Beginning to Erode the Quality of Services: Hidden Inflation' (Toyko: Research Institute of Economy, Trade and Industry).

Motoshige, I. (ed.) (2013), *Public Pensions and Intergenerational Equity*, NIRA Policy Review No. 59 (Tokyo: National Institute for Research Advancement (NIRA)).

Moyle, W., et al. (2017), 'Use of a Robotic Seal as a Therapeutic Tool to Improve Dementia Symptoms: A Cluster-randomized Controlled Trial', *Journal of the American Medical Directors Association*, 18 (9), 766–73.

Nakane, C. (1970), *Japanese Society* (Berkeley: University of California Press).

Nozawa, C. (2017), 'Vacant Houses Are Undermining Tokyo', *Discuss Japan*, Japan Foreign Policy Forum, No. 41, Society, 11 September.

Odagiri, T. (2011), 'Rural Regeneration in Japan', Centre for Rural Economy Research Report, Research Report 56 (Newcastle: CRE).

Petersen, S., Houston, S., Qin, H., et al. (2017), 'The Utilization of Robotic Pets in Dementia Care', *Journal of Alzheimer's Disease*, 55, 569–74.

Pew Research (2014), *Attitudes About Aging: A Global Perspective*, Pew Research Center, 30 January.

Poole, W. and Wheelock, D. C. (2005), 'The Real Population Problem: Too Few Working, Too Many Retired', *Regional Economist*, Federal Reserve Bank of St Louis, April.

Reich, M., and Shibuya, K. (2015), 'The Future of Japan's Health System – Sustaining Good Health with Equity at Low Cost', *New England Journal of Medicine*, 373, 1793–97.

Roberts, S. (2017), 'Dr Shigeaki Hinohara, Longevity Expert, Dies at (or Lives to) 105', *New York Times*, 25 July.

Satsuki, K. (2010), *Nature's Embrace: Japan's Aging Urbanites and New Death Rites* (Honolulu: University of Hawaii Press).

Schneider, T., Hong, G. H, and Le, A. V. (2018), 'Land of the Rising Robots', *Finance and Development*, 55 (2), IMF.

Statistical Handbook of Japan 2018 (2018), (Tokyo: Statistics Bureau, Ministry of Internal Affairs and Communications).

Takahashi, K., Tokoro, M., and Hatano, G. (2011), 'Successful Aging through Participation in Social Activities Among Senior Citizens: Becoming Photographers', in Matsumoto, Y. (ed.), *Faces of Aging: The Lived Experiences of the Elderly in Japan* (Stanford: Stanford University Press).

Takahashi, M. (2004), 'The Social Solidarity Manifested in Japan's Pension Reforms', *Shimane Journal of Policy Studies*, 8, 125–42.

Traphagan, J. W. (2004), 'Interpretations of Elder Suicide, Stress, and Dependency Among Rural Japanese', *Ethnology*, 43 (4), 315–29.

Ueno, C. (2009), *The Modern Family in Japan: Its Rise and Fall* (Melbourne: Trans Pacific Press).

United Nations (2017), *World Population Prospects: The 2017 Revision, Key Findings and Advance Tables*, ESA/P/WP/248 (New York: United Nations).

Wakabayashi, M., and Horioka, C. Y. (2006), 'Is the Eldest Son Different? The Residential Choice of Siblings in Japan', October, NBER Working Paper No. w12655.

Waterson, H., and Tamura, K. (2014), 'Social Isolation and Local Government: The Japanese Experience' (London: Japan Local Government Centre).

WHO (2014), *Preventing Suicide: A Global Imperative* (Geneva: World Health Organization).

Yoshida, R. (2015), 'Vanishing Communities Find Themselves Facing Shortage of Leaders', *Japan Times*, 24 April.

Yoshimitsu, K. (2011), *Japanese Moral Education Past and Present* (Cranbury, NJ: Associated University Presses).

Zoli, E. (2017), *Korea's Challenges Ahead – Lessons from Japan Experience*, IMF Working Paper WP/17/2, January.

8　塔林：科技之城

注释

瓦西里·列昂惕夫

在本章开头引述了《机器与人》的一句话，这篇文章是由哈佛大学的经济学家瓦西里·列昂惕夫为致力于机器自动化控制研究的《科学美国人》杂志所撰写的，参见列昂惕夫（1952）。

技术带来的两个担忧：失业和分裂

关于技术进步会导致大规模失业的风险，参见凯恩斯（1930）和列昂惕夫（1952）。关于对这些担忧的历史调查，参见莫基尔等（2015）。普华永道（2018）预测的自动化率为30%（低技能人员占44%），另可参见穆罗等（2019）提供的布鲁金斯学会关于美国的一份报告。关于"数字鸿沟"或新"数字时代下层阶级"的最新讨论，参见世界银行（2016）和经济合作与发展组织（2018）。对美国数字鸿沟的早期关注来自美国商业部电信与信息局（1995，1998）。

爱沙尼亚的数字成就：税收、政治制度、在线政府服务

关于爱沙尼亚"数字社会"的时间和事实，请访问政府网站：www.e-estonia.com。关于政府的长期计划，参见经济事务和通信部（2013）以及爱沙尼亚国家选举办公室（2017）。关于投票人数的数据可以从国家选举办公室网站上获得，网址为 www.valimised.ee/en。

苏联统治下的经济

关于苏联制度对经济的影响，包括由粮食短缺而导致非法耕种增多等信息，参见米西纳斯和塔格佩拉（1993）。关于农业集体化的信息，参见杰斯卡（1952）。

爱沙尼亚的腾飞

爱沙尼亚在 20 世纪 90 年代中期开始腾飞，相关综述参见阿米尔（1996）。关于其中一位缔造者对"经济奇迹"的描述，参见拉尔（2007）。爱沙尼亚在苏联解体后进行了更为广泛的改革，参见罗夫等（2014）。2018 年的数据来自爱沙尼亚统计网站，网址为 www.stat.ee。

X-Road 系统

X-Road 系统通常被称作爱沙尼亚信息化的"脊梁"，这一系统在 2018 年更名为"X-tee"，关于该系统的用法和状态的相关信息可以在网站 www.x-tee.ee/factsheets/EE/#eng 进行实时查询。关于该系统在允许个人控制私人数据方面的作用，参见普瑞沙鲁和奥蒂斯（2017）。有关私营部门企业使用该系统的信息，参见派德等（2018）。

物流和劳动力市场

关于劳动力市场的运输和物流的数据来自爱沙尼亚统计局、美国劳工统计局和英国统计局。

早期的农业革命

关于农作物创新的重要性以及这些想法是如何在英国进行传播的，参见奥弗顿（1985）。关于罗伯特·巴克韦尔对畜牧业的改进，参见威克斯（2004）。关于机械化在农业中的重要性以及个体农户如何推动变革的重要性，参见福克斯和巴特林（1979）。关于 17 世纪英国创新力度的最新工作和数据，参见昂等（2013）。对农业生产力的估计，参见阿波斯托利季斯等（2008）。关于农业生产率的提高如何支持英国人口的增长，参见奥弗顿（1996）。

"施荣暴动"

英国的农业劳动者对农业机械化反应的经典记载见于霍布斯鲍姆和鲁德（1968）描述的"施荣暴动"。关于在暴动期间使用暴力的最新叙述，参见格里芬（2010）。

工业革命

关于工业革命时期珍妮机的作用，参见艾伦（2007）。在印度和中国棉花生产背景下关于棉花创新的历史以及英国的历史，参见里罗（2013）。

制造业就业人数的下降

关于美国就业方面的变化来自劳工统计局。以百年视角看美国，参见甘巴里和麦考尔（2016）。

亚瑟·塞缪尔和人工智能的起源

关于人工智能的起源和早期发展，参见尼尔森（2009）。亚瑟·塞缪尔关于机器学习和国际跳棋游戏的原始论文，参见塞缪尔（1959）。关于对塞缪尔贡献的简短调查，参见麦卡锡和费根鲍姆（1990）。在历史悠久的"技术变革"的过程中，有关人工智能和机器人的信息可参见艾尔斯（1989）。

计算机芯片和摩尔定律

关于摩尔定律最早的观点，参见摩尔（1965）。近期芯片改进效率放缓的信息，参见沃尔德罗普（2016）。芯片的新类型则意味着摩尔式的改进将会继续，参见西莫尼特（2016）。

纳尔瓦

关于纳尔瓦在爱沙尼亚中的独特作用和历史的研究，参见史密斯（2002）。关于纳尔瓦地缘政治的重要性以及对俄罗斯入侵可能性的担忧，参见特兰巴克和奥里尔（2015）。

俄罗斯血统的爱沙尼亚人

人们从俄罗斯移民到爱沙尼亚的相关历史和数据，参见萨克修斯（1994）。俄罗斯政策所发挥的作用，参见卡赫和塔维尔（1997）。关于所面临的挑战的介绍，参见科特（2014）。对劳动力市场隔离及其对失业和薪资的影响的估计，参见萨尔和海莱姆（2017）。最近的研究是对各种社会行为（例如生育孩子和上学）的综合，参见普尔（2017）。无国籍人口的全面信息，参见联合国难民署（2016）。有关爱沙尼亚人种族背景的当代数据来自爱沙尼亚统计局。

爱沙尼亚的经济统计：就业、劳动力市场的参与度、工资

关于爱沙尼亚劳动力市场的近期表现的相关数据来自爱沙尼亚统计局，参见凡纳斯（2018）。

身份证、企业家挑战和电子居住证的影响

电子公民计划的创建者对这一计划的描述参见科特卡等（2015）。关于电子居住系统的扩展计划参见科耶斯（2018）。关于独立研究请参见塔姆普和马索（2018）。

爱沙尼亚的语言障碍

爱沙尼亚语属于乌拉尔语，与芬兰语和匈牙利语有关。俄语属于斯拉夫语，是印欧语系的一部分，相较于爱沙尼亚语而言，俄语与英语更为接近。有人说这便是在苏联占领期间爱沙尼亚所遭受的对待比拉脱维亚和立陶宛更为严厉的一个原因，因为后者的语言与俄语更为接近。关于混合了种族背景的劳动力市场的信息，参见萨尔和海莱姆（2017）以及克鲁斯瓦尔（2015）对此的讨论。

复制爱沙尼亚经验的国家

关于爱沙尼亚的数字政府项目在海外应用的信息，参见 www.e-estonia.ee。比如，加拿大的例子可参见汤姆森（2019）。

最新的就业风险

对工作场所中机器人的最新研究，参见格雷茨和迈克尔斯（2015）。关于夸大失业风险的倾向以及未能预测新类型就业的信息，参见莫基尔等（2015）。

参考文献

Allen, R. C. (2007), 'The Industrial Revolution in Miniature: The Spinning Jenny in Britain, France, and India', Economics Series Working Papers 375, University of Oxford, Department of Economics.

Almi, P. (1996), 'Estonia's Economy Takes Off', *Unitas*, 68, 16–18.

Ang, J. B., Banerjee, R., and Madsen, J. B. (2013), 'Innovation and Productivity Advances in British Agriculture: 1620–1850', *Southern Economic Journal*, 80 (1), 162–86.

Apostolides, A., Broadberry, S., Campbell, B., Overton, M., and van Leeuwen, B. (2008), 'English Agricultural Output and Labour Productivity 1250–1850, Some Preliminary Estimates', Mimeo, University of Exeter.

Ashton, T. (1948), *The Industrial Revolution 1760–1830* (London: Oxford University Press).

Ayres, R. U. (1989), *Technological Transformation and Long Waves*, International Institute for Applied Systems Analysis, Research Report 89–1.

Baburin, A., Lai, T., and Leinsalu M., 'Avoidable Mortality in Estonia: Exploring the Differences in Life Expectancy Between Estonians and Non-Estonians in 2005–2007', *Public Health*, 125, 754–62.

Brynjolfsson, E., and McAfee, A. (2012), *Race Against the Machine: How the Digital Revolution is Accelerating* (Digital Frontier Press).

Chambers, J. D., and Mingay, G. E. (1966), *The Agricultural Revolution 1750–1850* (London: B. T. Batsford).

Clark, G. (2002), *The Agricultural Revolution and the Industrial Revolution*, Working Paper, University of California, Davis.

———— (2005), 'The Condition of the Working Class in England, 1209–2004', *Journal of Political Economy*, 113, 1307–40.

Deane, P. (1969), *The First Industrial Revolution* (Cambridge: Cambridge University Press).

FINA (1995), *Falling Through the Net: A Survey of the 'Have Nots' in Rural and Urban America*, National Telecommunications and Information Administration, United States Department of Commerce, July.

FINA (1998), *Falling Through the Net II: New Data on the Digital Divide*, National Telecommunications and Information Administration, United States Department of Commerce, July.

Fox, H., and Butlin, R. (eds.) (1979), *Change in the Countryside*, Institute of British Geographers (Oxford: Alden Press).

Ghanbari, L., and McCall, M. (2016), 'Current Employment Statistics Survey: 100 Years of Employment, Hours, and Earnings', *BLS Monthly Labor Review: August 2016*, US Bureau of Labor Statistics.

Graetz, G., and Michaels, G. (2015), 'Robots at Work', *Centre for Economic Performance Discussion Paper No. 1335*, March.

Griffin, C. (2010), 'The Violent Captain Swing?', *Past & Present*, 209, 149–180.

Hobsbawm, E., and Rudé, G. (1968), *Captain Swing* (London: Lawrence & Wishart).

Jaska, E. (1952), 'The Results of Collectivization of Estonian Agriculture', *Land Economics*, 28 (3), 212–17.

Kahk, J., and Tarvel, E. (1997), *An Economic History of the Baltic Countries* (Stockholm: Almquist & Wiksell International).

Kattel, R. and Mergel, I. (2018), *Estonia's Digital Transformation: Mission Mystique and the Hiding Hand*, UCL Institute for Innovation and Public Purpose Working Paper Series (IIPP WP 2018-09).

Keynes, J. M. (1930), 'Economic Possibilities for Our Grandchildren', in *Essays in Persuasion* (1963) (New York: W. W. Norton & Co.).

Koort, K. (2014), 'The Russians of Estonia: Twenty Years After', *World Affairs*, July/August.

Korjus, K. (ed.) (2018), *E-Residency 2.0, White Paper*.

Kotka, T., Alvarez del Castillo, C. I. V., and Korjus, K. (2015), 'Estonian e-Residency: Redefining the Nation-state in the Digital Era', Cyber Studies Programme Working Paper No. 3, University of Oxford, September.

Kruusvall, J. (2015), Rahvussuhted. Eesti ühiskonna integratsiooni monitooring. Uuringu aruanne.

Laar, M. (2007), 'The Estonian Economic Miracle', *Heritage Foundation*, 7 August.

Lebergott, S. (1966), 'Labor Force and Employment, 1800–1960', in Brady, D. S. (ed.), *Output, Employment, and Productivity in the United States after 1800* (Cambridge, Mass.: NBER).

Leontief, W. (1952), 'Machines and Man', *Scientific American*, 187 (3), 150–60.

McCarthy, J., and Feigenbaum, E. (1990), 'In Memoriam: Arthur Samuel and Machine Learning', *AI Magazine*, 11 (3), 10–11.

Ministry of Culture (2014), *The Strategy of Integration and Social Cohesion in Estonia, 'Integrating Estonia 2020'*.

Ministry of Economic Affairs and Communications (2013), *Digital Agenda 2020 for Estonia*.

Misiunas, R., and Taagepera, R. (1993), *The Baltic States: The Years of Dependence, 1940–90* (Berkeley: University of California Press).

Mokyr, J., Vickers, C., and Ziebarth, N. (2015), 'The History of Technological Anxiety and the Future of Economic Growth: Is This Time Different?', *Journal of*

Economic Perspectives, 29 (3), 31–50.

Moore, G. E. (1965), 'Cramming More Components on to Integrated Circuits', *Electronics*, April, 114–17.

Muro, M., Maxim, R., and Whiton, J. (2019), 'Automation and Artificial Intelligence: How Machines Are Affecting People and Places', Report, Brookings Institution, 24 January.

Nilsson, N. (2009), *The Quest for Artificial Intelligence* (Cambridge: Cambridge University Press).

OECD (2018), 'Bridging the Rural Digital Divide', OECD Digital Economy Papers, No. 265 (Paris: OECD).

Overton, M. (1985), 'The Diffusion of Agricultural Innovations in Early Modern England: Turnips and Clover in Norfolk and Suffolk, 1580–1740', *Transactions of the Institute of British Geographers*, 10 (2), 205–221.

———— (1996), *Agricultural Revolution in England: The Transformation of the Agrarian Economy 1500–1850* (Cambridge: Cambridge University Press).

Paide, K., Pappel, I., Vainsalu, H., and Draheim, D. (2018), 'On the Systematic Exploitation of the Estonian Data Exchange Layer X-Road for Strengthening Public-Private Partnerships', in *Proceedings of the 11th International Conference on Theory and Practice of Electronic Governance*, ICEGOV'18, April.

Priisalu, J., and Ottis, R. (2017), 'Personal Control of Privacy and Data: Estonian Experience', *Health Technology*, 7, 441.

Puur, A., Rahnu, L., Abuladze, L., Sakkeus, L., and Zakharov, S. (2017), 'Child-bearing Among First- and Second-generation Russians in Estonia Against the Background of the Sending and Host Countries', *Demographic Research*, 35, 1209–54.

PwC (2018), 'How Will Automation Impact Jobs?', *Economics: Insights*, February.

Riello, G. (2013), *Cotton: The Fabric that Made the Modern World* (Cambridge: Cambridge University Press).

Roaf, J., Atoyan, R., Joshi, B., and Krogulski, K. (2014), '25 Years of Transition: Post-communist Europe and the IMF', *Regional Economic Issues Special Report*, IMF, October.

Saar, E., and Helemäe, J. (2017), 'Ethnic Segregation in the Estonian Labour Market', in *Estonian Human Development Report 2016/2017*.

Sakkeus, L. (1994), 'The Baltic States', in Ardittis, S. (ed.), *The Politics of East–West Migration* (New York: St Martin's Press).

Samuel, A. L. (1959), 'Some Studies in Machine Learning Using the Game of Checkers', *IBM Journal*, 3 (3), 211–29.

Simonite, T. (2016), 'A \$2 Billion Chip to Accelerate Artificial Intelligence', *MIT Technology Review*, 5 April.

Smith, D. (2002), 'Narva Region Within the Estonian Republic. From Autonomism to Accommodation?', *Regional & Federal Studies*, 12 (2), 89–110.

State Electoral Office of Estonia (2017), 'General Framework of Electronic Voting and Implementation Thereof at National Elections in Estonia', Document:

IVXV-ÜK-1.0, 20 June.

Study of Social Groups in Integration: Summary and Policy Suggestions (2013), (Tallinn: Tallinn University IISS).

Tammpuu, P., and Masso, A. (2018), 'Welcome to the Virtual State: Estonian e-Residency and the Digitalised State as a Commodity', *European Journal of Cultural Studies*, 1–18.

Thomson, S. (2019), ' "It's Got Us Very Intrigued": MPs to Study How Canada Can Learn From "Digitally Advanced" Estonia', *National Post*, 13 January.

Trimbach, D., and O'Lear, S. (2015), 'Russians in Estonia: Is Narva the next Crimea?', *Eurasian Geography and Economics*, 56 (5), 493–504.

UNHCR (2016), *Ending Statelessness Within 10 Years*, Special Report.

Vannas, Ü. (2018), 'Employment Rate at Record High in 2017', *Quarterly Bulletin of Statistics Estonia*, 7 June.

Waldrop, M. (2016), 'The Chips Are Down for Moore's Law', *Nature*, 9 February.

World Bank (2016), *World Development Report 2016: Digital Dividends* (Washington, DC: World Bank).

Wykes, D. (2004), 'Robert Bakewell (1725–1795) of Dishley: Farmer and Livestock Improver', *Agricultural History Review*, 52 (1), 38–55.

9　圣地亚哥：经济奇迹之后的极度不平等

注释

智利成为全球不平等道路上的领导者

关于智利不平等方面的历史数据来自弗伦奇－戴维斯（2010）和索利马诺（2012）。关于跨国趋势方面的信息摘自经济合作与发展组织和《2018年世界不平等报告》。在初等发达国家中，墨西哥是体现出极端不平等的另外一个例子，近年来，墨西哥一直在与智利争夺成为经济合作与发展组织中最不平等的国家。

睦邻政策、国际合作署和芝加哥交换协议

罗斯福总统在他的第一次就职演说中概述了他的睦邻政策，并在后来的演讲中进行了扩展，参见罗斯福（1933，1936）。瓦尔德斯（1995）详细讨

论了国际合作署和芝加哥 – 智利间交换协议的起源和运作。在 20 世纪 50 年代中期，国际合作署署长提出了国际合作署的理念和目标，参见斯托克斯（1956）。关于国际合作署在整个美洲地区发挥作用的例子，参见国际合作署（1959）。

弗里德曼和哈伯格，以及他们对"芝加哥男孩"的影响

芝加哥学派一个重要的思想基础来自亨利·赛门斯在其著作中的一篇论文《自由放任的积极方案》，参见赛门斯（1947）。关于芝加哥思想的概述，参见米勒（1962）和雷德（1982）。对于弗里德曼的介绍，参见他的《资本主义与自由》（1982a）一书。关于对"芝加哥男孩"所受的教育以及他们对智利所产生的影响的阐述，参见瓦尔德斯（1995）。在电影《芝加哥男孩》（*Chicago Boys*）中可以找到芝加哥年轻人的镜头和对同龄人的采访，相关信息参见富恩特斯和瓦尔德瓦兰多（2015）。

萨尔瓦多·阿连德的经济计划

拉腊因和米勒（1990）详细考察了 1970—1973 年的阿连德经济计划及其效果。关于铜矿国有化的信息，参见弗莱明（1973）。

皮诺切特政权下的人权侵犯

智利对皮诺切特政权下侵犯人权行为的最初的调查出版于 1991 年，称为"雷霆报告"（Rettig Report），参见韦斯布罗特和弗雷泽（1992）。随后在 2004 年、2005 年和 2011 年发布的官方报告中增加了对人权侵犯的估计。所有这些信息都被记载在圣地亚哥一家专门的博物馆里，这家博物馆叫作纪念博物馆。关于中央情报局参与皮诺切特政变，以及阿连德之死和侵犯人权行为的综述已由中央情报局（2000）出版。

"砖头"

智利的一个智囊团对"砖头"计划书进行了再版，参见公共研究中心（1992）。关于"极端实验"的早期批判，参见弗伦奇 – 戴维斯（1983）。

智利奇迹

弗伦奇－戴维斯（2010）阐述了贸易自由化的早期成功。关于贸易禁令的取消也可参见科博（1997）。"智利奇迹"的概念来自《新闻周刊》的一篇文章，参见弗里德曼（1982b）。赞扬智利的例子以及其他国家想要效仿智利的道路，参见世界银行（1999）。关于智利的"典型"政策，参见布鲁金斯学会（2009）。

减少贫困

关于减少贫困方面的数据，参见阿尔蒂米尔（2001）和弗伦奇－戴维斯（2010）。对于官方统计数据掩盖了隐藏的贫困的观点，参见索利马诺（2012）。

收入不平等与增长

关于智利持续的贫困问题以及增加的不平等问题，参见弗伦奇－戴维斯（2010）和索利马诺（2012）。智利的发展与增长并未惠及大多数公民的论点综述，参见拉丁美洲事务委员会（2011）。关于圣地亚哥不平等的反弹，参见费尔南德斯等（2016）。

机会平等

关于机会平等在芝加哥男孩计划中的重要性，参见公共研究中心（1992）。大学数量激增的信息以及智利教育背景的简介，参见阿朗戈等（2016）。

教育和种族隔离

共同付费的公私合营体系极具争议性，参见贝莱（2008）。关于重要发现的研究述评，参见拉丁美洲事务委员会（2008），也可参见谢和奥奇拉（2006）。但仍有一些人支持该体系，比如，丘马塞罗等（2016）对教育券竞争体系有非常清晰的了解，他们认为这确实可以改善结果。关于经济隔离和居住隔离的信息，参见蒙特罗和瓦尔加斯（2012）。关于大学课程的成本和辍学率，参见阿朗戈等（2016）。

企鹅革命，"智利冬天"，乔治·杰克逊

发生在 2006 年的抗议活动被称为"企鹅革命"，参见邱伐内克和贝尼特斯（2008）。2011 年发生的抗议活动被称为"智利冬天"，参见贝莱和卡巴林（2013）以及瓦列霍（2016）。关于对紧随其后的免费大学教育的推动，参见德莱尔和伯纳斯科尼（2018）。有关乔治·杰克逊和广泛阵线联盟影响的报道，参见曼德（2017）。杰克逊所引用的一个有影响力的新哲学例子，参见韩（2017）。

竞争丑闻

关于药品合谋的信息，参见智利国家经济检察官办公室（2012）。竞争丑闻以及智利行业的高度集中，参见经济合作与发展组织（2010）。

圣地亚哥的分裂、社会基础设施和私人安全

克林伯格（2018）找出了能实现人与人之间融合的社会基础设施（包括图书馆和公园）间相互关联的证据。关于社会凝聚力、人际间的不信任，以及个人的不安全感，参见达默特（2012）。有关私人保安行业的兴起，参见埃布尔森（2006）。关于社会资本与健康之间的关系，参见鲁马尔洛·赫尔等（2014）。

未来——不平等的世界

对于不平等加剧的驱动因素，参见经济合作与发展组织（2011）和《2018 年世界不平等报告》。关于城市化的趋势，参见联合国（2018）。关于城市收入的不平等，参见经济合作与发展组织（2018）。

参考文献

Abelson, A. (2006), 'Private Security in Chile. An Agenda for the Public Security

Ministry', Security and Citizenship Programme, FLACSO-Chile, August.

Altimir, O. (2001), 'Long-term Trends of Poverty in Latin American Countries', *Estudios de Economía*, 28 (1), 115–55.

Arango, M., Evans, S., and Quadri, Z. (2016), *Education Reform in Chile: Designing a Fairer, Better Higher Education System*, Woodrow Wilson School of Public and International Affairs, Princeton University, viewed 18 January 2019.

Bellei, C. (2008), 'The Private–Public School Controversy: The Case of Chile', in Chakrabarti, R., and Peterson, P. E. (eds.), *School Choice International: Exploring Public–Private Partnerships* (Cambridge, Mass.: MIT Press).

———, and Cabalin, C. (2013), 'Chilean Student Movements: Sustained Struggle to Transform a Market-oriented Educational System', *Current Issues in Comparative Education*, 15 (2), 108–23.

Brookings (2009), 'The IMF's Outlook for Latin America and the Caribbean: Stronger Fundamental Outlook', Washington, DC, 21 May.

CEP (1992), *'El Ladrillo': Bases de la Política Económica del Gobierno Militar Chileno*, (Santiago: Centro de Estudios Públicos).

Chovanec, D. M., and Benitez, A. (2008), 'The Penguin Revolution in Chile: Exploring Intergenerational Learning in Social Movements', *Journal of Contemporary Issues in Education*, 3 (1), 39–57.

Chumacero, R., Gallegos Mardones, J., and Paredes, R. D. (2016), 'Competition Pressures and Academic Performance in Chile', *Estudios de Economía*, 43 (2), 217–32.

CIA (2000), *CIA Activities in Chile*, Central Intelligence Agency, 18 September.

COHA (2008), *The Failings of Chile's Education System: Institutionalized Inequality and a Preference for the Affluent*, Council on Hemispheric Affairs, 30 July.

——— (2011), *The Inequality Behind Chile's Prosperity*, Council on Hemispheric Affairs, 23 November.

Corbo, V. (1997), 'Trade Reform and Uniform Import Tariffs: The Chilean Experience', *American Economic Review*, 87 (2), 73–7.

Dammert, L. (2012), *Citizen Security and Social Cohesion in Latin America* (Barcelona: URB-AL III).

Delisle, J., and Bernasconi, A. (2018), 'Lessons from Chile's Transition to Free College', *Evidence Speaks Reports*, 2 (43).

Díaz, J., Lüders, R. and Wagner, G. (2016), *Chile 1810 – 2010. La República en cifras. Historical statistics* (Santiago: Ediciones Universidad Católica de Chile).

Fernández, I. C., Manuel-Navarrete, D., and Torres-Salinas, R. (2016), 'Breaking Resilient Patterns of Inequality in Santiago de Chile: Challenges to Navigate Towards a More Sustainable City', *Sustainability*, 8 (8), 820.

Ffrench-Davis, R. (1983), 'The Monetarist Experiment in Chile: A Critical Survey', *World Development*, 11 (11), 905–26.

——— (2010), *Economic Reforms in Chile – From Dictatorship to Democracy* (London: Palgrave Macmillan).

Fleming, J. (1973), 'The Nationalization of Chile's Large Copper Companies in

Contemporary Interstate Relations', *Villanova Law Review*, 18 (4), 593–647.

FNE (2012), *Competition Issues in the Distribution of Pharmaceuticals*, OECD Global Forum on Competition, 7 January 2014, La Fiscalía Nacional Económica.

Foxley, A. (2004), 'Successes and Failures in Poverty Eradication: Chile', Working Paper 30806, 1 May.

Friedman, M. (1982*a*), *Capitalism and Freedom* (Chicago: University of Chicago Press).

――― (1982*b*), 'Free Markets and the Generals', *Newsweek*, 25 January.

Fuentes, C., and Valdeavellano, R. (2015), *Chicago Boys*, CNTV, November.

Han, B.-C. (2017), *Psychopolitics: Neoliberalism and New Technologies of Power* (London: Verso).

Hsieh, C., and Urquiola, M. (2006), 'The Effects of Generalized School Choice on Achievement and Stratification: Evidence from Chile's Voucher Program', *Journal of Public Economics*, 90, 1481.

ICA (1959), *Working with People: Examples of US Technical Assistance* (Washington, DC: International Cooperation Administration).

Klinenberg, E. (2018), *Palaces for the People: How Social Infrastructure Can Help Fight Inequality, Polarization, and the Decline of Civic Life* (London: Bodley Head).

Larrain, F., and Meller, P. (1990), 'The Socialist-Populist Chilean Experience, 1970–1973', in Dornbusch, R., and Edwards, S. (eds.), *The Macroeconomics of Populism in Latin America* (Chicago: University of Chicago Press).

Mander, B. (2017), 'Leftwing Bloc Upends Chile's Traditional Balance of Power', *Financial Times*, 24 November.

Miller, H. L. (1962), 'On the "Chicago School of Economics"', *Journal of Political Economy*, 70 (1), 64–9.

Montero, R., and Vargas, M. (2012), *Economic Residential Segregation Effects on Educational Achievements: The Case of Chile*.

OECD (2010), *OECD Economic Surveys: Chile* (Paris: OECD).

――― (2011), *Divided We Stand – Why Inequality Keeps Rising* (Paris: OECD).

――― (2018), *Divided Cities: Understanding Intra-urban Inequalities* (Paris: OECD).

Reder, M. W. (1982), 'Chicago Economics: Permanence and Change', *Journal of Economic Literature*, 20 (1), 1–38.

Riumallo-Herl, C., Kawachi, I., and Avendano, M. (2014), 'Social Capital, Mental Health and Biomarkers in Chile: Assessing the Effects of Social Capital in a Middle-income Country', *Social Science & Medicine*, 105C, 47–58.

Roosevelt, F. D. (1933), First Inaugural Address, 4 March.

――― (1936), Address at Chautauqua, 14 August.

Sanhueza, C., and Mayer, R. (2011), 'Top Incomes in Chile Using 50 Years of Household Surveys: 1957–2007', *Estudios de Economía*, 38 (1), 169–93.

Simons, H. C. (1947), *Economic Policy for a Free Society* (Chicago: University of Chicago).

Solimano, A. (2012), *Chile and the Neoliberal Trap – The Post-Pinochet Era* (Cambridge: Cambridge University Press).

Stokes, J. M. (1956), 'The International Cooperation Administration', *World Affairs*, 119 (2), 35–37.

United Nations (2018), *World Urbanisation Prospects – Key Facts* (New York: United Nations).

Valdés, J. G. (1995), *Pinochet's Economists: The Chicago School of Economics in Chile* (Cambridge: Cambridge University Press).

Vallejo, C. (2016), 'On Public Education in Chile', *OECD Yearbook 2016* (Paris: OECD).

Weissbrodt, D., and Fraser, P. (1992), 'Report of the Chilean National Commission on Truth and Reconciliation', *Human Rights Quarterly*, 14 (4), 601–22.

Winn, P. (ed.) (2004), *Victims of the Chilean Miracle – Workers and Neoliberalism in the Pinochet Era, 1973–2002* (Durham, NC: Duke University Press).

World Bank (1999), *Chile: Recent Policy Lessons and Emerging Challenges* (Washington, DC: World Bank).

World Inequality Report 2018, World Inequality Lab., Paris School of Economics.

索 引